THE COMPARATIVE STUDY

ON THE DIFFERENTIAL OF THE

SPATIAL PRICE LEVELS IN CHINA

我国空间价格水平
差异的比较研究

——基于购买力平价（PPP）视角

余芳东　/著

中国财经出版传媒集团

经济科学出版社
Economic Science Press

图书在版编目（CIP）数据

我国空间价格水平差异的比较研究：基于购买力平价
（PPP）视角／余芳东著．—北京：经济科学出版社，
2016.10

ISBN 978 - 7 - 5141 - 7274 - 4

Ⅰ.①我…　Ⅱ.①余…　Ⅲ.①物价水平 - 区域差异 -
对比研究 - 中国　Ⅳ.①726.2

中国版本图书馆 CIP 数据核字（2016）第 225748 号

责任编辑：周国强
责任校对：王肖楠
责任印制：邱　天

我国空间价格水平差异的比较研究
——基于购买力平价（PPP）视角

余芳东　著

经济科学出版社出版、发行　新华书店经销
社址：北京市海淀区阜成路甲 28 号　邮编：100142
总编部电话：010 - 88191217　发行部电话：010 - 88191522
网址：www. esp. com. cn
电子邮件：esp@ esp. com. cn
天猫网店：经济科学出版社旗舰店
网址：http：//jjkxcbs. tmall. com
北京汉德鼎印刷有限公司印刷
三河市华玉装订厂装订
710 ×1000　16 开　14.75 印张　260000 字
2016 年 12 月第 1 版　2016 年 12 月第 1 次印刷
ISBN 978 - 7 - 5141 - 7274 - 4　定价：68.00 元
（图书出现印装问题，本社负责调换。电话：010 - 88191502）
（版权所有　侵权必究　举报电话：010 - 88191586
电子邮箱：dbts@ esp. com. cn）

序　言

　　价格水平是进行经济产出成果比较的关键因素，正确评价价格水平，对于判断经济发展阶段、考量经济物量规模至关重要。受经济发展水平、生产率水平、资源禀赋、政策制度等诸多因素的影响，不同国家或地区价格水平存在客观差异。测算和比较国家或地区间价格水平差异，对于研究贫困和收入分配关系、监测市场一体化进程、比较国家或地区经济社会发展差距等问题具有十分重要意义，是进行宏观调控、共享发展繁荣的重要决策依据。在国际层面，基于全球国际比较项目（ICP）的购买力平价（PPP）结果，已成为国际统计数据体系的重要组成部分，广泛应用于国际组织分析研究、行政管理和全球合作治理决策之中。在国家层面，许多国家已着手研究和编制地区间价格差异指数，并纳入官方统计数据中，为调整收入分配关系、促进地区协调发展、监测市场运行、制定宏观政策提供统计支撑。因此，空间价格水平差异的比较研究顺应经济社会全球化、区域市场一体化形势发展的需要，是理解经济数据、监测市场运行、研究市场一体化程度的重要工具，为国际社会和国家政府进行现代管理、科学决策提供统计服务。它既延伸了统计工作领域，拓展了统计工作视野，又丰富了统计工作内容，推动了统计方法技术的发展。而现代信息技术的发展和统计生产手段的进步为开展空间价格水平差异的比较研究和实践提供了许多便利条件。《我国空间价格水平差异的比较研究》在该领域开展了深入、系统的探索，结合我国实际情况，对数据、方法、结果及其应用进行了详尽的诠释，填补了该领域理论和实践的短板。

　　自 1993 年以来，中国国家统计局不断探索参加全球国际比较项目的调查活动，开展国际和地区价格水平比较理论方法研究和实践工作，积累了许多丰富而宝贵的经验，为全面参加国际比较项目奠定了扎实的基础。本书研究有两个基本特点：一是从统计专业角度，研究我国开展空间价格水平差异比较的调查框架、数据质量验证标准、汇总测算方法以及比较结果合理性评估，指出了调查实践的困难、方法应用的问题以及比较结果的局限，提出了解决问题的办法，为今后进一步开展我国空间价格水平的理论研究和实践工作做了前期铺垫。本书结合全球国际比较项目未来改革方案和我国实际情况，对我国全面参加该项目进行了评估，剖析了我国参加 2011 年全球 ICP 项目数据质量的问题、比较方法的缺陷以及比较结果的偏差，深入研究我国未来开展 ICP 项目面临的困难和挑战，提出了具体可行的实施建议，对于改进我国 ICP 工作、取得更为合理的比较结果具有重要的指导意义。二是从宏观经济意义角度，阐述了我国空间价格水平的基本特征和变化趋势，探索了空间价格水平与经济发展水平的内在关系和规律，研究了影响空间价格水平的众多因素。利用国际比较项目数据结果，分别进行了"两岸四地"、金砖国家、中美两国价格水平比较研究；引入统计模型，研究全球价格水平的趋同效应，探索了价格水平与经济发展水平之间关系、购买力平价和汇率之间数量关系。在此基础上进行研究判断，得出有用的结论。2005 ~ 2011 年，在国内价格上升、人民币升值的双重作用下，我国价格水平呈大幅上升趋势，追赶效应明显，价格的国际竞争优势趋减。随着人民币国际化的推进，汇价波动风险加剧，我国价格水平可能呈现螺旋式波动上行的变动趋势。目前我国已进入中等偏上收入国家行列，应保持好价格水平和经济发展水平之间的相关关系，谨防两者脱钩，防止价格水平上涨超出经济发展水平的可承受范围，应着力控制通胀预期，稳定人民币汇率，避免出现"低消费、高物价"异常现象，避免陷入经济滞胀性的"中等收入陷阱"。

　　本书分为上、下两篇。上篇为国际价格水平比较研究，包括我国参加国际比较项目的演变过程，世界银行 2011 年轮 ICP 方法、结果及局限，对我国参加 ICP 的评估及建议，全球 ICP 的未来变革及我国改进措施，我国价格水平的国际比较研究以及国际价格水平的趋同效应及其成因分析等。下篇为国内地区价格水平比较研究，包括地区间价格水平差异指数的测算方法、数据来源和处理原则、数据质量验证、测算结果评估、地区间实际收入水平的比较以及研究面临的挑战和建议，同时介绍了国外编制地区价格指数的方法和实践。

　　余芳东博士长期从事统计和国际比较工作，具有扎实的统计理论研究基础和丰富的国际比较实践经验，紧密结合我国的现实情况，对国际比较方法和实践问题开展了一系列有益的创新探索。本书是在开展我国空间价格水平比较实践工作基础上的经验总结、实践提炼和思考升华，既有理论方法和实践探索，也有统计方法实证应用，研究成果具有基础性、前瞻性和指导性，所提出的建议具有较强的实际可操作性和可借鉴性，对今后开展该领域的理论研究和实际工作具有应用参考价值和启示意义。

许宪春

2016 年 9 月

目 录
CONTENTS

下篇

上篇

国际价格水平比较研究

| 第一章 |
我国参加国际比较项目的演变历程

自 1993 年以来，我国先后 5 次以不同形式开展国际比较项目
（ICP）调查活动，更深入、更广泛地融入国际统计体系之中。每次
调查的基准期、调查范围、比较对象、比较方法、组织方式各不相
同，比较结果也各不相同。我国参加 ICP 的演变历程见证了政府统
计发展和能力提高的过程。

国际比较项目（International Comparison Program，ICP）是一项全球性的
统计活动，其目的是测算各国货币购买力平价（Purchasing Power Parity），用
作货币转换因子，将各国以本币表示的国内生产总值（GDP）及其消费、投
资等支出构成等总量指标转换为用统一货币单位表示，比较和评价各国实际
经济规模和结构。ICP 自 1968 年开始分阶段执行以来，迄今已完成了 8 轮全
球性比较活动。参加的国家和地区从最初的 10 个扩大到目前的近 200 个，遍
布全球 7 个区域（OECD/欧盟、亚太地区、非洲地区、独联体国家、西亚地
区、拉美地区和加勒比海、太平洋岛国），其执行形式由区域性单独比较拓
展到全球整体性比较，其比较结果被广泛应用于经济总量、世界经济增长率、
国际贫困测算、跨国工资调整、人类发展指数等诸多领域的研究分析和行政
决策之中。近年来，在联合国、世界银行、国际货币基金组织、经合组织等
大力推动下，在广大统计专家的共同努力下，ICP 越来越活跃，组织实施更
为严密，技术方法更为科学，调查体系更加缜密。2011 年全球 ICP 在调查框
架设计数据匹配性验证、非市场服务比较领域、全球结果联结、数据发布和

修正政策等诸多方面取得了新进展，为提供高质量的购买力平价（PPP）数据奠定了坚实基础，现已成为全球参加范围最广泛、技术方法最复杂、影响力最深远的政府间统计合作项目。

我国分别于 1993 年、1999 年、2005 年、2009 年、2011 年先后 5 次开展了国际比较项目调查活动。2011 年我国全面参加全球性 ICP 活动，标志着我国政府统计向国际社会开放透明迈出了实质性的一步，也意味着我国政府统计能力不断提高，与国际标准更加接轨。

一、范围从局部试验到全面参加

从我国参加 ICP 的范围变化看，ICP 调查工作积极稳妥扎实有效地向前推进，取得明显效果。

1. 1993 年在上海和广东开展 ICP 试点调查。

20 世纪 90 年代初，我国市场经济发展尚不完善，统计体系处在由物质产品平衡体系（MPS）向国民核算体系（SNA）转型期，价格统计和国民核算基础相对薄弱。为了解和掌握国际比较项目方法和实际操作过程，加强国际比较统计交流和合作，1993 年国家统计局首次以部分地区、双边比较的方式参加联合国第六阶段亚太区域的国际比较项目（1993 年为基准调查年），在上海市、广东省开展试点调查，进行上海市与日本、广东省与香港地区的试验性双边比较。根据 1993 年亚太区域国际比较项目的统一框架要求，在广东省选择 11 个调查地区，调查 761 种居民消费品和服务项目价格、89 种机械设备价格、6 种标准建筑项目价格和 15 种政府职务报酬数据，收集 GDP 支出 140 项基本分类数据。上海市只进行 ICP 数据调查，因组织原因未能测算双边比较结果。

2. 1999 年 7 个城市和经济合作与发展组织（OECD）PPP 试验性合作研究。

OECD 在购买力平价比较方面技术实力强、经验丰富，与 OECD 开展国际比较项目合作研究，能更系统、全面了解发达国家国民核算和价格统计的制度方法。1999 年，国家统计局选择了经济相对发达、分布全国不同地区的北京、上海、重庆、哈尔滨、武汉、广州、西安等 7 个城市，调查和收集价格和 GDP 支出数据。根据 OECD 1999 年国际比较项目的调查框架，在 7 个城市调查了 935 种居民消费代表规格品价格、59 项机械设备价格、3 个标准建筑项目价格、27 种政府职务报酬数据，收集了 GDP 支出 190 项基本分类数据。

3. 2005 年 11 个城市参加全球性 ICP 活动。

随着我国经济国际地位的不断提高，国内市场经济不断完善，统计体系与国际标准逐渐接轨，参加全球性国际比较项目活动的意义越来越重大。2005 年，中国以 11 个城市（即北京、上海、重庆、大连、宁波、厦门、青岛、哈尔滨、武汉、广州、西安）参加由世界银行牵头的亚太区 ICP 项目调查活动（2005 年为调查基准年），价格调查范围延伸到农村地区，GDP 支出数据核算范围从城市扩大到全国。根据 2005 年亚太地区国际比较项目的调查框架，在 11 个城市地区调查了 580 种居民消费价格、91 种机械设备价格、34 个建筑项目价格、18 种政府职务报酬数据，并配合世界银行专家提供推算 GDP 支出分类数据所需的相关数据。世界银行根据我国 11 个城市资料及其他相关统计资料推算全国平均价格水平和 GDP 支出基本分类数据，作为计算我国购买力平价的基础数据。

4. 2009 年参加亚太地区 PPP 数据更新活动。

全球 ICP 每隔 6 年进行一次基准年全面调查，非基准年的 PPP 数据根据不同的方法进行推算。在 2005 年全球性国际比较项目结束之后，为保持 PPP 数据在时间上的完整性和连续性，亚洲开发银行结合本地区经济发展快、价格变动大的实际情况，为减轻统计调查负担，采用简缩信息法，以 2005 年 ICP 全面调查的方法技术和数据资源为基础，简缩价格调查范围和商品数目，组织各成员国和地区进行补充调查，更新 2009 年 PPP 数据。按照亚行统一调查框架和要求，2009 年在北京地区调查了 215 种居民消费价格、50 种机械设备价格、10 种建筑品价格数据，政府职务工资数据取自于中国统计年鉴的全国数据，没有另行调查。

由于价格数据只在北京地区调查，需要利用 CPI 资料，推算全国平均价格。考虑到我国无法提供不同地区间差价指数，亚行直接利用 2005~2009 年 4 年间北京和全国 CPI 相对变化率，把 2005 年 ICP 中推算的两者之间价格差

异指数调整到 2009 年，据此将北京市居民消费品价格推算为全国平均价
格。机械设备、建筑品价格在全国各地间的差异相对较小，以北京价格
直接代表全国价格，不作调整。GDP 支出 155 项基本分类数据是以 2009
年公布的 GDP 主要支出大类为控制数，以 2005 年的比例来推算基本分类
数据。

5. 2011 年全面参加全球性 ICP 活动。

在经济全球化背景下，ICP 调查数据和比较结果在有关国际组织和国
家的分析研究、决策、政策监测和评估中的应用有扩大趋势，我国作为
一个负责任的发展中大国，全面参加 ICP 活动，有利于树立开放进步的
良好国际形象，有利于实事求是地评价我国的经济规模和国际地位，有
利于提高我国的统计能力。经国务院批准同意，我国全面参加 2011 年第
八轮全球性 ICP 活动，在全国 30 个省（区、市）开展价格调查，测算全
国 GDP 支出基本分类数据。与前 4 次不同的是，2011 年我国开展 ICP 调
查的地区范围覆盖全国 30 个省（区、市）80 多个调查地区。80 多个
ICP 调查地区的 GDP 之和占全国的 50%，人口占 30%，其经济和人口规
模对全国具有足够代表性。根据亚太地区统一的调查框架，在 GDP 支出
155 项基本分类下，抽选了 1150 多种居民消费规格品，177 种机械设备，
61 种建筑规格品，64 种住房租金规格以及 44 种政府职务报酬，分别分
布在居民消费支出（110 类）、固定资本形成总额（12 类）、政府消费支
出（26 类）、存货变化（4 类）、净出口（2 类）下的每一基本分类中，
代表每一基本分类的价格水平（见表 1 - 1）。

表 1 - 1　　　　　　　我国历次开展 ICP 调查的范围和规模

调查时间（年）	调查范围	调查规格品数目（种）				
		居民消费	政府消费	机械设备	建筑品	GDP 支出分类
1993	2 个地区	761	15	89	6	140
1999	7 个城市	935	27	59	3	190
2005	11 个城市	580	18	91	34	155
2009	北京	215	18	50	10	155
2011	全国	920	44	177	61	155

二、比较方法从双边过渡到多边

我国参加 ICP 项目在比较方法上经历了由单独的双边比较过渡到全球多边比较，逐渐全面融合到国际比较统计体系之中。

1. 1993 年双边比较方法。

1993 年是全球第六轮 ICP 调查基准年，也是我国初次接触该项活动。按照全球 ICP 活动的 6 个比较区域划分，上海市和广东省作为试验地区，以双边比较形式（上海与日本、广东与香港）参加亚太地区 ICP 比较活动，比较方法有别于亚太其他国家和地区的多边比较，比较结果并未纳入区域整体比较结果之中，也未过渡到全球性比较结果。广东与香港之间购买力平价双边比较方法：

（1）在基本分类以下一级，首先计算广东省和香港地区之间每一代表规格品价格的比率，然后计算同一基本分类下若干种代表规格品价格比率的几何平均值，作为基本分类一级的基本平价。

（2）在基本分类以上一级，首先分别采用拉氏、帕氏指数公式，以广东省和香港地区 GDP 支出基本分类为权数，逐级计算细类、小类、中类、大类支出项目直到 GDP 总体的购买力平价；然后采用费暄指数公式计算最终的购买力平价。

比较结果：1993 年人民币与港币的购买力平价为 1 元人民币相当于 2.1299 元港币，或者 1 港币等于 0.47 元人民币，相当于当年汇率的 63%。

2. 1999 年双边与多边相结合的方法。

1999 年是 OECD 购买力平价项目的调查基准年，以多边比较方法测算其成员国的购买力平价结果。为了更好地反映我国 7 个城市的价格水平和支出结构，以 7 个城市作为一个整体与 OECD 30 个成员国作为一个整体，采用双边与多边相结合方法，测算中国城市与 OECD 成员国之间的购买力平价。这是我国与 OECD 之间试验性的统计合作研究项目，其结果没有纳入 OECD 购买力平价项目之中。具体方法：

（1）在基本分类以下一级，采用 EKS 法多边比较方法，通过两两国家直接比较价格比率与以其他国家为桥梁的间接比率的几何平均，计算中国城市与 OECD 国家之间各基本分类一级的购买力平价。

（2）在基本分类以上一级，采用加权的双边比较方法汇总，取得 GDP 各支出项目和总体的购买力平价。具体方法是，以中国 7 个城市整体和 OECD 成员国整体的 GDP 基本支出分类比重为权数，运用拉氏、帕氏、费暄指数公式，对基本平价进行加权平均。

比较结果：1999 年我国 7 个城市人民币与美元的购买力平价为 1 美元等于 4.94 元人民币，相当于当年汇率的 60%（当年汇率为 8.278：1）。或者说，人民币在中国 7 个城市的购买力相当于在国际市场购买力的 1.7 倍。

3. 2005 年和 2011 年多边比较方法。

在完成全国 GDP 支出基本分类数据和每一基本分类下代表规格品的全国平均价格数据调查和推算后，按 ICP 项目分区域比较要求，我国先参加亚太地区的比较，然后通过区域间连接，过渡到全球统一的比较结果。

（1）亚太区域内的比较方法。在基本分类以下一级，采用国家产品虚拟法（Country Product Dummy Method，CPD 法），以港元作为基准货币，对亚太地区 23 个国家和地区的共计 833 个具体规格品价格进行对比、汇总，测算每一基本分类的 PPP。在基本分类以上一级，采用加权的 EKS 法，对 155 项基本分类的 PPP 进行加权平均，测算各国 GDP 及其主要支出构成的综合 PPP 指数。

（2）从亚太地区连接到全球的比较方法。2005 年全球 ICP 采用"环形比较（Ring Comparison）方法"，把各区域比较结果连接起来，取得全球统一的比较结果。全球共选择了 18 个国家和地区参加环形比较，中国香港、马来西亚、菲律宾、斯里兰卡作为环形比较的基准国家和地区，分别代表亚太地区不同经济发展水平、不同消费结构和消费模式的国家和地区，实现从区域结果到全球结果的过渡。为克服"环形比较方法"测算的比较结果受环国价格水平和支出结构影响大的弊端，2011 年全球 ICP 项目的区域结果联结改为采用"核心产品法"。具体步骤：首先，制定统一的全球核心产品目录，要求所有区域和所有国家采集价格数据，以此作为区域之间 PPP 结果连接基础；其次，利用各国提供的全球核心采价目录价格数据和 GDP 支出基本分类数据以及区域组织提供的基本分类一级 PPP 数据，采用加权 CPD 法把区域的 PPP

结果联结成全球性结果，把以地区货币表示的区域购买力平价调整为统一以美元表示。采用全球核心产品目录法联结全球 PPP 结果的好处在于，它基于所有国家可比的产品价格比较，避免环国联结法因受环国价格水平和支出结构的影响而造成全球结果的系统性偏差，并且能更好地保持区域比较结果在全球结果中的稳定性和固定性。

测算结果：2005 年，中国 PPP 为 1 美元等于 3.45 元人民币，相当于当年汇率 8.19 的 42%。2011 年，中国 PPP 为 1 美元等于 3.506 元人民币，相当于汇率 6.46 的 54%。也就是说，中国 PPP 值要低于汇价，国内价格水平低于国际价格水平。需要说明的是，2005 和 2011 年全球 ICP 比较方法不同，中国参加全球 ICP 的调查范围也有所不同，所以两个基准期的 PPP 值是不可比的。

4. 2009 年简缩信息法。

与全面调查相比，简缩信息法以现有的 CPI 资料为基础，以少量的补充调查为辅助，从两个方面进行简缩：一是简缩代表规格品目录，从全面调查的商品目录中抽选所谓的"核心目录"；二是简缩价格调查的区域范围，集中在首都城市调查，利用国内地区价格差异指数，推算全国平均价格。GDP 支出分类不作简缩，要求各国和地区提供 2009 年 155 个支出基本分类数据。

在取得亚太 23 个国家和地区 2009 年 200 多种核心目录的平均价格和 GDP 支出 155 个基本分类数据以后，亚行利用 CPD 和 EKS 汇总方法测算各国和地区 GDP 支出基本分类、大类和总体的 PPP 结果。最后，利用各国和地区基于核心目录和基于全部目录之间的误差系数，对测算的 PPP 初步结果进行调整，取得最终结果（见表 1-2）。

表 1-2　　　　　　　我国历次参加 ICP 活动的比较方法和结果

调查时间（年）	比较方法	PPP 结果		相对价格水平（PPP/汇率，%）
		单位	PPP	
1993	双边比较	人民币/港币	0.47	63
1999	双边和多边结合	人民币/美元	4.94	60
2005	多边比较	人民币/美元	3.45	42
2009	多边比较	人民币/港币	0.63	72
2011	多边比较	人民币/美元	3.51	54

比较结果：2009 年中国 PPP 值为 1 港币等于 0.63 元人民币，比 2005 年的 0.61 元人民币高出 3.3%，相当于当年汇价（0.88）的 72%。4 年来，由于中国内地价格总水平涨幅要高于香港地区，相对于港币而言，人民币实际购买力有所减弱，加上人民币升值因素的影响，人民币兑港币的购买力平价与汇价之间差异缩小，差幅从 43% 缩小到 28%。这是 4 年来我国价格水平提高和人民币升值综合作用的结果。综观历次比较方法和结果，由于每一次开展 ICP 调查的基准期、调查范围、比较对象、比较方法、基准货币、组织方式各不相同，其比较结果只反映特定时期、特定区域范围、采用特定方法测算的购买力平价。各个年份比较结果之间不具可比性，但它们有共同之处，即人民币的购买力平价值要低于汇价，基于购买力平价法测算的 GDP 总量要大于基于汇率的结果。

三、ICP 推进政府统计能力

促进发展中国家统计能力建设是全球 ICP 实施的目标之一。ICP 调查涉及居民消费项目、建筑项目、机械项目、住房项目等价格调查，政府职务报酬调查以及 GDP 支出分类核算等诸多专业领域，它们在调查方法、调查范围、调查对象等方面各不相同。调查工作繁重，方法过程复杂。而且，各国经济发展水平、经济结构、消费模式和消费习惯、社会管理和福利体制以及文化背景习俗、统计能力等千差万别，ICP 实施和调查难度很大。如何兼顾调查产品的可比性和代表性，如何保证不同国家和地区调查产品的同质性，如何调查和比较房租、教育、医疗、雇员报酬等服务项目价格，如何实现价格数据与支出法 GDP 数据的匹配等，都是 ICP 长期以来始终未能破解的难题。在调查和汇总过程中存在诸多影响数据质量的不可控因素。购买力平价的测算是一个非常综合且又十分复杂的统计推算过程，不同的处理办法可能会取得截然不同的 PPP 数据比较结果。尽管近年来购买力平价理论研究不断深入，实践不断创新，但是一些重大的技术方法仍在研究、探索和完善之中，导致比较结果存在很大的不确定性。这些都是目前 ICP 数据遭遇质疑的原因所在。基于 ICP 测算的购买力平价结果在很大程度上是国际统计合作的研究性成果，比较结果存在误差不可避免，数据结果的使用尚需谨慎。

从我国历次参加 ICP 活动的实践看，开展 ICP 调查面临着较大困难和挑战。一是我国现有的统计调查能力与 ICP 的要求还有很大的差距，特别是 GDP 按支出法核算十分薄弱，价格调查数据缺口很大，难以满足需要，许多调查项目与我国的常规调查有很大不同，超出了我国现有调查制度的范围，调查难度大。二是要取得符合我国客观实际情况的准确的 PPP 数据，存在着很大的不可控性和不确定性。因为任何单个国家都无法独自计算 PPP，要将全球近 200 个国家的数据汇总在一起，才能计算出最终全球 PPP。我国的比较结果受其他国家数据的影响较大。

ICP 项目是在发达国家先进统计工作基础上产生的，在各国政府统计交流实践中不断发展，在众多国际统计专家倾力研究下不断完善。它拥有一套相对成熟的理论方法体系和相对完备的实际调查体系。作为全球性统计合作活动，ICP 要求各国按统一调查方案、统一数据质量要求，开展调查，收集数据。全面参加 ICP，有机会更深入、更直接地了解和掌握国际统计调查方法，借鉴国际先进经验，促进我国政府统计科学发展。因此，开展 ICP 调查对提高我国价格、支出核算、质量控制等方面统计能力不失为难得的机会，许多国际先进的统计方法、经验和做法值得学习、借鉴。

（1）在价格统计方面：引入结构化产品描述（SPD）法确定采价的规格品目录，对规格品进行清晰、准确的定义和说明，保证在不同地区和不同时期采集的价格数据的代表性和可比性；将 ICP 工具软件引用到 CPI 编算过程中，注重原始数据的质量分析、验证、测算，实现数据质量的全过程控制；引用购买力平价方法，进行国内地区之间、城市和农村之间、不同社会阶层之间价格水平比较。

（2）GDP 支出核算方面：推动 1993 年 SNA 体系在我国的全面实施，实现概念、口径、范围的一致、可比；促进供给使用表、商品流量法等先进核算方法在我国的应用；推进按用途划分的住户消费分类（COICOP）、为居民服务的非营利机构的目的分类（COPNI for NPISH）、政府职能分类（CO-FOG）、固定资本形成总额的主产品分类（CPC）等国际标准分类在我国的执行。

（3）数据质量控制方面：以 IMF 数据质量评估框架为基础，通过设置地区间价格数据的离散系数不超过 30%、最低价格与最高价格之比不低于33%、不同季度之间价格变动率不超过 20%、与 2005 年相比的价格变动率不超过 50%、与 CPI 价格变动趋势相一致等参数，来评估和控制数据质量；通过生产法核算数据和支出法核算数据的衔接性检查和验证、价格数据与支出数据的一致性验证、国家之间数据的匹配性验证、2005 年和 2011 年支出数据的匹配性验证等一系列验证办法，来提高数据质量，保证数据之间的匹配和协调。

此外，参加全球 ICP 活动，通过广泛的国际统计合作、交流和对话，充分了解国际统计活动理念、统计思维和统计流程，从中汲取许多有益的东西，启发工作思路。在全球 ICP 实施过程中，建立明确的项目服务目标，提高项目的相关性；设置不同层级的协调机构和沟通渠道，广泛征求意见，保证政策制度的科学合理；制定规范统一、公开透明的统计方法制度，重视统计过程的社会公认性；清晰所涉及的各方在统计活动中的责权和定位，提高调查数据的权威性；强化统计技术方法改进研究，提高统计结果的专业水平等。这些举措为树立和维护统计数据公信力奠定了坚实基础。

本章参考文献

［1］World Bank. 2005 International Comparison Program final Results ［J/OL］. http://web. worldbank. org /WBSITE /EXTERNAL /DATASTATISTICS / ICP.

［2］2005 International Comparison Program in Asia and the Paerfic, Purchasing Power Parities and Real Expenditures ［M］. Asian Development Bank, 2007.

［3］ICP Handbook ［M］. World Bank, 2003 –2006.

［4］A Snapshot of Asia in 2009: Purchasing Power Parity Updates ［M］. Asian Development Bank (ADB), 2011.

［5］Updating 2005 Purchasing Power Parities to 2009 in the Asia and Pacific Region: Methodology and Empirical Results ADB Economics Working Paper Series No. 246, Jan. 2011.

［6］余芳东. 世界银行 2005 年 ICP 项目结果、应用及其问题研究 ［J］. 统计研究, 2008（6）.

［7］余芳东. ICP 项目在中国的执行、方法和比较结果 ［J］. 中国统计, 2011 （6）.

[8] 余芳东. 中国与 OECD 国家购买力平价比较研究结果及其评价 [J]. 经济学 (季刊)，2005，4 (3).

[9] 余芳东. 亚行更新 2009 年中国购买力平价的方法和结果研究 [J]. 世界经济 研究，2012 (2).

第二章

世界银行 2011 年国际比较项目
方法、结果及局限

本章介绍世界银行 2011 年国际比较项目（ICP）调查框架、数据质量审核和评估标准、测算方法，分析全球比较结果，研究各国价格水平差异程度，比较各国经济总量和人均物量指标，剖析 ICP 的局限性。研究表明，国际比较项目方法仍在改进和完善之中，调查数据质量、比较方法和结果存在一定的局限，在应用比较结果时须谨慎，应正确看待世界银行 2011 年 ICP 结果。

一、引　　言

国际比较项目（ICP）自 1968 年实施以来，大约每隔 6 年调查一次，现已完成了八轮的比较报告。第八轮 ICP 以 2011 年为调查基准年，从项目启动到比较结果公布，历经 5 年多。该项目在全球分 OECD/欧盟、亚太地区、非洲地区、独联体、西亚地区、拉美地区和加勒比海地区、太平洋岛国等 7 个区域进行比较，有 199 个国家和地区参加，覆盖世界人口的 98%。各参加国家和地区按统一的调查方案、标准、时间收集数据，按统一程序审核数据质量，按统一方法进行汇总和测算。其目的是综合衡量各国家和地区的价格水平，测算各国购买力平价（PPP），以此作为货币转换因子和空间价格缩减指数，剔除各国间价格水平差异因素，比较各国国内生产总值（GDP）及其消费、投资等支出构成总量和人均物量指标。不同于传统汇率法，它剔除了各国之间价格水平差异因素，从不同角度比较区域间、国家间价格水平和经济发展水平，度量世界经济规模、分布格局和发展差距。与前几轮相比，第八轮 ICP 项目在调查框架设计、数据质量审核和验证、全球结果链接方法、数据修正等方面进行了较大改变。

世界银行于 2014 年 4 月和 10 月分别发布了 2011 年 ICP 结果的摘要报告和详细报告，包括 199 个国家和地区 PPP、价格水平指数（PLI）、GDP 及其支出构成总量和人均等物量指标的国际比较数据、技术方法说明。本章将介绍世界银行 2011 年 ICP 调查框架、数据质量审核和验证标准以及测算方法，分析全球比较结果，从调查数据、比较方法和结果等方面剖析其存在的局限性，以期帮助大家更好地理解 ICP。

二、全球 ICP 调查框架和数据验证标准

ICP 要求参加的国家和地区调查两个方面数据：一是在国际标准的国民核算体系（SNA）框架下 GDP 支出 155 项基本分类数据。具体分布是：居民消费支出 110 项，政府用于居民服务的消费支出 21 项，政府公共消费支出 5 项，固定资本形成总额 12 项，存货变化及贵重物品处置 4 项，净出口 2 项。二是每一基本分类下若干种商品和服务价格数据。具体分布是：居民消费规格品约 1000 种，房租项目约 65 种，机械设备约 170 种，建筑产品约 50 种，政府职务报酬约 44 种。

居民消费规格品目录分为区域目录和全球目录两类，区域目录用于区域内部的比较，全球目录用于不同区域间比较结果的链接，以实现区域间价格水平的可比性。不同区域和国家采价的具体规格品数目有所不同。各区域间机械设备、建筑、政府职务报酬、房租等非居民消费规格品目录完全相同。各参加的国家和地区在全球和区域 ICP 调查框架下，开展调查。要求调查的价格数据既有本国代表性，又有国际可比性；核算的 GDP 支出基本分类数据要详尽、可靠。

对各国调查的 ICP 数据进行验证和质量评估，避免数据出现系统性偏差，

保证数据的可比、一致，是本轮 ICP 的重要环节。根据 ICP 数据质量评估框架，对数据进行三级审核和验证：在国家一级进行国内数据质量审核，重点审核国内地区间价格的可比性、规格品与国际标准的一致性；在区域一级进行国家间数据质量审核，重点审核国家间价格的可比性和区域比较结果的合理性；在全球一级进行区域间数据质量审核，重点审核全球核心产品价格的可比性和全球比较结果的合理性。借鉴统计实践经验，本轮 ICP 设置的数据质量审核和验证标准主要有：

（1）参加国家和地区对同一规格品的采价笔数不应小于 15 笔。它要求调查范围覆盖全国城市和农村地区，采价点分布包含超市、农贸市场、便利店等不同类型，保证调查的全国平均价格具有全国代表性。

（2）同一规格品在不同地区、不同采价点之间价格数据的离散系数（CV）小于 0.3，最小与最大价格之比大于 0.33。保证采价的规格品在国内不同地区之间同质可比，价格差异处在合理的区间范围内。

（3）ICP 价格变动与消费者价格指数（CPI）变动趋势基本相同，差异率应不超过 20%。各参加国家和地区的 ICP 价格数据大部分来源于现有的 CPI 调查数据，小部分来自于补充调查。要求月度、季度 ICP 价格的变动趋势与 CPI 数据基本一致，2005～2011 年 ICP 价格变动趋势与同期 CPI 趋势基本一致，保证 ICP 价格反映本国价格水平和变动趋势，保持数据的衔接。

（4）进行国家间数据匹配性的验证和诊断，防止个别国家价格水平出现系统性偏差。一是利用奎兰特（Quaranta）表，对所有国家采集的规格品价格，用汇率转换成统一以基准货币表示，进行相同规格品价格不同国家之间的离散性分析。对离散系数超过 39%，价格超过平均价格 3 倍或不到平均价格 40% 的国家数据进行重点审查，进行异常值的诊断分析。二是利用迪克哈诺夫（Dikhanov）表，对所有国家基本分类及以上各级的购买力平价，进行国家内部和国家间各类平价的离散和回归残差分析。对离散系数超过 39% 或标准残差绝对值大于 0.25 的国家数据进行重点审核。

（5）进行价格水平与经济发展水平之间关系的匹配性验证。在亚太地区，将 23 个国家和地区按其经济发展水平相似性、地缘相近性划分为高收入组、东亚组、南亚组、湄公河组等若干个组别，对组内和组间每一规格品、每一基本分类价格水平进行比对和相关分析，使各国价格水平与其收入水平尽可能地保持一致。

上述 5 个标准的临界值是根据实践经验判定的，只作为数据审核的参考。在三级数据审核中存在的突出问题是：一是地区之间、国家之间、区域之间因规格品的质量特征和计量单位不同而导致价格差异过大。二是区域价格水平受基准国家（地区）的数据质量影响大。在亚太地区，中国香港作为基准地区，其价格水平是审核其他国家和地区价格数据的重要参照。香港价格水平的高低对其他国家和地区价格水平具有标杆和定位的作用。如果香港价格水平偏低，则会压低亚太地区整体价格水平；如果香港价格水平偏高，则会抬高亚太地区价格水平。三是 ICP 价格数据与 CPI 数据难以协调一致。两项调查目的、计算公式和对规格品的要求各不相同。ICP 为空间横向比较，侧重可比性；而 CPI 为时间纵向比较，侧重代表性。两类规格品价格在水平和趋势上难以匹配一致。如果以 CPI 变动作为 ICP 数据审核标准，在一定程度上会降低规格品国际可比性的要求，从而引起 ICP 价格数据的偏误。

三、全球购买力平价测算方法

比较方法和实践操作的研究和探索是本轮 ICP 的重要方面。自项目启动以来，世界银行预先确定了 10 个研究主题，从理论方法研究到数据实证测试，进行论证，加以改进和完善。

（一）测算 PPP 的方法步骤

购买力平价测算过程包括三个阶段：具体产品比价、基本分类一级平价、基本分类以上各级加权汇总。在测算层级上，首先，各区域办公室测算以本区域基准货币表示的各国 PPP。每一区域选定各自的基准货币，如 OECD/欧盟为美元，亚太地区为港币，独联体为卢布。然后，全球办公室把区域比较结果链接成全球比较结果，取得以美元为基准货币的所有参加国家和地区PPP。理论上，测算的购买力平价要符合特征性、无偏性、基准国不变性、传递性、可加性等基本要求。测算 PPP 的方法步骤大体如下：

1. 测算基本分类一级购买力平价。

在各参加国和地区的规格品价格数据基础上，采用不加权的国家产品虚拟法（Country-Product-Dummy Method，CPD 法），汇总和测算 155 项基本分类一级 PPP。CPD 法是由萨默斯（Summers，1973）首先提出的，是全球和区域基本分类一级 PPP 汇总的主要方法之一。它基于国家之间和产品之间价格内在关系，建立国家之间价格比例关系的线性回归模型，即

$$\ln P_{ij} = \lambda_i A_{ij} + \delta_j X_{ij} + \varepsilon_{ij}$$

其中： $A_{ij} = \begin{cases} 1, i国家 \\ 0, 非i国家 \end{cases}$ $X_{ij} = \begin{cases} 1, j产品 \\ 0, 非j产品 \end{cases}$ (2-1)

公式（2-1）中，P_{ij} 为第 i 个国家（地区）第 j 种商品价格；A_{ij} 为国家哑变量，X_{ij} 为商品哑变量，两者取值为 0 或 1；λ_i 为国家的回归系数，即参加国与基准国之间价格之差值，其反对数为各国和地区基本分类的购买力平价；δ_j 为商品的回归系数，其反对数即为各商品的平均价格。CPD 法完成了规格品比价和 155 项基本分类一级平价两个阶段的计算过程，它有效地解决了国家价格数据缺失的问题，实现了 PPP 结果的基准国不变性、可传递性和无偏性等特征。同时，CPD 法提供估算 PPP 的标准误差和残差估计，便于分析数据质量的潜在问题。

2. 测算基本分类以上各类购买力平价。

基本分类以上各类购买力平价的汇总，需要引入各国的 GDP 支出基本分类数据，增加权数变量。各区域在基本分类一级 PPP 基础上，采用 Gini-Éltetö-Köves-Szulc（GEKS）法进行逐级汇总。它是两两对比国之间直接的费雪指数与通过第三国间接费雪指数的几何平均数。其基本公式：

$$GEKS_{jk} = \left(F_{jk}^2 \cdot \prod_{i=1}^{n-2} F_{ji}/F_{ki} \right)^{1/n}$$ (2-2)

公式（2-2）中，$i = 1, 2, \cdots, n$ 个国家，且 $i \neq j, k$，EKS_{jk} 表示第 j 国家与第 k 国家购买力平价，它是第 j 国家和第 k 国家直接费雪指数（F_{jk}）的平方与其他 $n-2$ 个国家间接费雪指数的几何平均值。F_{ji} 为第 j 个国家对第 i 个国家的购买力平价，F_{ki} 为第 k 个国家对第 i 个国家的费雪购买力平价。GEKS 法具有特征性、无偏性、传递性等特点，但不具可加性。通过 GEKS 法，测算以区域基准货币表示的基本分类以上各类 PPP。OECD/欧盟和独联

体基本分类一级和以上各级 PPP 均采用 GEKS 法，与其他区域有所不同。

3. 将区域结果链接成全球结果。

本轮 ICP 采用全球核心产品法，计算区域链接因子，把以区域基准货币表示的各国和地区 PPP，链接成以美元表示的全球结果。其主要步骤：

（1）用区域基本分类一级 PPP，将所有参加国（地区）的全部核心目录规格品价格数据，转换成以区域基准货币表示。

（2）测算以美元表示的区域链接因子。采用 CPD 法，测算各区域基本分类一级区域链接因子；采用 GEKS 法，测算各区域基本分类以上各类区域链接因子。

（3）采用国家再分配法（The Country-Approach with Redistribution，CAR 法），测算各国基本分类及以上各级以美元表示的 PPP 和 GDP 物量指数。

首先，通过区域链接因子，把所有参加国家（地区）以区域基准货币表示的购 PPP 转换成以美元表示。

$$PPP_{iw} = PPP_{ir} \times PPP_{rw} \qquad (2-3)$$

公式（2-3）中，PPP_{iw} 为国家 i 以美元表示的 PPP，PPP_{ir} 为国家 i 以本区域基准货币表示的 PPP，PPP_{rw} 为以美元表示的区域链接因子。

然后，以美元表示的 PPP_{iw} 为货币转换因子和空间价格缩减指数，在区域实际物量的基础上，推算各国以美元表示的 GDP 及其支出构成实际物量指标。即

$$V_{iw} = V_{rw} \times W_{ir} \qquad (2-4)$$

公式（2-4）中，V_{iw} 表示国家 i 基于全球 PPP_{iw} 转换的实际 GDP 物量，V_{rw} 为以美元表示的区域实际 GDP 物量，W_{ir} 为基于区域 PPP_{ir} 转换的国家 i 实际 GDP 物量占本区域实际 GDP 物量的比重。采用国家再分配法（CAR）的目的是实现区域结果和全球结果的一致性和固定性。从全球链接过程看，各国以美元表示的购买力平价（PPP_{iw}）取决于各国以区域目录为基础的区域购买力平价（PPP_{ir}）和以全球目录为基础的区域链接因子（PPP_{rw}）两个因素。

（二）对特殊项目比较的处理方法

在国际比较中，房租、政府公共服务、建筑项目等不可贸易品，受各国

制度政策、资源优势、地理环境、传统习俗等诸多因素影响，表现出较强的多样性、特质性和复杂性，国际可比性较差，价格比较的难度较大。本轮 ICP 对这些项目的比较进行了特殊处理。

（1）房租比较。各区域根据实际情况采用不同的房租比较方法。在 OECD/欧盟，采用以市场房租比较为主，同时参考住房数量比较。在独联体、西亚、拉美地区，采用以住房数量比较法为主，同时参考市场房租法。在亚太地区，采用参考物量法，即参考居民消费支出（不包括房租）的物量之比来替代房租比较，实际上在比较中不考虑各国房租差异因素。

（2）政府公共服务项目比较。在国民核算中采用投入成本法，将政府消费支出划分为雇员报酬、中间消耗和营业盈余三个部分。由于各国劳动力和资本的贡献率存在差异，高收入和低收入国家之间工资水平高低非常悬殊。如果直接比较工资来测算 PPP，势必低估低收入国家政府消费支出的购买力平价。在本轮 ICP 中，应用柯布—道格拉斯生产函数（Cobb - Douglas function），估算劳动力系数和资本系数，对各国政府消费支出项目的购买力平价进行生产率调整，以改善国家间和区域间政府消费支出项目 PPP 结果的可比性和合理性。

（3）建筑项目比较。总结前几轮的经验，本轮建筑项目采用投入品价格比较，而取代产出品价格比较法。但现实中，各国建筑项目市场溢价差异很大，投入品比较法会造成建筑项目比较结果的偏差。OECD/欧盟不同于其他区域，采用"建筑模拟清单"（BOQ）方法，直接比较产出品价格。

（三）2011 年 ICP 方法的改变及其对结果的影响

与 2005 年相比，2011 年 ICP 在全球链接方法、汇总方法和特殊项目处理等方面进行了重大改变，对比较结果有较大影响。

（1）全球链接方法的改变。由 2005 年的"环国法（Ring Linking Method）"改为 2011 年的"全球核心产品链接法（Core List Linking Method）"，可以避免区域结果因受环国价格水平和支出结构的影响，而出现系统性偏误。据分析，全球链接方法的改变对各区域的影响很不平衡。按新方法计算，2005 年亚太地区平均 PPP 要比旧方法低 9%，2011 年要低 6%。在拉美和西亚地区，新旧两种方法测算的结果差异仅为3%。

（2）汇总方法的改变。在测算基本分类一级 PPP 时，由不加权的 CPD 法改为加权的 CPD 法。在 CPD 模型中引入商品重要程度的变量，以 3∶1 权重进行加权比较，其目的是消除价格水平因受消费偏好差异的影响，避免出现系统性偏差。据分析，由于重要产品价格更具代表性，价格相对偏低；不重要商品价格更具可比性，价格相对偏高，采用加权方法计算基本分类一级的 PPP 要低于不加权的方法。

（3）特殊项目处理方法的改变。一是对政府公共消费项目，由 2005 年只在部分区域进行生产率调整改为 2011 年对所有区域进行调整。据分析，对低收入国家来说，经生产率调整后，政府公共消费项目 PPP 要高于未调整的结果。二是对建筑项目，由 2005 年的建筑项目组件法（BOCC）改为 2011 年的投入品法。据分析，投入品法计算的建筑项目 PPP 要高于组件法。由于各国建筑项目市场溢价存在差异，该方法对各国的影响程度不同。我国投入法计算的建筑项目 PPP 要高于 2005 年组件法，但比产出法低 9.7%。三是OECD/欧盟首次对政府公共教育和医疗服务项目 PPP 进行质量调整。

此外，参加 ICP 项目的国家（地区）数目从 2005 年的 146 个增加到 2011 年的 199 个，各国对 GDP 支出分类数据进行了修正，加上统计误差因素，对比较结果会产生一定的影响。因此，2005 年和 2011 年两轮基准年的比较结果是不可比的。为了增强两个基准调查年比较方法的一致性和 PPP 结果的可比性，满足用户分析对比的需要，世界银行在其《世界发展指标（WDI）》中，采用总量倒推法，利用各国相对于美国的 GDP 缩减指数，以 2011 年为基准，修正了除 OECD/欧盟 47 个参加国以外其他区域 130 个经济体的 PPP 历史数据。与基准调查结果相比，发展中国家 2005 年 PPP 普遍下调，平均下调率为21%。其中，西亚下调39%，亚太地区下调26%，独联体和非洲地区均下调17%，拉美地区下调13%。我国 2005 年 PPP 从原来的 3.45 元人民币/美元修正为 2.86 元人民币/美元，下调了17%。

世界银行对 2005 年发达国家 PPP 数据进行零修正，而大幅下调发展中国家 PPP 数据。一方面，说明以发达国家为主的 OECD/欧盟购买力平价方法相对健全，其统计基础和数据质量相对较好，价格水平和经济结构变化相对稳定，统计误差相对较小。另一方面，说明比较方法的改变对不同区域结果的影响不平衡，全球 ICP 比较方法尚不稳健，仍有缺陷，以发展中国家为主的亚太地区、非洲地区、拉美地区比较结果存在很大偏差。从统计意义上讲，对旧的比较结果进行统计修正是一种常态，便于对比分析。但问题在于修正的幅度过大且分布不均衡，已超出可接受的统计范围。

四、全球比较结果分析

世界银行 2011 年 ICP 结果报告显示，各国和地区间价格水平存在较大差异，基于 PPP 转换和缩减的 GDP 及其主要支出构成总量和人均物量指标差距较大，世界经济发展依然不平衡。2005～2011 年，全球价格水平差距呈现缩小趋势；在世界经济总物量中，发达国家经济物量占比下降，发展中国家占比上升，从另一角度展示了世界经济格局和发展差距。需要说明的是，在国际比较中，PPP 法反映在剔除价格水平差异因素之后、以本国实际购买能力衡量的 GDP 及其主要支出总量和人均水平，强调统计物量意义上的可比性和空间横向之间相对关系，它不具有市场可支付的购买能力；而汇率法反映具有国际支付能力的 GDP 支出总量和人均水平，强调国际可支付的购买能力。两种方法有着不同的研究目的和用途，不可相互混淆，更不可相互替代。

（一）全球价格总水平的国际比较

PPP 是基于各国同质可比的商品和服务"篮子"的价格比较计算出来的，反映以基准货币计量的国内价格水平，它是不可兑换的。汇价是国际贸易市场商品和服务的交换价格比例关系，反映以基准货币计量的国际交换价格水平，具有可兑换性。国际上，将购买力平价与汇价之比，称为价格水平指数（Price Level Index，PLI），用来衡量各国间价格水平的差异程度，观察和比较各类同质可比的商品和服务在各国的高低贵贱程度。根据世界银行发布的 2011 年 ICP 结果，全球价格水平指数显现以下几个特征：

1. 国家和地区间价格水平存在较大差异，发达国家价格水平明显高于发展中国家。

2011 年，以世界为 100，价格总水平指数最高的是瑞士，相当于世界平均的 2.1 倍；依次是挪威、百慕大、澳大利亚、丹麦、瑞典、日本、芬兰、卢森堡、加拿大，相当于世界平均的 1.6 ~ 2 倍。最低的是埃及，相当于世界平均的 35%；依次是巴基斯坦、缅甸、埃塞俄比亚、老挝、孟加拉国、印度、越南、乌干达、柬埔寨，相当于世界平均的 35% ~ 43%。最高与最低价格水平指数相差 6 倍。发达经济体①价格水平指数平均为 137%，发展中经济体为 69%。分区域看，价格总水平指数最高的是 OECD/欧盟，依次是拉美地区、加勒比海、独联体国家、西亚地区、亚太地区和非洲地区。

2011 年，在西方七国（G7）中，日本价格水平指数较高，美国较低，价格总水平居世界前列。在金砖国家（BRICS）中，巴西价格水平指数较高，超过世界平均水平，其他 4 个国家价格水平都低于世界平均水平，印度最低。其中，中国价格总水平指数相当于世界平均的 70%，居世界第 93 位。总体上看，发达国家收入水平高、市场开放领域广、对外贸易范围大、劳动力成本高，价格水平普遍高于发展中国家。

2. 价格水平与经济发展水平之间存在较高的正相关关系。

根据 2011 年 ICP 结果测算，价格水平指数和人均 GDP 指数之间正相关系数为 82%，即各国价格水平的国际差距中有 82% 可以用其经济发展水平的国际差距来解释。经济发展水平越高，其价格水平越高；经济发展水平越低，其价格水平越低。各区域的相关程度有所不同。相关度最高的是拉美地区和 OECD/欧盟，分别为 91% 和 90%，依次是加勒比海地区（85%）、亚太地区（73%）、独联体（72%）、西亚地区（70%）和非洲地区（48%）。OECD/欧盟购买力平价项目的参加国主要以发达国家为主，市场供求关系是其价格水平的决定性因素，价格水平与其经济发展水平存在高度相关。在亚太、独联体、西亚等地区，受国家定价政策、价格形成机制、生产率、资源禀赋优势和对外开放程度等诸多因素影响，价格水平经常偏离其经济发展水平，两者相关性较弱。

相关分析表明，非洲地区表现出"低收入、高物价"，即相对于人均 GDP 水平，其价格水平偏高；OECD/欧盟、独联体、西亚地区等则表现出

---

① 包括国际货币基金组织（IMF）界定的 35 个发达经济体，扣减后的其他经济体均为发展中经济体。下同。

"高收入、低物价"，即相对于人均 GDP 水平，其价格水平偏低。我国价格水平指数居世界第 93 位，以汇率法计算的人均 GDP 居世界第 96 位，两者大体相适应。2005~2011 年，全球价格总水平和经济发展水平之间相关关系有所增强，从 79.5% 提高到 82%，表明经济发展水平因素对价格水平的影响逐渐增大。

3. 全球价格总水平指数呈上升趋势，价格差距有所缩小。

全球 177 个经济体价格水平指数（美国＝100）平均值从 2005 年的 53% 提高到 2011 年的 64%，其中，发达经济体从 102% 上升到 109%，发展中经济体则从 43% 上升到 54%。2005~2011 年，发达经济体价格总水平较高，但涨幅较小；而发展中国家价格总水平较低，但涨幅较大。发达国家和发展中国家价格水平差距缩小。全球价格总水平指数的离散系数从 57% 缩小到 44%，最大最小值之比从 9.6 倍缩小到 6 倍。

2005~2011 年，西方七国价格水平指数平均上升 5.5%，金砖国家平均上升 46.7%。金砖国家价格水平呈现大幅上升趋势，意味着其货币实际购买力减弱，价格的国际竞争力下降。其中，我国价格水平指数上涨了 56%。西方七国价格水平指数稳居世界前列，变动幅度较小，其货币的实际购买力相对稳定。除日本、加拿大价格水平上涨幅度较大以外，其他多数国家在 3% 以内。

（二）GDP 总量国际比较

以 PPP 作为货币转换因子和缩减指数，将各国本币表示的 GDP 总量和人均指标转换成美元，并在剔除各国间价格水平差异因素基础上，进行物量指标的国际比较。按 PPP 法计算，2005~2011 年，世界 GDP 总物量规模扩大，发达经济体在世界经济总物量中所占的比重下降，发展中经济体则上升。分国家集团看，西方七国（G7）占世界经济总物量的比重从 41% 降到 34%，"金砖五国"则从 22% 提高到 29%。在世界经济格局中，发达国家和发展中国家经济规模此消彼长，发展中国家经济物量占据世界半壁江山，与发达国家平分秋色，以金砖国家为代表的新兴经济体正在壮大崛起。

按 PPP 法计算，GDP 总物量居世界前十位的国家是美国、中国、印度、日本、德国、俄罗斯、巴西、法国、英国、印度尼西亚。我国 GDP 占世界总物量的比重从 2005 年的 10.3% 上升到 2011 年的 14.9%，居世界第 2 位，相当于美国的比例从 49% 提高到 87%。按汇率法计算，居世界前十位的国家是美国、中国、日本、德国、法国、巴西、英国、意大利、俄罗斯、印度。我国 GDP 总量从 2.3 万亿美元扩大到 7.3 万亿美元，占世界的比重从 4.9% 提高到 10.4%，居世界第 2 位，相当于美国的比例从 17% 提高到 47%。发展中经济体由于价格水平较低，PPP 远低于汇价，以此缩减测算的 GDP 总物量要高于汇率法。发达经济体则相反，因价格水平较高，PPP 高于汇价，以此缩减测算的 GDP 总物量要低于汇率法（见表 2 - 1）。

表 2 - 1   2011 年世界主要国家 GDP 总量

	PPP 法		汇率法		PPP 法/汇率法
	亿美元	世界 = 100	亿美元	世界 = 100	
主要国家					
美国	155338	16.5	155338	22.1	1.00
日本	43798	4.6	58970	8.4	0.74
德国	33521	3.6	36281	5.2	0.92
法国	23696	2.5	27822	4.0	0.85
英国	22014	2.3	24618	3.5	0.89
意大利	20567	2.2	21970	3.1	0.94
加拿大	14162	1.6	17783	2.5	0.80
中国	134959	14.9	73219	10.4	1.84
印度	57575	6.3	18640	2.7	3.09
俄罗斯	32169	3.4	19010	2.7	1.69
巴西	28163	3.0	24766	3.5	1.14
南非	6111	0.7	4018	0.6	1.52
两大类型					
发达经济体	416463	45.9	450262	64.1	0.92
发展中经济体	490003	54.1	252674	35.9	1.94
世界	906466	100.0	702937	100.0	1.29

（三）人均GDP和人均居民实际消费支出的国际比较

人均GDP是衡量各国宏观经济发展水平的常用指标。2011年，按PPP法测算，全球人均GDP物量最高的是卡塔尔，依次是中国澳门、卢森堡、科威特、文莱、新加坡、挪威、阿联酋、百慕大、瑞士、中国香港，相当于世界平均的4~11倍；最低的是利比里亚，依次是科摩罗、刚果（金）、布隆迪、尼日尔、中非、莫桑比克、马拉维，不到世界平均的10%。高收入国家人均GDP物量相当于最不发达国家的比例从2005年的25倍下降到21倍，差距有所缩小，但仍比较悬殊。我国人均GDP物量相当于世界平均的比例从2005年的50%提高到2011年的75%，居世界的位次从第112位上升到第99位，与发达国家经济发展水平差距很大，只相当美国的20%。

居民消费水平（包括居民支付的消费支出和政府为居民支付的教育、医疗等公共服务支出）反映居民生活消费水平和享有的社会福利水平。2011年，全球人均居民实际消费支出物量最高的是百慕大和美国，依次是开曼群岛、中国香港、卢森堡、挪威、瑞士、阿联酋、德国、奥地利、加拿大，相当于世界平均的3.2~4.4倍；最低的是刚果（金），依次是利比里亚、科摩罗、布隆迪、尼日尔、几内亚、中非、莫桑比克、几内亚比绍、布基纳，不到世界平均的10%。我国人均居民实际消费支出物量相当于世界平均的50%，居世界第121位，远落后于发达国家，只相当于美国的12%。由于居民实际消费率低、投资率高，我国人均居民实际消费支出物量在世界的位次要落后于人均GDP。见表2-2。

表2-2   2011年世界主要国家人均GDP和人均居民消费

主要国家	PPP法				汇率法	
	人均GDP		人均居民消费支出		人均GDP	
	美元	世界=100	美元	世界=100	美元	世界=100
美国	49782	369.8	37390	432.4	49782	476.9
加拿大	41069	305.1	27434	317.3	51572	494.1
德国	40990	304.5	28478	329.3	44365	425.0

续表

主要 国家	PPP 法				汇率法	
	人均 GDP		人均居民消费支出		人均 GDP	
	美元	世界 = 100	美元	世界 = 100	美元	世界 = 100
法国	36391	270.4	26486	306.3	42728	409.3
英国	35091	260.7	26146	302.4	39241	375.9
日本	34262	254.5	24447	282.7	46131	442.0
意大利	33870	251.6	23875	276.1	36180	346.6
俄罗斯	22502	167.2	15175	175.5	13298	127.4
巴西	14639	108.8	9906	114.6	12874	123.3
南非	12111	90.0	8280	95.8	7963	76.3
中国	10057	74.7	4331	50.1	5456	52.3
印度	4735	35.2	3023	35.0	1533	14.7
世界	13460	100	8647	100	10438	100

五、ICP 的局限性

购买力平价是在各国和地区上千种规格品价格和百余种 GDP 支出基本分类数据基础上，采用多边比较方法测算出来的。其统计过程十分综合复杂，影响因素众多，比较结果存在很多变数，不确定性很大。由于各国经济社会情况迥异，在实际操作中不得不设置许多假设条件，在诸多方法中不得不进行各种取舍和折中。在比较方法上既有全球统一性，又有一定的灵活性。比较结果无法真正达到特征性、无偏性、可加性等基本要求，在某些方面偏离客观实际在所难免。因此，ICP 在调查数据质量、比较方法和结果上有其一定的局限，有待进一步改进和完善。

1. 调查数据质量有欠缺，不同国家之间规格品的同质可比难以保证，影响比较结果的准确性。

一是国家间、区域间规格品的同质可比标准无法准确把握。调查国家间、区域间可比的规格品价格十分困难，各国提供的规格品价格要么缺乏可比性，要么缺乏代表性。特别是对发展中大国来说，地区经济发展不平衡，贫富差距大，不同收入阶层消费偏好迥异，规格品的代表性和可比性很难平衡一致。不同类型的规格品表现出不同的价格水平和变动趋势。代表性规格品价格通常要低于可比性规格品。在实际操作中，对规格品代表性和可比性的不同处理，会得出截然不同的结果。

二是各国统计调查口径范围难以规范统一。受统计调查基础和能力的制约，各国对 ICP 统计标准的执行很困难，提供的数据在统计调查范围和指标口径上存在较大差异，调查点的样本分布不完全可比，直接影响价格数据质量。

三是建筑项目、房租、教育和医疗服务、政府公共服务等不可贸易服务项目在各国具有较强的差异性、特质性和非市场性，服务质量差异大，价格数据可比性差，无法准确反映各国间实际价格水平差异。

本轮 ICP 在调查和审核环节，设置了全球统一的调查方法和数据验证标准，努力提高基础数据质量，但受各国现有调查基础和能力的限制，国家间、区域间规格品的不可比问题十分突出。与发达国家相比，发展中国家商品和服务质量总体偏低，其价格水平和购买力平价可能被系统性低估，而实际经济规模则可能被系统性高估。这是 ICP 长期存在的痼疾。

2. 比较方法仍在改进和完善之中，比较结果具有较大的不确定性和可变性。

由于比较对象复杂多样，ICP 实际操作困难重重。针对不同问题提出不同的解决办法，出现多种方法和诸多结果并存，比较结果表现出较大的不确定性和可变性，容易引起社会各界对结果的质疑。

一是 PPP 结果对比较方法的选择十分敏感。采用不同的方法，其结果差异很大。根据亚行公布的 2005 年 ICP 结果，按 GEKS 法汇总的亚太地区 PPP 要比 GK 法平均低 11%。按不同的全球链接方法计算，亚太地区 PPP 结果平均相差 7.5%。这些差值已经超出可接受的统计误差范围。

二是区域间比较方法仍未统一。各区域经济发展条件、统计基础和统计能力有较大差别，在汇总方法、特殊项目比较方法的选择上有一定的灵活性。OECD/欧盟比较方法在很多方面不同于其他区域。方法不尽统一，影响区域间比较结果的可比性以及全球链接结果的可靠性。在 2011 年 ICP 中，埃及同时参加非洲地区和西亚地区、俄罗斯同时参加独联体和 OECD/欧盟两个区域比较，所得的结果相差很大。参加高收入区域比较的结果明显要高于参加低收入区域比较的结果。

三是比较方法不够稳健，对各个区域结果的影响不平衡。方法的改变对 OECD/欧盟国家影响较小，而对其他区域特别是亚太区域影响很大，稳健性较差。总体上看，按购买力平价方法计算，发展中国家的结果统计偏差要大于发达国家。

3. 部分区域和国家比较结果似是而非，有些让人困惑和费解。

购买力平价是 ICP 的主要统计产出。因素分析表明，总类和主要支出类别的比较结果可以解释其背后的经济意义，比较结果有其合理的一面；但部分数据结果从经济意义上解释不通，有些令人费解，可能存在系统性的统计偏误。

一是非洲地区价格水平可能被高估。非洲地区人均 GDP（按汇率法）仅为世界平均的 18%，在全球最低，而价格水平指数相当于世界平均的 59%，表现出"低收入、高物价"的异常现象。现实经济中，非洲地区受战乱和地区冲突影响，市场的作用几乎失灵，市场价格水平严重背离其经济发展水平，不反映当地居民收入状况。在 ICP 执行过程中，非洲地区在市场上采集的价格数据对当地普通居民来说代表性不足，高估了该地区实际价格水平。统计调查出现偏误，是非洲地区价格水平和经济发展水平明显脱钩的主要原因。

二是亚太地区价格水平可能被低估。亚太地区人口占世界的 53%，包括中国和印度两个世界上人口最多、经济快速增长的发展中大国，地区发展差距非常悬殊。与其他区域相比，亚太区域执行 ICP 更具挑战性和复杂性，比较结果的准确性更难把握。分析表明，亚太地区比较结果存在因规格品可比性不足、比较方法缺陷而造成的系统性统计偏误。在基础数据上，与非洲地区不同，亚太地区多数国家采集的 ICP 价格数据主要为当地代表性规格品，采价点档次较低，规格品质量较差，与其他区域不完全可比，从而在一定程度上低估了本地区实际价格水平。在比较方法上，如前所述，2011 年全球链接方法改变低估了亚太地区实际价格水平，且其低估程度远远大于其他区域。价格数据可比性不足和比较方法缺陷对亚太地区价格水平产生双重低估的影响，从而夸大了该地区实际经济规模。世界银行 2011 年 ICP 结果显示，在亚太 23 个经济体中，有 7 个国家价格水平指数跌入全球 10 个最低经济体行列；有 3 个国家经济总物量跻进全球 10 个最大经济体行列，中国、印度、印度尼西亚分别居世界第 2、3、10 位。亚太地区价格水平之低、经济总物量规模之大有些出乎预料，与公众感知形成一定的反差。

三是两轮比较结果的差异过大、互不衔接。世界银行根据 2011 年 ICP 结果，大幅修正了除 OECD/欧盟 47 个参加国以外的其他 100 多个国家和地区 2005 年比较结果，几乎全盘推翻了 2005 年 ICP 成果。对发展中国家的 PPP 结果修正幅度过大，已超出可接受的统计范围。新发布的 2011 年 ICP 结果展示的世界经济格局、全球贫困状况完全不同于 2005 年结果。ICP 基准调查年之间比较结果相互脱节、互不衔接，出现陡增或陡降的颠覆性变化，对传统的数据和已有的认识形成巨大挑战。回顾 1993 年、2005 年、2011 年最近三轮 ICP 结果，发展中国家的购买力平价和 GDP 物量数据犹如"过山车"。世界银行每一轮 ICP 结果的发布都在国际社会产生不小的"统计地震"效应，质疑声四起。这本身就意味着该项目理论和实践方法还不够成熟，数据结果不够稳定，还有待进一步研究、改进和完善。

四是区域结果与全球结果相脱节。根据世界银行公布的数据关系分析，各经济体的全球 PPP 受区域基准货币国家的价格水平影响很大，经链接转换后，区域结果和全球结果在分类结构上不相一致，数据不匹配、不可加，各国价格水平的内部分类结构关系被扭曲了。

六、结束语

综上所述，世界银行牵头组织的 ICP 作为全球最大的统计合作项目，各方都尽力做到数据可靠、方法科学、结果合理。由于比较对象异常复杂，比较方法过程困难繁杂，调查数据质量仍有不足，比较方法仍有缺陷，比较结果难免出现偏差。2011 年 ICP 仍然带有试验、探索和研究的性质，国际社会对比较结果的可靠性还有争议和分歧。作为一项研究成果，在行政应用时须十分谨慎。PPP 法计算的 GDP 总量，反映剔除各国价格水平差异因素之后统计物量意义的对比关系，它不反映国际市场可支付的购买能力和规模，不同于以国际支付能力为基础的汇率法比较，否则会夸大发展中国家经济规模和国际地位。由于 PPP 具有不可兑换性，不宜作为确定联合国会费等以支付能力为基础的国际义务分摊标准，否则会使中低收入国家承担超出其实际支付能力的国际义务，加剧国际事务的不平等；PPP 涵盖可贸易品和不可贸易品价格比例关系，不能作为均衡汇率标准，否则会加大各国特别是中低收入国家汇率的不合理性；PPP 是一种多边比较结果，受其他国家价格水平影响很大，分类结构具有不可加性，不宜用作对比和分析国家价格水平的内部分类结构关系，否则会得出错误的结论甚至被误导。

本章参考文献

［1］The PPP results of 2011 for Asia and Pacific region［M］. Asia Development Bank，2014.

［2］The global PPP results of 2011 round ICP［M］. World Bank，2014.

［3］Measuring the Real Size of the World Economy：The Framework, Methodology, and Results of the International Comparison Program（ICP）［M］. Washington DC：World Bank，2013.

［4］World Development Indicator（WDI）databank［DB/OL］. World Bank, http：//databank. worldbank. org/，2014 –05.

| 第三章 |
对我国参加国际比较项目的评估及建议

　　本章从组织管理、调查实践、数据审核、汇总测算方法和比较结果等方面，对我国参加国际比较项目（ICP）进行了全面系统的回顾和评估。研究发现，国际统计项目作为一项多边的统计合作活动，影响我国 ICP 数据质量和比较结果的因素很多，既有国内执行过程的因素，也有区域和全球数据审核标准的因素，还有比较方法设计的问题。2017 年新一轮全球 ICP 在调查周期、组织方式、数据来源等方面作了较大的调整，对我国未来开展 ICP 活动提出了新的要求和挑战。为此，应进一步优化我国 ICP 治理结构，提高我国统计基础能力，增强 ICP 调查的针对性和有效性，改进 CPI 编制方法，加强国际沟通交流，使 ICP 比较结果更能反映我国实情。

一、引　　言

　　国际比较项目（ICP）是由联合国倡议、世界银行牵头执行的一项全球性统计活动，其目的是测算购买力平价（PPP），以此作为货币转换因子，比较和评价世界各国宏观经济指标和经济状况。自 20 世纪 60 年代以来，ICP 大约每隔 6 年执行一次，参加的国家（地区）从最初 10 个国家扩大到目前 199 个，现已完成了 8 个阶段的比较报告。联合国统计委员会第 46、47 届会议通过"ICP 主席之友小组"对全球 2011 年 ICP 进行了评估，认为该轮 ICP

治理结构良好，方法有显著改善，比较结果得到国际社会的高度认可，PPP 数据被广泛使用。同时也指出，该项目存在调查间隔期太长、各轮之间数据不衔接、比较方法不够稳健等问题，并提出了未来项目的改进方向。我国自 1993 年起开展 ICP 调查活动，经过几轮的试验调查和比较，首次全面参加 2011 年 ICP 活动，按照全球共同的统计标准和方法要求，在全国范围内开展价格数据和 GDP 支出分类数据调查。世界银行、亚洲开发银行对各参加国上报的调查数据，进行数据审核和汇总测算，并于 2014 年分别发布了包括我国在内的全球 199 个经济体比较结果。2011 年我国 PPP 为 3.506 元人民币/美元，GDP 物量总规模相当于美国的 87%。据此推算出，2014 年我国 GDP 物量总规模超过了美国，成为世界第一大经济体。该结果引起国际社会的广泛关注，有的对 ICP 调查数据、方法和结果提出质疑。

ICP 是由国际组织主导的统计合作项目，其组织规模庞大，涉及专业领域多，业务知识面广，操作技术强，比较方法复杂，使得社会公众对该项目过程的认知较难，影响对 ICP 结果的认可和接受。特别是按 PPP 方法计算的经济总量与传统汇率法的结果存在较大差异，也容易对各国经济规模的认识产生混淆和曲解，并引发有关方面对国家利益可能受损的担忧。本章从我国开展 ICP 活动的组织管理、调查实践、数据审核、汇总方法和比较结果等五个方面进行回顾和评估，阐明各方在执行 ICP 过程中的作用及其对数据、方法、结果的影响，并指出其中的问题，提出进一步改进我国未来 ICP 工作的意见和建议。

二、总体评估

为执行全面参加 ICP 调查活动，国家统计局搭建了 ICP 组织管理框架，制订了 ICP 调查方案，开展了数据评估和验证，研究了比较方法及其影响。这些举措为提高我国 ICP 调查数据质量、保证比较结果的准确合理起到了积极作用。但是，全球 ICP 工作非常复杂庞大，制约因素众多，对数据质量控制和比较结果预期难度较大。

一是全球 199 个经济体经济发展水平、体制机制、制度政策、社会文化、地理环境、宗教习俗、消费偏好各异，居民消费构成截然不同，比较的商品和服务"篮子"很难真正做到同质可比。

二是 ICP 数据质量的高低不仅取决于本国调查数据，还取决于其他参加国调查的数据。ICP 依托现有价格统计和国民核算，对已有统计数据的再利用和再加工，并作少量的补充调查。各国统计基础良莠不齐，统计能力强弱不同，调查统计口径、范围不完全一致，都会影响 ICP 比较结果。

三是汇总比较方法对各国的适用程度不同，对比较结果产生较大影响。ICP 是一项多边比较活动，全球的汇总比较方法要尽可能的统一，难以充分考虑具体参加国经济社会发展的特殊性，可能使比较结果偏离实际情况。

四是国内相关统计项目的数据质量对 ICP 数据产生一定的影响。ICP 数据质量评估框架设置了许多约束条件，要求参加国 ICP 数据与国内相关的统计数据相匹配，做到横向数据可比，纵向数据衔接。国内消费者价格指数（CPI）和生产者价格指数（PPI）、支出结构、工资水平等数据，都影响对 ICP 数据质量的判断。

ICP 产出成果作为国际公共产品，需要各方共同协作努力，要求在全球、区域和国家统计机构之间形成密切的合作伙伴关系。参加国作为执行 ICP 的一方，无法全过程控制数据质量，无法预期比较结果。尽力做到调查数据质量可靠、比较方法科学，比较结果合理，是项目组织方和参加国的共同目标。鉴于项目组织错综复杂、调查困难，数据质量的干扰因素众多，比较方法还有局限，比较结果难免出现较大误差。我国首次全面参加 2011 年全球 ICP 活动，扩大了调查范围，按全球统一方法程序和要求开展数据调查、审核，改善基础数据质量，但受诸多不可控因素的影响，PPP 结果仍存在一定的系统性偏差，未能完全反映我国的实际情况。

三、治理框架的基本评估

全球 ICP 实行分级管理、分区域比较，在国际组织、区域协调机构、国家统计机构之间建立密切的合作伙伴关系。在联合国统计委员会主持下组建了 ICP 执委会，作为全球 ICP 活动的最高决策机构；在世界银行设立全球

ICP办公室，负责制订全球比较方案，审核全球数据和测算全球结果；在OECD/欧盟、亚太地区、西亚地区、非洲地区、独联体、拉美地区、太平洋地区分别设立区域ICP办公室，负责协调本地区参加国数据调查、审核、汇总，并测算区域内部比较结果；参加国（地区）统计机构负责调查和提供ICP数据，参与数据审核和评估。

中国国家统计局作为ICP执行机构，依托现有调查组织体系，组建了ICP治理框架。它分三个层级：一是ICP部际协调小组。成员单位由相关部委组成，沟通了解PPP数据的应用领域、政策影响和利益诉求，便于各方及时制定相应的政策和应对措施。二是国家统计局ICP领导小组和ICP办公室（处）。领导小组由局相关专业司组成，协调与ICP相关的业务工作；ICP办公室（处）设在国家统计局国际统计信息中心，负责ICP具体业务和协调工作，包括制订ICP调查方案，布置工作任务，组织数据审核，开展国内外协调、联络、沟通等。三是省级统计机构ICP领导小组，由相关专业处室组成，负责调查、审核本地区ICP价格数据。

上述ICP治理框架为我国执行ICP调查任务提供了组织保障，它既能满足ICP项目业务综合、交叉、多样的需求，又能在横向协调、纵向指导上提高ICP工作执行能力，做到上下联动、各负其责、内外沟通。各部门密切配合、相互协作，以保证不同调查项目的衔接和匹配，按要求完成数据调查任务。

ICP基础数据主要来源于国内现有统计数据，其中价格数据的调查方法、调查渠道、分类结构与CPI统计相同，支出基本分类数据取自支出法国民核算。该治理框架的不足在于：作为ICP负责单位，国际统计信息中心日常工作与国内统计业务联系不紧密，ICP工作与国内常规统计工作脱节，形成"两张皮"状态。尽管国际统计信息中心多年来开展ICP试点调查研究工作，积累了一定的实践经验，对ICP项目有所了解和通晓。但受单位工作职能的限制，对价格统计、国民核算的熟知程度毕竟有限，实践经验不足，业务知识储备不够。一方面，对国际相关专业标准要求不能完全吃透，认识不全。布置任务时容易对国际标准的要求打折扣，无法做到精准到位。另一方面，不能对调查工作提供直接的业务指导，无法及时处理实际业务疑难问题。往往需要咨询相关专业人员，不仅影响工作的效率，也容易使调查工作出现偏误，调查数据出现偏差。特别是当 ICP 数据与国内相关数据出现不衔接、调查口径范围不一致等问题时，不能提供清晰的专业解释，对数据质量把握不准，容易引起国际专家对我国 ICP 调查数据质量的质疑。项目具体执行单位与统计业务工作相脱节，在一定程度上影响我国 ICP 执行的效率和精准，也不利于借此促进国内统计能力建设。

我国参加 ICP 项目的组织治理模式在世界上是独一无二的。绝大多数国家 ICP 执行机构都由价格统计部门或国民核算部门承担，它们精通国内外统计专业知识，熟悉业务流程，实践经验丰富，能准确把握数据质量，有助提高 ICP 执行力。

四、调查实践的基本评估

在 ICP 中，参加国的任务是收集和提供测算购买力平价所需的基础数据，包括 GDP 支出 155 项基本分类数据及其所覆盖的商品和服务价格数据，如居民消费品价格、机械设备价格、建筑品价格、房租、政府职务报酬等。全球和区域办公室在征求、协调各国意见的基础上，确定价格调查的规格品目录，要求参加国提供每一基本分类下至少 2~3 种规格品的全国平均价格数据。采价的规格品对本国既要有代表性又要有国际可比性。遵循国际规则，2011 年我国调查了 850 多种居民消费规格品价格、100 多种机械设备价格、48 种建筑项目投入品价格、50 多种房租、36 种政府职务薪酬和 GDP 支出 155 项基本分类支出数据。我国全面参加 2011 年全球 ICP 调查的主要特点有：

（1）调查样本量大，全国代表性较强。国家统计局在全国除西藏以外的 30 个省（区、市）抽选了统计基础好、市场较为发达、调查相对容易的 80 多个地区，开展 ICP 价格调查。80 多个调查地区的经济总量占全国的 51.5%，人口总数占全国的 35%，样本数量可谓庞大。调查地区的城镇居民人均可支配收入相当于全国平均的 98.9%，农村居民人均纯收入相当于全国平均的 125.6%。需要说明的是，在贫困偏远的农村地区采集不到与符合规格要求的、同质可比的商品和服务价格，因此选择的农村调查地区经济发展水平要略高于全国农村平均水平。世行和亚行专家利用 2005 年亚太地区主要国家 ICP 数据测算城乡价格差异，发现对于同质可比的规格品价格而言，城乡价差很小，只有 3% 左右。

（2）采价点分布广泛，类型齐全。ICP 调查主要依托现有的 CPI 调查组织框架、人员和采价点，共采集了 100 多万笔规格品价格数据，平均每一规格品的采价数在 90 笔以上。采价点涵盖了商场、超市、折扣店、街边店、专卖店、农贸市场和网点等各种类型。每一规格品价格都包含城市和农村的采价点，充分考虑了我国二元市场特征。采价点分布具有广泛代表性，能反映全国价格水平。

（3）采价频率较高，反映全年平均价格水平。根据不同调查项目价格季节变动的稳定性程度，分别按不同频率开展调查。其中，食品、非酒精饮料按月度调查，酒精饮料和烟草、衣着类、餐馆旅馆等按季度调查，居住水电气、家庭设备、医疗保健、交通通信、文化娱乐教育等按半年度调查，住房租金、机械设备和建筑品价格、政府职务报酬等项目按照全球统一规定，进行年度一次性调查。

（4）GDP 支出基本分类数据核算基础扎实。在全国支出法 GDP 大类核算基础上，利用全国住户调查、投入产出调查、全社会固定资产统计、政府行政事业单位决算等现有数据。对居民消费细分项比例进行补充调查，经过层层拆分和核算，取得全国 GDP 支出 155 项基本分类数据，作为测算全国 PPP 的权数。

从调查实践看，我国 ICP 价格调查范围广，样本量大，采价点类型齐全，调查频率合理，调查的价格数据能反映全国年平均价格水平。同时，充分利用现有价格调查组织体系和国民核算基础数据，既保证 ICP 调查数据和国内数据的衔接、匹配，又能减轻调查负担，降低调查成本。但是，由于各地区发展水平、市场商品结构差异大，调查实践操作困难，采价的部分商品和服务在质量特征上未能完全满足同质可比的要求，导致一些规格品价格出现系统性偏差。主要问题有：

（1）规格说明和定义过于宽泛，加大了调查误差。购买力平价是不同货币在不同国家购买同质同量商品价格之比，不同地区间商品同质可比是 ICP 调查的基本要求。但在全球核心产品目录和亚太区域产品目录中，许多规格品的说明不够详细，定义不严格，没有具体品牌规定，导致同一规格品在不同地区的质量差异和价格差异过大，未能完全反映真实价格水平。

（2）价格调查的针对性和有效性有待加强。我国市场广阔，地区消费产品繁多，应针对不同地区消费市场的特点，采集符合国际标准的规格品价格。如果在现场调查环节缺乏必要的市场分析，盲目追求采价率，价格调查缺乏针对性和有效性，不仅增加地方调查负担，加重后期数据整理、审核的工作量，而且也增加了调查误差。例如，与城市相比，农村市场许多商品质量相对差，价格水平相对低些。如果在农村地区采集过多价格，必然会降低规格品可比性的要求，导致价格水平出现系统性偏低。在多数国家，ICP 居民消费价格数据主要来自于 CPI 调查数据，先筛选出与 CPI 重合的规格品价格数据，对 ICP 新增的规格品进行市场分析，分门别类，确定不同类别规格品价格调查范围。对地区价差小的规格品，在全国进行统一调查；对地区差价大的规格品，通常在主要城市调查，并利用地区价差指数调整成全国平均价格。

（3）服务项目价格调查口径、范围与国际标准不可比、不一致。房租、教育和医疗服务、政府公共服务等具有很强的地区差异性、特质性和非市场性，调查难度大。目前我国教育和医疗服务、房租市场收费很不规范，收集与国外同质可比的服务项目价格数据十分困难，其口径范围和服务质量与国际标准存在很大差异。我国现有的调查渠道主要以收集公立教育和医疗机构的服务价格数据为主，其代表性和可比性都很差，价格水平偏低，没有完全反映居民实际支付水平。服务项目价格调查口径范围不一致、不可比，影响比较结果的可靠准确。

五、数据审核过程的基本评估

数据审核和验证是提高 ICP 数据质量的重要环节。ICP 数据审核分别在三个层面上进行：国内地区间、国家间和区域间价格数据审核。国家数据审核由国家统计机构负责，国家间和区域间数据审核分别由区域办公室和全球办公室来完成。ICP 数据质量评估框架设置了数据审核标准和临界值，并开发了一套标准量化审核程序。主要有：①国内同一规格品的采价点不应少于15 笔，以保证数据在空间和时间上有足够的代表性。②同一规格品在不同地区、不同采价点之间价格数据的离散系数（CV）小于0.3，最小与最大价格之比大于0.33。③ICP价格变动与消费者价格指数（CPI）变动趋势基本相同，差异率应不超过20%。④利用回归残差分析，进行国家间数据合理性的验证和奇异值诊断。⑤利用相关分析，进行价格水平与经济发展水平之间关系的匹配性验证，防止个别国家价格水平出现系统性偏差。

国家、区域、全球三级分别对照上述标准，进行数据审核。经审校、修正之后，我国ICP价格数据具有以下特点。

（1）国内地区间价格差异处在合理的区间内。受诸多因素影响，同一产品在不同地区的价格存在客观差异。如果地区差价过大，说明产品的质量特征不同，为非同质产品。经数据审核和修正之后，绝大多数ICP规格品价格数据的地区间变异系数（CV）小于0.3，最小价和最大价之比超过0.33，符合质量评估的国际标准。多数规格品价格数据在地区之间呈现正态分布，表明全国平均价格数据较为合理，规格品在全国不同地区之间、城乡之间、采价点之间保持同质可比。

（2）ICP与CPI价格变化趋势大体一致。ICP数据与国内常规统计数据相匹配，是衡量ICP数据质量的重要标准，也是评估ICP数据质量的重大挑战。ICP和CPI调查目的、采价要求不同，两套价格数据不可能完全一致，但两者调查对象、组织框架和采价点相同，采价目录有交叉，原则上两套数据反映的居民消费价格变动趋势应大体一致。我国ICP和CPI的数据基本匹配，变动差异相对合理。

一是季度变动趋势相同，但差幅有所不同。两者季度价格变动差异在20%以内，多数类别的ICP价格变化小于CPI。其原因是ICP包含许多可比的品牌规格品，其价格相对较为稳定。但蔬菜、水果和水产品价格受季节因素影响，价格波动幅度相对较大。见表3-1。

表3-1　　　　　　2011年ICP和CPI季度环比价格变动率　　　单位:%

项　目	Q2/Q1		Q3/Q2		Q4/Q3	
	ICP	CPI	ICP	CPI	ICP	CPI
粮食	1.2	2.1	0.1	1.2	0.2	1.1
肉禽及其制品	3.4	4.1	4.6	11.1	-1.9	-1.3

续表

项　目	Q2/Q1		Q3/Q2		Q4/Q3	
	ICP	CPI	ICP	CPI	ICP	CPI
蛋	-2.2	-1.5	2.2	9.0	-4.1	-4.1
水产品	2.4	2.1	0.1	2.0	-4.5	-2.3
蔬菜	-18.1	-16.7	0.0	1.7	0.1	0.2
水果	-4.2	-0.6	-24.6	-21.0	10.0	12.2
烟酒及用品	2.2	0.8	1.1	0.7	1.2	1.3
衣着	-1.0	0.9	-0.2	-0.4	1.7	3.3

二是2005~2011年ICP与CPI价格的变动趋势基本吻合。2005~2011年，我国ICP居民消费12项分类价格变动趋势与同期CPI变动幅度大体相同。ICP居民消费价格平均上涨29%（按不加权计算），CPI价格上涨22%，只相差5.7%，符合国际评估标准。分项目看，食品类、衣着类、教育类和餐饮业ICP价格涨幅要小于CPI，而家庭设备、医疗保健、交通、通信、文化娱乐ICP价格涨幅要大于CPI（见图3-1）。

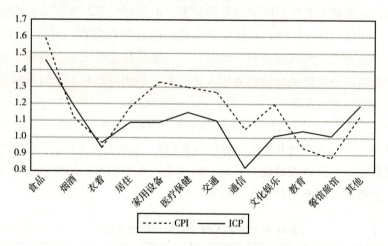

图3-1　2005~2011年ICP和CPI价格变动（2005年=100）

（3）我国ICP价格数据与亚太其他经济体数据基本协调。经区域和全球一级国家间数据匹配性验证，在剔除个别奇异值以后，我国ICP所有规格品价格数据的离散系数不超过39%，标准残差值小于0.25，与其他经济体的数据大体匹配。

经过数据审核和修正，我国ICP数据的国内地区价格差异处在合理的区间，地区之间产品可比性较强；与CPI的价格变动趋势基本一致，数据纵向关系衔接；与亚太地区其他经济体的数据大体协调，数据横向关系匹配。但审核发现，我国ICP调查数据受国内和国际的条件约束，存在潜在的质量风险。

（1）有些审核标准不合理，干扰对我国ICP数据质量的正确判断。ICP与CPI价格变动趋势大体相同，是评估ICP数据质量的国际标准之一。但实际中，它们有很多不同。CPI强调规格品在时间上的同质可比，基准年规格品对报告期代表性不足，特别是服装类、电气类和通信类等，产品更新换代快，与基准年可比的产品价格往往出现下跌趋势。而ICP强调规格品在空间上的同质可比，调查代表当期消费的产品，价格往往出现上涨趋势。ICP和CPI对价格调查的目录、规格品要求、调查原则等方面有许多不同，这是ICP部分类别价格变动趋势与CPI不同的原因。2005～2011年我国经济发展迅速、价格变化大，ICP部分规格品价格与CPI差异大的问题尤为突出。这有可能成为项目组织方在数据审核评估环节质疑我国ICP调查数据质量的主要理由，并以此提出修正我国ICP数据的要求。

（2）ICP价格数据受经济发展水平的限制较大。价格水平与经济发展水平相匹配，是验证ICP价格数据质量的另一重要标准。平均而言，经济发展水平越高，价格水平越高；经济发展水平越低，价格水平越低，两者应该保持匹配关系。但就具体商品而言，有些类别商品价格可能要高些，有些可能要低些，并非所有商品价格都符合这一标准，它不应作为判定具体商品和具体类别价格高低的标准。在亚太地区，港币是基准货币，香港价格水平是评估亚太地区其他经济体ICP数据的主要标杆。香港既是发达的高收入地区，又是特殊的自由港，价格水平相对较低。如果简单机械地以香港价格水平的高低来审核、判断其他经济体价格数据质量，显然有失偏颇。与香港相比，中国大陆经济发展总体水平较低，但随着对外开放程度扩大和经济快速发展，价格水平大幅上升，有些产品价格甚至高于香港。在数据审核时，价格水平与经济发展水平相匹配的标准如果把握不当，可能导致亚太区域价格总水平出现系统性偏低的风险。

（3）区域间规格品不可比，影响全球比较结果。区域间规格品价格数据审核由全球办公室和区域办公室负责。区域间规格品的可比性程度，价格数据的一致性程度，直接影响区域间比较结果的准确性和参加国价格水平在全球的位置。亚太地区采价的商品和服务以当地大众消费的代表性规格品为主，与其他区域的可比性不足。通常，代表性规格品价格较低。这在一定程度上会低估亚太地区价格水平，从而高估其经济物量总规模。数据显示，在全球价格水平最低的 10 个国家中，亚太地区占据 6 个国家，价格总水平明显偏低。这与亚太地区规格品与其他区域不可比有很大的关系。我国参加亚太区域的 ICP 调查和比较，按亚太区域的规格品目录采集价格数据，因规格品与其他区域缺乏足够的可比性，我国购买力平价和价格水平有被低估的潜在风险。

六、汇总测算过程的基本评估

汇总方法的科学合理，是保证比较结果准确的重要前提。ICP 实行区域化比较，近 200 个国家和地区被划分为 7 个区域。我国属亚太地区，在完成数据调查、审核之后，首先由亚洲开发银行（ADB）进行区域内的比较汇总，得出以港币为基准货币的地区比较结果；然后由世界银行进行区域间比较结果的链接，取得以美元为基准货币的全球比较结果。

由于比较对象千差万别，全球 200 个国家和地区大小、贫富和制度迥异，设计全球统一的汇总比较方法异常困难。而且 ICP 涵盖比较项目多，包括居民消费、政府消费、资本形成总额等多个领域，其汇总测算方法复杂。在设计方法时既要保持全球比较方法的相对统一性，又要为各区域提供一定的灵活性。自 ICP 实施以来，汇总比较方法不断改进发展，从多方面多角度解决实践中提出的各种问题，创新房租、教育、医疗、政府消费等领域比较方法，进行生产率调整和服务质量调整，完善全球链接方法。总的来说，ICP 方法体系趋于完整缜密，因汇总测算方法问题而造成的推算误差逐渐减少。全球办公室分别从不同链接方法、使用不同权数、生产率调整、建筑项目和房租不同比较方法等方面，对比较结果影响的差异进行显著性验证，认为 2011 年

ICP 方法有显著改进，技术基础更扎实，操作程序更公正科学。但研究发现，在汇总测算环节依然存在一些问题。

（1）区域比较方法不统一。基本分类以下一级的汇总方法，OECD/欧盟、独联体采用 EKS 法，亚太采用不加权的 CPD 法，非洲、西亚、拉美等则采用加权的 CPD 法；房租比较方法，OECD/欧盟、独联体、拉美采用市场房租直接比较法，非洲、西亚采用住房数量间接比较法，亚太采用物量参考法；教育、医疗比较方法，OECD/欧盟进行服务质量调整，而其他区域未作质量调整。比较汇总方法的选择取决于区域各国统计能力和统计基础，区域比较方法很难统一，这无疑增大了比较结果的推算误差。

（2）全球链接方法不稳健。全球链接方法在基本分类上由 2005 年的"环国法"改为 2011 年的"全球核心产品法"，在总类上由"区域总类链接系数"改为"区域分类物量再分配法"。全球链接方法的改变对各区域结果的影响极不平衡，对亚太地区的影响明显大于其他区域。2011 年全球 ICP 综合报告数据显示，2005 年我国 PPP，按环国法测算为 3.45 元人民币/美元，而按全球核心产品法测算为 3.15 元人民币/美元，相差 8.6%。

表 3－2　全球链接方法改变对 GDP 层面的影响比较（经合组织 = 100）

	非洲	亚太	组合组织	拉美	西亚
2005 年	107	109	100	97	103
2011 年	98	106	100	97	103

注：新方法结果相当于旧方法结果的比例。

（3）部分项目的比较测算方法对我国缺乏适用性。全球 ICP 比较汇总方法的研究与选择，主要考虑各国的普遍问题，很难兼顾具体国家的特殊问题。特别是各国的建筑、房租、教育、医疗、公共服务等项目具有很强的差异性、特质性和非市场性，属于国际比较项目的难比较领域。这些项目的比较方法对我国显现出较大的不适用性。例如，建筑项目采用投入品价格比较法，它假设各国建筑项目溢价相同，投入品价格比较等同于产出品价格比较。而我国建筑投入品价格与产出品价格存在较大差异，2005～2011 年建筑投入品价格下行，产出品价格则上行。采用投入品价格比较法测算，势必低估我国建筑项目实际价格水平和实际购买力平价。又如，亚太地区各国经济发展水平差距悬殊，统计能力和统计基础良莠不齐，房租、教育、医疗等服务项目的比较方法均不同于其他区域，全球很多比较方法不适用于亚太地区。

（4）汇总测算过程缺乏透明性和可复制性。ICP 详细的价格数据和 GDP 支出基本分类数据在各国尚未对外公开，因保护机密的要求，也为维持比较结果的公平、独立和权威，任何国家都无法取得其他国家的基础数据而自行测算购买力平价。尽管比较测算方法对外公开，但实际测算过程不透明度且不可复制，容易给人以"黑箱操作"之嫌，并引发误解和质疑，也损及比较结果的公信力。

七、比较结果的基本评估

价格水平是衡量经济发展成果国际比较的关键因素，正确评价我国价格水平的国际地位，对于判断我国经济发展阶段、考量我国经济物量规模至关重要。世行和亚行发布的 2011 年全球 ICP 结果综合报告显示，以美国为基准，我国购买力平价为 1 美元等于 3.506 元人民币，相当于汇价的 54%；以香港地区为基准，为 1 港币等于 0.64 元人民币，相当于汇价的 77%。据此推算，2014 年我国 GDP 总物量超过美国，成为世界第一大经济体。世界银行的世界发展指标（WDI）、联合国开发计划署的人文发展报告（HDR）、国际货币基金组织（IMF）的世界经济展望等国际组织根据新的 PPP 结果相继更新数据库，并广泛应用于 IMF 份额、世界经济增长率、联合国可持续发展目标（SDG）和国际贫困线测算等测算。PPP 数据结果已被纳入国际经济统计数据体系之中，在国际经济社会研究分析、行政管理中广为应用，对评估我国经济社会发展的国际地位产生深远影响。基于 2011 年购买力平价数据研究，著名经济学家约瑟夫·斯蒂格利茨提出"中国世纪元年"，美国皮尤研究中心指出在中国驱动下世界中产阶层人口增加，贫困人口减少。研究发现，世界银行发布的我国 2011 年 PPP 结果，既有一定的合理性，也有不足之处。其合理性表现在：

（1）测算的价格水平与我国经济发展水平大体相符。在全球 177 个经济体中，我国相对价格水平（即 PPP 与汇价之比）居第 93 位，人均 GDP（汇率法）居第 96 位；在亚太 23 个经济体中，我国相对价格总水平居第 7 位，人均 GDP 居第 8 位。两者在世界和区域的位置大体相当，说明我国经济运行良好，价格水平与经济发展水平的关系正常，既不存在"高物价、低收入"的问题，也没有出现"低物价、高收入"的现象。

（2）比较结果基本反映我国相对通胀和人民币汇率变动趋势。我国购买力平价从 2005 年 1 美元相当于 2.86 元人民币提高到 2011 年 3.506 元人民币；相对价格水平指数（美国 = 100）从 35% 提高到 54%。这是我国通胀和人民币升值双重因素共同作用的结果。同期，我国相对通胀率（美国 = 100）上升了 22%，人民币汇价（美元 = 1）升值了 27%。

（3）按 PPP 测算，我国依然是发展中国家。尽管按 PPP 测算我国 GDP 总物量成为世界第一大经济体，但人均国民总收入（GNI）只相当于世界平均的 88%，美国的 24%，居世界第 105 位。我国人均 GNI 相对较低，与发达国家的差距较大，仍然是发展中大国。

上述从宏观经济意义上解释了我国参加 ICP 比较结果有相对合理的一面。由于 ICP 调查数据质量有问题，比较方法有缺陷，比较结果存在着调查误差、审核误差、推算误差等。我国 ICP 比较结果的不足之处主要有：

一是基准调查结果与外推结果差异过大。我国 2011 年 PPP 为 3.506 元人民币/美元，比世界银行按 2005 年外推结果（为 4.23 元人民币/美元）低17%。印度、印度尼西亚、巴西的差异则更大。出现差异的原因是多方面的，有外推误差、两轮比较方法不同、我国参加两轮 ICP 的调查范围不同等。但争议的焦点在于，比较结果修正幅度过大，超出可接受的预期范围，从而引起认识上的震动，进一步强化了我国 PPP 和相对价格水平被低估的质疑。

二是部分支出项目相对价格水平偏低，与大众感知有些不相符。我国教育、医疗和住房"贵"的问题是大众普遍感知。由于规格品不可比、口径范围不一致以及比较方法的不适用等原因，我国教育、医疗、住宅建筑相对价格水平偏低，表现出较强的货币购买力，与实际有些不符，给人以数据不实之疑。根据上述各环节的评估来判断，我国 2011 年 PPP 数值有被低估、而GDP 物量有被高估的倾向。

此外，对 ICP 认识的不足和偏颇也进一步放大了对我国 PPP 结果的争议。尽管 ICP 项目在全球实施已近 50 个年头，越来越为国际社会所接受、认可和使用，但与传统的汇率法相比，它毕竟是一种新方法，社会各界对其认知有限。并且按 PPP 法计算的经济物量规模要远大于汇率法，也加重了比较结果可能损及我国国际利益的担忧，从而难免对 PPP 结果抱有一定的偏见甚至排斥。

八、改进建议

联合国统计委员会第 47 届大会在审议 2011 年全球 ICP 总结评估报告之后，决定启动 2017 年新一轮 ICP 活动。与前几轮相比，2017 年全球 ICP 进行了重大改进。主要体现在：一是调查周期由 6 年一轮缩短为 3 年一轮，将 ICP 作为国际组织和参加国家的一项常规性统计工作。二是调查组织方式由基准年集中调查改变为 3 年滚动分散调查，实行"滚动基准法"，每年组织调查，测算 PPP 结果。三是将 CPI 数据作为测算 PPP 的重要数据来源，利用 CPI 分类指数外推和倒推价格数据，PPP 数据修订变成常态化。其实，滚动基准法不是新创的方法，而是 OECD/欧盟购买力平价项目的现行做法在全球范围的推广和应用，其目的是将 ICP 与国家日常统计工作紧密结合起来，改善数据的匹配性和衔接性，增强 PPP 数据的及时性和连续性，实现基准 PPP 和推算 PPP 的一致化，使之成为一项快捷简便的全球性统计合作项目。在新方案实施初期，参加国在调查间隔期的选择上有一定灵活性，对居民消费项目价格调查可以分三年进行，也可以集中一年进行；对非居民消费项目调查可以每年进行，也可以每隔三年进行，但前提是需要有较完整的价格指数，用于推算每年的数据（见表 3－3）。

表 3－3　　　　　　　　　未来全球 ICP 滚动基准法

调查项目	2017 年 ICP			2018 年 ICP			2019 年 ICP		
	2016 年	2017 年	2018 年	2017 年	2018 年	2019 年	2018 年	2019 年	2020 年
居民消费项目									
食品、饮料和烟草	X	外推	外推	回推	回推	X	回推	X	外推
服装和鞋类	X	外推	外推	回推	回推	X	回推	X	外推

续表

调查项目	2017 年 ICP			2018 年 ICP			2019 年 ICP		
	2016 年	2017 年	2018 年	2017 年	2018 年	2019 年	2018 年	2019 年	2020 年
家电和家用产品	回推	X	外推	X	外推	外推	回推	回推	X
医疗保健	回推	X	外推	X	外推	外推	回推	回推	X
服务项目	回推	回推	X	回推	X	外推	X	外推	外推
家具	回推	回推	X	回推	X	外推	X	外推	外推
非居民消费项目									
住房		X			X			X	
机械和设备		X			X			X	
建筑施工		X			X			X	
政府职务薪酬		X			X			X	
GDP 支出分类		X			X			X	

注：X 指当年调查数据。

2017 年轮 ICP 实施方案的变化和调整，有助于解决发展中国家 ICP 与 CPI 数据不一致、两轮结果相脱节、比较结果滞后、数据不连续等问题。新的实施方案对我国 ICP 工作提出了新的数据需求，为我国全面参加 ICP 带来新的困难和挑战。与 ICP 新方案的要求相比，我国现有统计能力存在一定的差距和薄弱环节，有许多数据缺口和数据不一致的地方，可能影响数据质量和比较结果的准确性。需要在总结、评估的基础上改进 ICP 每一工作环节，改善数据质量，以便取得更能反映我国实际情况的 PPP 结果。根据上述各个环节的评估，结合全球新的变化，我国 ICP 工作需要改进和调整。

（1）顺应全球新变化，优化 ICP 治理结构。考虑到 ICP 价格调查方法、调查实践、分类结构与 CPI 统计相同，ICP 支出分类数据来源于国民核算，在治理框架上，应加强 ICP 与 CPI、支出核算等日常统计工作的实质性整合，形成高效密切的专业融合机制，保持业务的协同关系。我国参加 ICP 的组织治理模式比较独特，具体执行 ICP 的单位既非价格统计部门，也非国民核算部门，在机构、人员、业务上存在的"两张皮"现象。依照 2017 年一轮全球 ICP 实施方案的要求，我国 ICP 工作应更紧密地融合到国家日常统计工作中，在人员配备和职能分工上应充分考虑 ICP 实际业务需要，由价格统计和 GDP 支出核算业务部门直接承担 ICP 工作，为改善 ICP 基础数据质量提供必要的组织制度保障，提高 ICP 的执行能力和工作效率。

（2）查补短板，夯实 ICP 工作基础。考虑到未来全球 ICP 正朝着常规性工作的方向发展，应认真研究该项目对国家数据的新要求，重点排查我国统计数据缺口和调查弱项，夯实 ICP 工作基础。一是突出可比性原则的重要性。在 ICP 价格调查、数据审核环节要严格遵循"可比性"原则，保证采价的规格品在地区之间、城乡之间、与国际标准之间同质可比。二是积极开展国内购买力平价指数测算，为推算全国平均价格提供必要数据。三是建立住房房租统计，改进生产者价格统计，完善政府职务薪酬统计，提高基础统计能力。四是增强支出和价格等相关领域统计方法、口径范围、分类与国际标准的衔接和兼容。

（3）充分利用现有 CPI 调查体系，增强 ICP 调查的针对性和有效性。在 ICP 调查环节，一是做好 ICP 与 CPI 调查规格品的比对工作，利用机器学习和智能技术，进行采价目录的匹配和识别，从 CPI 调查目录中筛选出更多的与 ICP 重合的规格品价格数据，逐步实现两个调查项目的融合，以减轻 ICP 额外调查负担。二是对补充的 ICP 价格调查，应在充分调研全国市场产品分布和特征的基础上，设计合理的调查样本和调查范围。对地区差价较小的工业品价格调查，可考虑在行政大区内抽样，压缩调查范围，减轻调查负担；对基本实行全国统一价格的水、电、气和交通、通信等服务项目价格，可选择一个地区进行一次性调查；对于地区差价较大的规格品，应重点关注采价规格品的地区同质可比性。三是开展教育、医疗等服务项目的市场价格调查，纠正公立机构服务价格低估我国实际消费价格水平的现象。四是借鉴国际经验，探索利用网络抓取数据和扫描数据，收集 ICP 价格数据的可行性，扩大数据来源。

（4）改进 CPI 编制方法，为 ICP 提供可靠的数据来源。在未来 ICP 中，CPI 既是 ICP 价格数据质量的评估标准之一，也是测算每年 PPP 的重要数据来源。现实中，ICP 与 CPI 对采价规格品的同质可比要求不同，变动趋势存在一定差异。需要进一步改进 CPI 编制方法，借鉴国际经验和做法，对衣着、交通、通信等更新换代快的产品价格进行质量特征调整、规格品代表性评估等，使之尽可能反映报告期价格变化趋势，反映当期市场价格，纠正两者价格变化方向不一致的现象，缩小 ICP 价格与 CPI 变动幅度的差异，为保证我国参加 ICP 比较结果的准确性提供高质量的数据基础。

（5）积极主动对外沟通交流，广泛开展国际合作。ICP 是一项全球性多边统计合作项目，项目执行的成功与否，不仅取决于我国自身调查的数据质量，而且取决于其他参加国的数据质量、国际组织对数据审核标准的把控、汇总测算方法设计等众多因素。参加国的主导权、掌控权和话语权相对较弱，比较结果的变数较大，具有不可预期性和不可控性。这就要求在参加国和组织者之间建立起相互信任、相互理解的紧密合作伙伴关系和形式多样的沟通交流渠道。项目参加国应积极主动对外沟通交流，增强在 ICP 治理决策规则、方法程序研究中的话语权，项目组织者应在充分了解和考虑参加国实际情况和特殊性的基础上，设计合理的数据审核标准和汇总测算方法，提高比较方法的适用性，增强比较结果的公信力。

总之，全球 ICP 的发展及其比较结果的广泛应用，是经济全球化趋势的结果，也是满足全球合作治理和决策的迫切需要。PPP 数据事关对参加国经济发展国际地位的判断和考量，涉及一国的国际经济利益，从而倍受国际社会的关注。作为一项多边的国际统计项目，对各国 ICP 数据的约束条件和对比较结果的影响因素很多，既有国内执行过程的因素，也有区域和全球数据审核标准的因素，还有比较方法设计的问题。总的来说，全球和区域 ICP 办公室对该项目拥有更多的主导权、掌控权和话语权，而参加国在项目执行过程中处于较被动的位置，往往被动地接受预定的审核标准、比较方法以及既成的比较结果，由此容易引发各方的异议和争执。此外，ICP 是对现有统计调查数据的再利用、再开发，各国经济发展水平、统计基础和统计能力差异较大，现有基础数据的可利用程度不尽相同，执行 ICP 的难易程度也有所不同。通常，发达国家 ICP 与国内常规统计数据的重合度高，数据质量较好，且工作相对简易；而发展中国家的重合度低，数据质量相对较差，且工作难度较大。我国 ICP 工作在数据调查、数据审核、汇总测算、比较结果等各环节遇到的问题和困难，是所有发展中国家参加此项活动的共同难题。随着我国统计基础不断扎实，统计能力不断改善，上述的许多问题将会迎刃而解。

本章参考文献

［1］ Report of the Chair group on the evaluation of the 2011 round of ICP ［R］. UN Statistical Commission Forty – sixth session, 2015: 3 –6.

［2］ World Bank. Purchasing Power Parities and the Real Size of World Economies ［M/OL］. http: //web. worldbank. org/WBSITE/EXTERNAL/DATASTATISTICS/ICP, 2014 –10.

［3］ Hill R J, Syed I A. Improving International Comparison of Prices at Basic Heading Level: An Application to the Asia-Pacific Region ［J］. Review of Income and Wealth, 2015 (9): 515 –539.

［4］ The PPP results of 2011 for Asia and Pacific region ［M］. Asia Development Bank, 2014.

［5］ Stiglitz J E. The Chinese Century ［J/OL］. Vanity Fair, 2015 (1): 2 – 4, http://www. vanityfair. com/news/2015/01/china-worlds-largest-economy.

［6］ Kochhar R. A Global Middle Class Is More Promise than Reality ［EB/OL］. http: //www. pewglobal. org/2015/07/08/a-global-middle-class-is-more-promise-than-reality/, 2015 –07 –08.

［7］ Final report of the Friends of the Chai group on the evaluation of the 2011 round of the International Comparison Programme ［M］. UN Statistical Commission Forty-seventh session, 2016: 8 –11.

|第四章|
全球国际比较项目的变革以及
我国改进措施

联合国统计委员会第46、47届会议决定按新的方案启动2017年ICP活动。新的实施方案对未来全球ICP活动进行了重大改革，与之前的实践做法有很大的不同。它对各参加国统计机构提出了新的数据需求，为我国全面参加ICP带来新的困难和挑战。本章介绍了全球ICP未来改进方案，研究了我国全球参加ICP可能遇到的问题，提出了应对措施和解决方案。

全球国际比较项目（ICP）是一项全球多边统计合作活动，旨在测算购买力平价（PPP），作为货币转换因子，比较各国宏观经济指标和经济社会发展状况。该项目产出成果被广泛应用于分析研究、行政决策中，在共享世界发展繁荣、共促全球合作治理中发挥着重要作用，故PPP数据也被称为"国际公共产品"。联合国可持续发展目标（SDG）、国际贫困监测和评估、国际货币基金组织份额确定、世界经济增长率计算、联合国开发计划署人文发展指数等国际影响较大的研究报告都应用PPP数据。鉴于比较结果的重要性，联合国统计委员会第45届会议授权"ICP主席之友"小组，对2011年轮全球ICP进行了全面评估和总结，针对存在的问题和教训，提出未来ICP在工作周期、调查方式、方法研究、组织治理和政策程序等方面的改革方案。第46、47届会议分别审议并通过了全球ICP评估和改进意见报告，决定按新方案启动2017年新一轮ICP活动。新的实施方案对未来全球ICP活动进行了重大改革，与之前的实践做法有很大的不同。它对各参加国统计机构提出了新的数据需求，为我国全面参加 ICP 带来新的困难和挑战。为此，本章将简要介绍全球 ICP 未来改进方案，研究我国全球参加 ICP 可能遇到的问题，提出应对措施和解决方案。

一、全球 ICP 未来改进方案

全球 ICP 自 20 世纪 60 年代末实施以来，历时近五十年，完成 8 轮工作周期。根据联合国统计委员会"主席之友"对 2011 年 ICP 的评估，该项目在全球的认可和接受程度不断提高，199 个国家和地区参加 2011 年 ICP 活动，几乎涵盖全球所有国家和地区；其结果数据被国际社会广泛引用，已成为国际统计数据体系不可或缺的组成部分；其理论和实践不断创新、变革和完善，具有扎实的方法技术基础；经过长期的积累，在全球、区域和国家三级形成了运行良好的组织管理体系和丰富的专业知识储备。同时该项目也存在一些问题：两轮间隔 6 年的工作周期太长，比较结果滞后，缺乏及时性和相关性，不能满足用户的数据；调查数据和推算数据不一致，两轮的比较结果不衔接，严重脱节，容易引起对比较结果的争议；ICP 调查数据与现有 CPI 数据不一致，容易引发对 ICP 调查数据质量的质疑等。

为顺应全球化发展趋势，联合国统计委员会决定启动 2017 年一轮 ICP，针对存在的问题，对实施方案进行重大改革，使之成为一项快捷简便的常规性统计合作项目。主要改进内容包括：

（1）缩短工作周期，提高调查频率。全球 ICP 工作周期由 6 年改为 3 年，将其作为一项常态化的统计工作，把全球 ICP 临时性组织机构转为永久性工作团队，形成制度，以保持 ICP 工作连续性，提高比较结果的及时性。

（2）改进调查方式，实行"滚动基准法"。调查方式由前几轮基准年集中调查改为 3 年滚动分散调查，以减轻调查负担。所谓"滚动基准法"，就是把居民消费价格调查分解为 6 个项目，数据收集分散在 t−1 年、t 年和 t＋1 年进行，t 年为基准年，每年上半年和下半年分别开展两个项目的价格调查，3 年滚动完成。对非当年调查的居民消费项目价格，利用消费者价格分类指数（至少 12 类）进行外推和回推。机械设备、建筑品、政府薪金、住房等项目每年调查，GDP 支出分类数据每年核算。

（3）改善数据来源，实现比较结果的年度化。各国消费者价格指数成为直接测算 PPP 的重要基础数据来源之一，把价格数据调查和数据推算结合起来，每年测算全国 PPP 数据。

为了推进 2017 年全球 ICP 新方案的实施，世界银行组织有关专家开展了一系列试验研究活动。

（1）利用大数据，探寻数据收集的新方式。主要研究利用现代信息和通信技术获取详细的高频率价格数据的可行性。一是在孟加拉国、巴西、印度、印度尼西亚、肯尼亚、尼日利亚、巴基斯坦、菲律宾 8 个国家，通过手机和网站在 270 个地区约 250 个超市收集 30 种基本食品价格数据。二是在巴西、印度尼西亚和尼日利亚 3 个国家，利用现代人工智能技术，在城市、郊区、农村地区收集约 150 种食品、消费品和服务项目等高频价格数据。三是与荷兰统计局合作，利用扫描数据和网络数据抓取技术，探寻以更快、更便宜的方式收集价格数据，评估在能力弱的统计部门和技术发展水平不同的国家应用这种收集方式的可能。

（2）全面总结发展中国家 ICP 与 CPI 调查融合的实践经验。发达国家统计基础好，ICP 基础数据主要来源于现有统计数据，与 CPI 重合度高，只有少量数据需要作补充调查。而发展中国家统计基础较为薄弱，ICP 与 CPI 重合度较低。推动发展中国家 ICP 与 CPI 的融合，是世界银行及其区域组织长期努力的目标。南非、西亚地区、拉美地区通过试验总结，认为 ICP 与 CPI 有许多共同之处，两者的融合和协同将有助于夯实 CPI 基础能力，改善 ICP 数据质量。

（3）研究编制国内 PPP，实现 ICP 的快捷简便。在 OECD 和欧盟，购买力平价项目作为常规性统计工作，要求其成员国每年收集统一目录的规格品价格数据。英国、意大利、西班牙等一些大国为节省调查成本，只调查首都地区价格，每隔 6 年进行一次地区价格差异指数的调查，作为空间调整因子（Spatial Adjustment Factor, SAF），以便把首都地区价格调整为全国平均价格。在 2011 年轮全球 ICP 结束之后，亚太地区、独联体、非洲地区、西亚地区等启动了 2015～2016 年 PPP 数据更新项目，通过缩减采价目录、缩小调查范围

（只在首都地区调查），收集数据，并利用地区价差指数、消费者价格指数等进行推算，把 2011 年 PPP 结果更新到 2015 年。因此，测算地区价差指数是未来全球 ICP 的重要数据需求之一，也是实现 ICP 项目快捷简便的重要途径。

考虑到 ICP 新方案对参加国统计能力和统计基础要求高，在开始实施阶段，各区域可以视实际情况，有一定的灵活性，但时间安排要与区域间数据审核和全球结果测算的时间相一致。对居民消费项目，可以选择在基准 t 年集中调查；对非居民消费项目，允许每隔两年或三年调查，但前提是国家拥有这些领域的价格缩减指数数据包括生产者价格指数、政府薪酬指数、房租指数等，能用来推算非调查年份的价格数据。亚太地区 2017 年 ICP 价格调查时间初步安排为：2017 年开展居民消费价格调查，2018 年开展住房数量和房租调查、机器设备价格调查、建筑和市政工程价格调查。此外，ICP 新方案建议将国际、区域和国家各个层面的机构设置、人员配备、业务工作、经费来源、制度政策由临时性改为长期性，把 ICP 项目纳入国际和国家日常统计工作的组成部分。ICP 最高决策机构—执委会改为"ICP 理事会"，技术咨询小组改为"技术咨询工作组"，作为常设机构固定下来，并制定详细的工作程序和规则，规范工作流程，增强项目活动的透明度和权威性。2017 年新一轮 ICP 在汇总比较方法上不进行任何大的改变，便于与 2011 年 ICP 比较结果保持可比。

实际上，全球 ICP 未来改进方案是 OECD/欧盟购买力平价项目的现行做法在全球范围的推广和应用。通过实施新方案，可以解决前几轮全球 ICP 存在的问题：一是将居民消费价格调查分为 3 年进行，既在一定程度上减轻参加国调查负担，又能提高比较结果的相关性和及时性，更好地满足国际社会对数据的需求；二是将数据调查和数据推算结合起来，既可以每年测算各国 PPP，又消除两轮比较结果脱节的难题，形成连续一致的 PPP 时序数列；三是将 ICP 数据调查和现有 CPI 数据利用结合起来，将 ICP 纳入国家日常统计工作中，既能改善不同来源数据的匹配性和衔接性，提高基础数据质量，又能增强 ICP 的权威性和公信力，还有助于提高参加国统计能力，从而促进该活动从研究试验项目向正规官方统计项目的实质性转变。可以说，这是 ICP 史上的一次重大变革和提升。

二、我国参加未来 ICP 活动的困难和挑战

与前几轮相比，未来 ICP 改进方案对参加国的统计能力和统计基础要求更高更严。将 ICP 纳入国家日常统计工作中，要求每年开展调查，提供基础数据，这意味着对参加国提出了更多的数据需求，加大了国家统计调查任务，同时要求国家统计数据在调查方法、概念定义、口径范围上具有国际可比性。因此，参加全球国际比较项目对参加国特别是广大发展国家统计工作既带来了更大的困难和挑战，也提供了借鉴国际先进经验和做法、提升统计能力的机遇。随着我国新一轮全方位高水平对外开放战略的实施，ICP 比较结果数据广泛应用于国际组织的研究监测、行政决策，对于考量我国经济社会发展的国际地位、衡量我国国际影响力变化具有重要意义和深远影响，国家统计部门必须继续参加并做好相关工作。我国曾参加 2005 年和 2011 年全球 ICP，积累了一定的工作经验。近年来，我国政府统计在改革中不断发展，统计能力不断提升，统计基础更为扎实。特别是我国加入国际货币基金组织（IMF）特殊数据发布标准（SDDS）之后，统计方法、定义概念、分类标准更具国际可比性，价格统计和国民经济核算体系不断改进，为继续全面参加全球 ICP 提供了便利条件。但是，与全球 ICP 新方案的要求相比，我国现有统计基础存在一定的差距和薄弱环节，还有许多数据缺口和数据不一致的地方，可能影响数据质量和比较结果的准确性。

（一）CPI 统计体系不能完全适应 ICP 新方案的要求

居民消费价格数据是 ICP 最大的数据需求，调查项目多、调查频率高，但其调查对象、组织方法、调查实践、分类结构与 CPI 大体相同，这是把 ICP 融入 CPI 统计体系的基础和前提。通过融合，可以减轻 ICP 调查负担，改进数据质量。目前，我国对外公布了 8 大类、39 小类 CPI 细分类指数，基本满足 ICP 细分类居民消费价格进行外推和回推的数据需求。主要问题有：

（1）采价目录的规格品说明有所不同。CPI 调查当地代表性且与基准期

可比的规格品价格，强调规格品在时间上的同质性；而 ICP 则调查既有代表性又具国际可比性的报告期规格品价格，强调规格品在空间上的同质性。经对比，两种目录规格品说明的重合率较低，ICP 许多规格品要作补充调查。

（2）采价点不完全相同。由于采价的规格品说明不同，ICP 部分规格品在 CPI 采价点上收集不到价格数据，需要新增部分调查点。特别是 ICP 教育、医疗服务项目要求私立机构的价格数据，与 CPI 价格要求有所不同，须增加相应的采价点。

（3）尚无编制地区间价格差异指数。在 ICP 未来改进方案中，利用地区间价格差异指数即国内 PPP，将部分地区调查的价格调整为全国平均价格，这是减轻参加国调查负担、实现 ICP 快捷简便的重要措施。在我国，采用"指数法"编制全国 CPI，对各地区 CPI 分类指数层层加权平均值，不需要计算地区和全国平均价格。目前，我国只计算和公布了 27 种食品的地区价格和全国平均价格数据，各地区 CPI 采价目录中绝大多数规格品不可比，很难基于现有 CPI 调查数据来测算地区间价格差异指数，也无法据此计算全国平均价格。这也是在我国实施 ICP 与 CPI 融合的主要困难之一。

（4）支出基本分类有所差别。ICP 遵循联合国按目的划分的个人消费分类（COICOP）标准，包括 12 大类指数。我国 CPI 调查目录参考国际标准制定，但略有差别，包括 8 大类指数。ICP 中交通、通信、教育、娱乐和文化四个分类需要从 CPI 下一级分类中取得，并且餐馆和旅馆在 CPI 中没有单独分类。

（5）部分细分类数据不一致。由于 ICP 和 CPI 对规格品说明、采价点要求有所不同，部分商品和服务的细分类价格数据出现不一致，有的变动方向相反。2005～2011 年，我国 CPI 中衣着类、通信类价格呈下降趋势，而相应类别的 ICP 价格则呈上升趋势。与其他国家相比，我国教育、医疗保健价格水平严重偏低。这些都可能成为外界对我国 ICP 数据质量有质疑、对比较结果有争议的焦点。

（二）非居民消费调查项目数据缺口较多

在未来 ICP 新方案中，住房、机械设备、建筑施工、政府职务薪酬、

GDP 支出基本分类等非居民消费调查项目数据要求每年调查、核算。也可视实际情况，每 3 年调查一次，利用现有的相关指数推算年度数据。与居民消费调查项目相比，对非居民消费调查项目要求的数据量较小，调查频率较低，但调查难度较大，数据缺口较多，需要重新布置调查。

（1）住房调查。该调查包括按住房类型（如公寓、别墅、传统住宅等）、户型（如一居室、二居室等）、质量（配备自然水、电、卫生间、空调等）、使用年限（五年以下、五年以上等）、地理位置等划分的住宅数量、租金等数据，其中部分数据可以从人口和住房普查数据中取得，但口径范围不完全相同，大部分数据需要重新调查。

（2）机械设备和建筑品价格。ICP 确定的机械设备、建筑品目录为国际可比产品，与我国固定资产投资价格调查中机械设备、建筑规格品目录差别很大，需要重新调查价格数据。我国固定资产投资价格反映国内代表性产品的价格水平，缺乏国际同质可比，价格水平相对较低。特别是近几年受产能过剩影响，生产者价格持续下降。如果以生产者价格指数推算 ICP 相关资本品价格数据，必将低估我国资本品价格水平。另外，我国建筑安装工程价格指数包括人工费指数、材料费指数和机械使用费指数，不反映住宅建筑的溢价因素。

（3）政府职务薪酬。30 多个政府职务薪酬数据主要来源于现有的行政记录，在指标口径范围要作相应的加工调整。目前我国政府部门之间缺乏数据共享机制，从其他部门取得相应的基础数据比较困难。

（4）支出基本分类数据。GDP 支出 155 项基本分类作为测算 PPP 权数，数据来源于支出法 GDP 核算、住户支出调查原始资料、政府财政账户资料。我国现有的支出法 GDP 核算有 20 多项分类数据，需要根据相关原始资料作进一步拆分推算。

（三）数据质量、方法和结果受外部因素的影响较大

ICP 新方案提出将 ICP 调查纳入国际组织和国家常规统计工作中，其产出成果作为国际公共产品，为国际组织的行政管理和全球合作治理提供统计服务，这不仅有助于增强 ICP 数据调查、结果发布的权威性和公信力，而且

提高了 ICP 比较结果在制定政策、行政管理、决策应用中的有效性和相关性，确立了 ICP 的官方地位。但是，对于参加国来说，ICP 不同于其他日常统计工作，提供的基础数据质量不仅取决于本国调查，还取决于其他国家数据质量的高低。比较方法由 ICP 技术咨询工作组负责研究制定，由于各国情况千差万别，错综复杂，目前方法在区域间不统一，建筑、教育、医疗项目比较方法对具体国家不完全适用等问题依然存在，比较结果偏离实际的现象时有发生。在项目执行过程中参加国的掌控权、话语权和决定权十分有限，往往处于被动接受的地位。鉴于 ICP 项目的官方性及其比较结果的重要性，一旦社会各界对比较结果提出质疑，产生分歧，将对参加国统计部门造成较大的压力和挑战。

三、改进我国参加 ICP 工作的初步设想

参加全球 ICP 是顺应全球化发展的客观趋势，也是我国崛起、走向世界舞台的迫切要求。全球 ICP 变革对我国全面参加 ICP 活动提出了新的困难和挑战，也为我国借鉴国际经验、提高统计能力提供了难得的机遇。国家统计机构应周密组织、精心设计、协同业务，做好 ICP 工作。

（1）整合机构人员，增强业务的协同性。作为一项国家日常统计工作，应改变之前 ICP 工作在机构、人员、业务上存在的"两张皮"现象。我国参加 ICP 的组织治理模式比较独特，具体执行 ICP 的单位既非价格统计部门，也非国民核算部门。项目具体执行单位与统计业务工作相脱节，不利于提高工作效率，不利于准确把握专业要求，不利于改善数据质量，也不利于借此促进国内统计能力建设，分享国际先进经验。依照未来全球 ICP 的改革方案，ICP 工作将成为一项依托现有统计调查的常规性、年度化工作，我国以前的 ICP 组织方式已不适应新的变化要求，应将此项工作更紧密地融合到国家日常统计工作中。考虑到 ICP 价格调查对象、组织方法、调查实践、分类结构与 CPI 基本相同，ICP 支出分类数据来源于国民核算，应整合机构，充实人员，建立密切的专业融合机制，保持业务的协同关系，突出价格统计和国民核算在 ICP 活动中的核心地位，为改善 ICP 基础数据质量提供必要的组织制

度保障，提高 ICP 项目的执行能力和工作效率。

（2）科学设计调查框架，提高 ICP 与 CPI 工作重合度。居民消费价格是 ICP 数据主体，利用现行 CPI 调查体系，包括调查机构、人员、采价样本框架、传输系统等，按照全球 ICP 调查目录和频率每年调查两个分类项目的价格数据。一是开发 ICP 和 CPI 采价目录的自动比对匹配识别系统，提高两者的重合度。我国地区间 CPI 采价目录不同，拥有庞大的、海量的价格数据库，商品和服务品种繁多，为从中提取 ICP 规格品价格数据提供了可能。可考虑研究开发机器学习技术，进行 ICP 和 CPI 采价目录的自动比对匹配识别，以便从现有 CPI 价格数据中提取更多的 ICP 价格数据。二是在现有 CPI 调查样本的框架下，新增部分 ICP 采价点，收集包括农村和城市在内的全国平均价格。三是对新增的 ICP 规格品价格调查项目，根据产品的市场分布和价格变化特征，设计合理的采价点和采价范围。对地区差异比较少的工业消费品，可通过网络抓取数据或利用扫描资料收集价格数据；对基本实行全国或全地区统一价格的水电气、交通、通信等公用事业和服务项目以及药品，可选择少数地区进行一次性价格调查；对地区差价较大的消费品，应重点关注规格品在地区间的同质可比性。四是注重教育、医疗、房租等服务项目概念定义、口径范围与国际标准的一致性，增加私立服务机构的价格调查，反映市场实际价格水平，从源头上纠正我国公立机构服务价格水平严重偏低的问题。

（3）改进 CPI 编制方法，增强国际可比性，为 ICP 项目提供可靠的数据来源。在未来 ICP 项目中，CPI 既是 ICP 价格数据质量的评估标准之一，也是测算每年 PPP 的重要数据来源。改进 CPI 编制方法，保持国际可比性，应是我国统计改革发展的长期方向。一是 CPI 规格品目录、规格说明、计量单位应适当兼顾 ICP 的要求。在不影响价格数据质量、保持价格调查制度历史衔接的前提下，细化 CPI 采价产品说明，统一地区间 CPI 规格品的计量单位，便于进行 CPI 和 ICP 采价目录的比对和匹配工作。二是借鉴国际经验和做法，对衣着、交通、通信等更新换代快的产品，引入质量特征回归调整方法，使之尽可能地反映当期市场价格变化，纠正 CPI 与 ICP 部分类别价格变动方向相反的问题。三是研究和编制基于现有 CPI 调查数据基础上的地区价格差异指数即国内 PPP，以便缩小 ICP 价格调查范围，将首都或部分城市价格数据推算到全国，减轻 ICP 调查负担。可考虑在现有 27 种食品价格基础上计算和公布更多产品和服务的地区平均价格和全国平均价格。四是兼顾国际标准调整 CPI 分类。在 CPI 单独列出餐馆和旅馆类，在与 COICOP 国际标准分类保持一致，满足 ICP 居民消费价格数据推算的需要。

（4）改进和完善现行统计制度，补齐 ICP 数据短板。一是按 ICP 规格品目录要求，建立机械设备、建筑品价格调查制度。二是补充编制建筑品价格指数，充实生产者价格指数内容。三是探索研究编制全国和地区房租指数。四是人口普查和住房调查适当兼顾 ICP 住房数量和质量的数据要求，满足国际比较需要。五是建立部门统计数据共享机制，利用现有行政记录，收集政府职务薪酬数据。六是细化支出法 GDP 核算，把估算 155 项支出基本分类数据纳入常规统计工作中。

（5）加强国际沟通交流，增强 ICP 数据、方法和结果的透明度。ICP 作为国际多边统计活动，国际组织主导着项目的数据、方法和比较结果，而参加国在其中的作用很有限。一方面，应加强与国际执行机构的沟通交流，充分反映我国情况，及时了解项目执行情况，适时表达意见，使项目组织方在制定比较方法时能充分考虑我国国情，提高比较方法对我国的适用性，增强比较结果的准确性。另一方面，国际组织在对外发布 PPP 比较结果时，应做好数据解读、应对、舆论引导工作，避免媒体炒作、数据误用或滥用事件发生，使比较结果真正成为"国际认公、国内接受"的国际公共产品。

| 第五章 |

我国价格水平的国际比较：
差距及影响因素
——基于世界银行 2011 年国际比较项目结果的研究

本章基于世界银行 2011 年国际比较项目（ICP）数据结果，分析我国价格水平的国际差距，研究其影响因素，剖析世界银行推算的我国购买力平价和价格水平指数的合理性和局限性。研究表明，我国价格总水平相对较低，但在多重因素作用下，呈大幅上升趋势，与国际的差距缩小，价格的国际竞争优势逐渐减弱。在现阶段，我国价格水平与经济发展水平大体相适应。从长期趋势看，我国价格水平继续上升的压力较大，须控制通胀预期，稳定人民币汇率，谨防价格水平上升超出经济发展水平的正常范围。

一、引　　言

受经济发展水平、生产率、资源禀赋、区位优势以及市场供求关系和政策制度等诸多因素的影响，各国间价格水平存在较大差距。在进行经济发展水平、居民生活消费水平、贫困等问题的国际比较时，需要剔除价格水平差异因素，进行实际物量的比较。为了满足分析研究和国际组织相关行政决策的需要，自 1968 年开始，联合国、世界银行等国际组织在全球组织实施国际比较项目（International Comparison Program，ICP）活动，大约每隔 6 年在全球开展一次调查。该项目现已完成了 8 轮比较报告。第 8 轮国际比较项目以 2011 年为调查基准年，自项目启动以来，从数据调查、审核，到汇总、测算和比较结果公布，历时 5 年多。全球分 OECD/欧盟、非洲地区、亚太地区、独联体、西亚地区、拉美地区和加勒比海、太平洋岛国等 7 个区域比较，有 199 个国家和地区参加，我国全面参加 ICP 调查活动。各国按照全球统一调查框架、调查方法、调查时间和数据质量要求，收集上千种同质可比的规格品价格数据以及 GDP 支出消费、投资等 155 项基本分类权数资料，按照统一方法汇总，测算各国购买力平价（Purchasing Power Parities，PPP），衡量各国价格水平的差异程度，比较各国 GDP 及其支出构成总量和人均物量指标。

　　本章基于世界银行公布的 2011 年 ICP 结果，分析我国价格水平的国际差距，研究影响因素及变动趋势。据世界银行推算，2011 年，我国购买力平价为 1 美元等于 3.506 元人民币，价格总水平低于世界平均，大体相当于美国的一半。在多重因素作用下，我国价格水平呈上升趋势，国际差距缩小。剔除价格水平差异因素之后，我国 GDP 总物量居世界第 2 位，人均 GDP 物量居世界第 99 位。购买力平价的调查和测算是一项十分复杂而庞大的系统工程，比较方法仍在改进和完善之中，实际操作复杂困难，比较结果存在偏差在所难免。本章对世界银行推算我国 PPP 结果和价格水平指数的局限性进行较深入的研究和剖析。

二、我国价格水平的国际差距

　　购买力平价是 ICP 的最终统计产出，它是基于各国同质可比的"一篮子"商品和服务价格比较计算出来的，反映以基准货币计量的国内价格水平，具有不可兑换性。汇价是国际贸易商品和服务的交换价格比较关系，反映以基准货币计量的国际价格水平，具有可兑换性。国际上，通常把购买力平价与汇价之比，称为价格水平指数（Price Level Index，PLI），用来衡量各国间价格水平的差异程度，观察和比较各类同质可比的商品和服务在各国的高低贵贱程度。例如，2011 年底，麦当劳巨无霸价格，在我国为 15.6 元人民币，在美国为 4.2 美元，当时汇率为 6.32 元人民币/美元。经计算，在巨无霸这一食品上，我国购买力平价（PPP）为1美元相当于3.71元人民币，价格水平指数（PLI，美国=100）为59%，说明我国麦当劳巨无霸价格要比美国便宜。用公式表示：

$$PLI_i = \frac{PPP_i}{EX_i} \qquad\qquad (5-1)$$

其中，$PPP_i = \dfrac{P_i}{P_{USA}}$

公式（5-1）中，P_i表示i国（如中国）价格，P_{USA}表示基准国——美国价格，EX_i表示i国对基准国的汇价。价格水平指数大于100，说明国内价格水平高于国际水平；价格水平指数小于100，说明国内价格水平低于国际水平。根据世界银行公布的2011年ICP结果报告，我国价格水平呈现以下特征。

1. 我国价格总水平不到世界平均水平，相当于美国的一半。

据世行推算，2011年，我国[①]购买力平价为1美元相当于3.506元人民币，为当年汇率6.46元人民币的54%。若以世界平均为100，我国价格水平总指数（涵盖GDP消费、投资等所有商品和服务价格）为70%。这表明我国价格水平总体较低，不足世界平均水平，只相当于美国的一半左右，在全球177[②]个经济体中居第93位，处于世界中等位置。

分区域看，全球价格水平总指数最高的是OECD和欧盟，相当于世界平均的131%，依次是拉美地区（97%）、加勒比海（91%）、独联体国家（72%）、西亚地区（62%）、亚太地区（60%）和非洲地区（59%）。分国别看，价格水平总指数最高的国家是瑞士，相当于世界平均的2.1倍；依次是挪威、澳大利亚、百慕大、丹麦、瑞典、日本、芬兰、卢森堡、加拿大，相当于世界平均的1.6倍以上。最低的是埃及，只相当于世界平均的35%；依次是巴基斯坦、缅甸、埃塞俄比亚、老挝、孟加拉国、印度、越南、乌干达、柬埔寨，不足世界平均的45%。最高与最低价格水平总指数相差6倍。

---

① 数据范围不包括中国香港、中国澳门、中国台湾，下同。
② 全球共有199个经济体参加ICP项目，其中22个太平洋岛国只参加居民消费支出项目的比较，未能进入全球排名。

发达经济体①价格水平总指数平均为137%，发展中经济体为69%。

　　其中，西方七国集团（G7）价格水平总指数均居世界前列，日本较高，美国较低。在金砖五国（BRICS）中，巴西价格水平总指数较高，高于世界平均水平，其他4个国家均低于世界平均水平。我国价格总水平远低于发达国家，也低于巴西、南非、俄罗斯，但高于印度。数据显示，发达国家购买力平价高于汇价，价格水平相对较高，价格的竞争优势相应较弱；发展中国家购买力平价低于汇价，价格水平相对较低，价格的竞争优势相应较强。在金砖国家中，印度价格的竞争优势十分强劲，我国、俄罗斯价格在国际上仍有一定的竞争空间，而巴西、南非价格的竞争优势已相当有限。见表5－1。

表5－1　　　　　　　2011年世界主要国家购买力平价和价格水平指数

主要国家	PPP（美元＝1）		汇率（美元＝1）		PLI（美国＝100）	
	2011	2005	2011	2005	2011	2005
日本	107.45	129.55	79.81	110.22	134.6	117.5
加拿大	1.24	1.21	0.99	1.21	125.2	100.2
法国	0.84	0.92	0.72	0.80	117.4	114.8
英国	0.70	0.64	0.62	0.55	112.6	115.7
德国	0.78	0.87	0.72	0.80	108.2	107.8
意大利	0.77	0.87	0.72	0.80	106.8	107.8
美国	1.00	1.00	1.00	1.00	100.0	100.0
巴西	1.47	1.09	1.67	2.43	87.9	44.9
南非	4.77	3.50	7.26	6.36	65.7	55.0
俄罗斯	17.35	12.74	29.35	28.29	59.0	45.0
中国	3.51	2.86	6.46	8.19	54.3	34.9
印度	15.11	11.05	46.67	44.27	31.5	25.0

　　2. 分类别看，我国商品类价格水平要高于服务类，可贸易品价格水平要高于不可贸易品。

　　若以世界为100，我国居民个人消费项目价格水平指数为68%，略低于

---

① 按国际货币基金组织（IMF）界定的35个发达经济体，扣减后的其他经济体均为发展中经济体，下同。

GDP 价格水平总指数。其中，家庭设备用品、烟酒类、食品类价格水平较高，交通类、衣着类、餐馆旅馆和文化娱乐价格水平次之，而居住类、医疗保健类和教育类价格水平较低。

我国固定资本形成总额价格水平指数为 76%，高于 GDP 价格水平总指数。其中，机械设备价格水平为 103%，建筑项目价格水平为 69%。

我国政府用于个人消费价格水平指数为 61%，低于 GDP 价格水平总指数。政府公共消费价格水平指数为 73%，略高于 GDP 价格水平总指数。

在所有产品类别中，我国机械设备、家庭设备用品、烟酒类等可贸易品的购买力平价和价格水平较高，而教育类、医疗保健、居住类、通信类和建筑项目等不可贸易品的购买力平价和价格水平较低。总体上看，我国商品类价格水平高于服务类，贸易品价格水平高于不可贸易品，投资品价格水平高于消费品。见表 5-2。

表 5-2　　　　2011 年我国主要支出类别购买力平价和价格水平指数

项　　　　目	购买力平价（PPP）		价格水平指数（PLI）		
	美元 = 1	港币 = 1	世界 = 100	美国 = 100	香港 = 100
GDP	3.506	0.64	70.0	54.3	77
居民实际消费项目	3.493	0.63	67.4	54.1	75
个人消费支出	3.696	0.64	68.2	57.2	77
食品	5.155	0.69	89.1	79.8	83
烟酒	5.564	0.77	108.0	86.1	93
衣着类	4.351	1.03	82.8	67.3	124
居住类	2.651	0.44	56.1	41.0	53
家庭设备用品	5.827	0.81	89.1	90.2	97
医疗保健	2.026	0.40	48.4	31.4	48
交通	4.619	0.57	65.5	71.5	68
通信	2.392	0.89	50.9	37.0	107
文化娱乐	3.179	0.72	49.4	49.2	87
教育	1.761	0.49	69.2	27.3	59
餐饮旅馆	3.453	0.61	55.9	53.4	73
其他商品和服务	4.425	0.79	73.6	68.5	95

续表

项　　目	购买力平价（PPP）		价格水平指数（PLI）		
	美元＝1	港币＝1	世界＝100	美国＝100	香港＝100
政府用于个人的消费	2.115	0.44	61.0	32.7	53
政府公共消费	3.407	0.52	73.1	52.7	62
固定资本形成总额	3.769	0.68	76.1	58.3	81
机械设备	7.771	0.85	102.8	120.3	102
建筑	2.184	0.54	68.9	33.8	66

注：居民实际消费支出等于个人消费支出与政府用于个人消费支出之和。

3. 我国价格水平呈上升趋势，与国际的差距缩小。

据世界银行推算，我国购买力平价从2005年1美元相当于2.86元人民币提高到2011年3.51元人民币，价格水平总指数（美国＝100）从35%上升到54%；在177个经济体中的位次从第125位升至93位，前移了32位。在亚太地区，我国价格总水平从第9位前移到第7位，超过中国台湾和马来西亚。其中，我国个人消费支出项目的购买力平价从2005年1美元相当于3.499元人民币提高到2011年的3.696元人民币，个人消费价格水平指数从42%提升到57%。我国价格水平呈上升趋势，与国际的差距逐渐缩小，表明人民币的实际购买力有所减弱，价格的国际竞争优势趋减。

全球177个经济体价格水平总指数（美国＝100）平均从2005年的53%提高到2011年的64%，其中，发达经济体从102%上升到109%，发展中经济体则从43%上升到54%。发达经济体价格总水平较高，但涨幅较小；而发展中经济体价格总水平较低，但涨幅较大。2005～2011年，发达经济体和发展中经济体之间价格水平的差距正在缩小，各国间价格水平呈现一定的趋同性。全球价格水平总指数的离散系数从57%缩小到44%，最大最小值之比从9.6倍缩小到6倍。

2005～2011年，金砖国家价格水平总指数呈现大幅上升趋势。其中，俄罗斯从45%上升到59%，巴西从45%上升到88%，南非从55%上升到66%，印度从第25%上升到33%。主要发达国家价格水平指数变动幅度相对较小，货币实际购买力较为稳定。

三、影响我国价格水平国际差距的因素

世界银行 2011 年 ICP 结果所展示的我国价格水平国际差距及其变动趋势，有其背后经济含义，隐含着众多复杂的影响因素。

1. 经济发展水平因素。

一国价格水平的国际差距在很大程度上取决于该国的经济发展水平，两者有着密切的联系。通常，经济发展水平越高的国家，其价格水平越高；经济发展水平越低的国家，其价格水平越低。即所谓"宾大效应"（Penn Effect）。发展中经济体随着经济发展水平不断提升，价格水平逐渐升高，与发达经济体的差距缩小，国际宾大效应呈减弱趋势。与世界主要国家相比，我国经济发展水平相对较低，决定了我国价格总水平相应也较低，符合全球各国经济发展水平和价格水平关系的一般规律。

根据 2011 年 ICP 结果数据测算，全球 177 个经济体价格水平总指数和人均 GDP 指数呈现较强的正相关关系，相关系数（R）为 82%。也就是说，各国价格水平的国际差距有 82% 可以用其经济发展水平的国际差距来解释。见图 5-1。

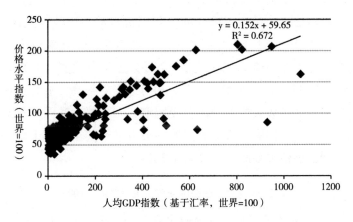

图 5-1　2011 年 177 个经济体价格水平和人均 GDP 相关关系

根据图 5-1 中的回归方程推算，我国价格水平指数的实际估计值（Y）和其拟合趋势值（$\hat{Y}$）之间的偏差率仅为 3%，两者非常接近，说明我国价格水平总指数与经济发展水平高度吻合。美国、俄罗斯的偏差率分别为 3% 和 4%，德国为 12%。而巴西、日本、法国、英国、意大利、加拿大等实际估计值远高于其趋势值，偏差率在 20% 以上，说明相对于其经济发展水平，这些国家国内价格水平偏高。巴西国内高物价现象尤为突出，存在严重的经济滞胀问题。印度价格水平指数的实际估计值则远低于其趋势值，说明相对于其经济发展水平，国内价格水平偏低。

世界银行 2011 年 ICP 测算的我国价格水平总指数与我国经济发展水平基本相符，两者在全球的位次大体相同。在全球 177 个经济体中，我国人均 GDP 指数（按汇率法计算）居世界第 96 位，价格水平指数居世界第 93 位。这说明目前我国价格水平和经济发展水平的关系基本正常，经济运行良好，既不存在如巴西的"高物价"问题，也不存在如印度的"低物价"问题。

2. 通胀因素。

通胀率是价格水平的正向影响因素。通胀率越高，购买力平价和价格水平指数上升幅度越大。2005~2011 年，在国内通胀的推动下，我国购买力平价上升了 23%，远高于主要发达国家，但低于其他金砖国家。因素分析表明，相对通胀率高是我国价格水平上升、国际差距缩小的主要原因。利用因素分解方法粗略估算，2005~2011 年，我国价格水平指数（美国 = 100）上涨 56%，其中有 29 个百分点是由通胀因素拉动的，其贡献率达 52%。巴西价格水平指数上涨了 96%，其中有 51 个百分点是由通胀因素拉动的，其贡献率达 53%。在俄罗斯、印度、南非，相对通胀率很高，成为这些国家购买力平价和价格水平指数大幅上升的首要因素。而主要发达国家相对通胀率较低，日本、意大利、德国、法国等国的购买力平价甚至出现下降趋势，在很大程度上抑制了价格水平的上升。见表 5-3。

表 5-3　　　　　2011 年世界主要国家通胀情况（2005 = 100）

	GDP 缩减指数	消费价格指数	汇价指数	PPP 变化	PLI 变化
主要国家					
日本	92.3	99.3	138.1	82.9	114.5

续表

	GDP 缩减指数	消费价格指数	汇价指数	PPP 变化	PLI 变化
意大利	110. 9	113	111. 1	88. 5	99. 1
德国	106. 4	110. 5	111. 1	89. 7	100. 4
法国	111. 1	110. 1	111. 1	91. 3	102. 3
美国	112. 2	115. 2	100. 0	100. 0	100. 0
加拿大	115. 0	112. 1	122. 2	102. 5	125. 0
英国	117. 1	119. 6	88. 7	109. 4	97. 4
中国	137. 1	121. 7	126. 8	122. 7	155. 6
巴西	151. 1	134. 1	145. 5	134. 9	195. 9
俄罗斯	208. 6	176. 4	96. 4	136. 2	131. 1
南非	156. 4	146. 6	87. 6	136. 3	119. 5
印度	152. 9	165. 8	94. 9	136. 3	126. 4
两大类型					
发达经济体	109. 7	114. 0	114. 2	97. 8	106. 6
发展中经济体	159. 1	135. 1	98. 6	142. 8	127. 6
世界	127. 4	127. 6	106. 4	120. 3	120. 8

资料来源：世界银行数据库，国际货币基金组织数据库。

3. 人民币升值因素。

汇价是价格水平指数的逆向影响因素。货币升值，意味着国际价格下跌，价格水平指数（PLI）上升；货币贬值，意味着国际价格上涨，价格水平指数（PLI）下降。2005～2011 年，人民币经历了快速升值的过程，平均汇率从 1 美元兑换 8. 19 元人民币降到 6. 46 元人民币，升值了 27%。这表明国际价格水平呈下跌趋势，而国内价格水平呈上涨趋势，出现"外跌内涨"的态势。两个因素叠加，共同推高了我国价格水平。人民币升值是我国价格水平指数上升、国际差距缩小的另一重要原因。粗略估算，2005～2011 年，我国价格水平指数（美国 = 100）上涨 56%，其中有 27 个百分点是由人民币升值因素推动的，其贡献率达 48%。

汇率变动对各国价格水平具有广泛而深远的影响。2005～2011 年，巴西货币雷亚尔升值了 45.5%，对价格水平指数上涨的贡献率为 47%。南非、印度、俄罗斯虽然国内通胀率很高，但货币贬值，呈现"内外双涨"的态势，并且国际价格上涨部分冲销了因国内高通胀而造成的价格水平指数的上升程度，从而使得价格水平指数的升幅低于购买力平价的升幅。在主要发达国家中，英国因相对通胀率较高，购买力平价上升9.4%，但英镑大幅贬值，使得价格水平指数不升反降。相反，日本尽管国内通货紧缩，购买力平价下降，但因日元大幅升值，呈现"内外双跌"的态势，并且国际价格跌幅远超过国内的跌幅，使得价格水平指数不降反升。

总之，2005～2011年，我国价格水平上升、国际差距缩小，是国内通胀和人民币升值双重因素叠加的结果。在现实生活中，我国公民境外旅游、购物剧增，与人民币升值、国际价格水平下降不无关系。自2015年以来，我国经济下行压力加大，国内通缩和人民币贬值并现，价格水平上升势头将得到缓解。从全球看，对多数发达国家来说，国内通胀和汇率变化相对稳定，价格水平指数的变化总体比较平稳；对多数发展中国家来说，国内通胀推高了价格水平指数上升，而货币贬值对价格水平上升起着一定的抑制作用。

4. 经济全球化因素。

经济全球化是影响我国价格水平国际差距的一个重要因素。它主要表现在以下两个方面：

一是在经济全球化背景下，"一价定律"作用日趋增强，成为缩小我国价格水平国际差距的重要力量。我国加入世界贸易组织，与世界经济的联系日益密切，对外开放不断扩大，生产要素在跨国间的流动性增强，而互联网则加速价格信息在全球的传递和扩散，使得国内与国际市场价格形成紧密的联动关系，显现出较强的趋同效应。2011年ICP比较结果印证了这一趋势，2005～2011年，我国和其他发展中经济体价格总水平升幅大于发达经济体，全球价格总水平指数的离散系数明显下降。

二是随着我国全方位对外开放和市场化改革的深入，服务类和不可贸易品价格水平上升幅度大，成为推高我国价格总水平的重要因素。数据显示，我国机械设备、烟酒类、家庭设备、食品类和衣着类等可贸易品价格水平明显高于教育、医疗保健、居住类、建筑项目等服务类和不可贸易品。我国当前不可贸易品和服务类价格水平低，是价格总水平偏低、拉大国际差距的主要因素。但是，从变化趋势看，我国服务类和不可贸易品价格水平的涨幅远大于可贸易品，是推动我国价格总水平上升的主要原因。随着我国对外开放进一步扩大，更深更广地融入全球经济，可贸易品的范围不断拓展，从货物延伸到服务领域，由此带动我国工资水平和价格水平的整体上涨，即所谓的巴拉萨 – 萨谬尔逊效应（Balassa – Samuelson effect）。在此效应作用下，我国价格水平的国际差距将进一步缩小。

从全球角度分析，巴拉萨 – 萨谬尔逊效应可以部分解释发展中经济体价格水平低于发达经济体的原因。与发达经济体相比，发展中经济体经济全球化程度低、可贸易品占比小、劳动力成本廉价，价格水平相应较低。但是，经济全球化和区域经济一体化在很大程度上推高发展中经济体的价格水平，各国间价格水平出现趋同效应，从而弱化了价格水平与经济发展水平之间的相关关系，发展中经济体在国际市场上的价格竞争优势必将逐渐减弱。因此，在经济全球化背景下，我国必须关注以下两种情景：一要关注价格水平和经济发展水平之间相关关系，谨防两者脱钩。当价格水平上升超出经济发展水平所能承受的正常范围时，将出现"低消费、高物价"的异常现象。我国在提升经济发展水平、推进人民币国际化的同时，必须控制通货膨胀，稳定人民币汇率，尽力保持价格水平和经济发展水平之间的适度平衡关系。二要关注经济全球化背景下我国价格的国际竞争优势逐渐趋减问题。我国价格水平终将因经济发展水平、居民收入和生活消费水平的提高而上升，这是必然趋势。关键是要加快科学技术进步，推进科技创新和结构转型，转变经济发展方式，挖掘技术、质量、品牌、服务等综合竞争力，以替代正在减弱的价格竞争力。

5. 其他因素。

除了上述 4 大因素解释我国价格总水平趋升、国际差距缩小的原因以外，还可以从以下几个方面解释我国分类价格水平变化及其国际差距的原因。

（1）劳动力成本因素。我国劳动力资源丰富，人工成本低廉，以劳动密集型为主的建筑业，以及居住类、教育、医疗服务项目等价格水平相对较低；而以技术密集型为主的机械设备等价格水平相对较高。发展中经济体服务类价格水平普遍低于商品类。发达经济体因劳动力成本昂贵，服务类与商品类的价格水平差异相对较小，有的国家服务类价格水平甚至高于商品类。

（2）贸易保护因素。我国还没有完全开放市场、尚未实行完全的自由贸易，受关税和非关税壁垒等因素影响，一些同品牌的国际可比产品价格在我国偏高。据调查，苹果同款 IPAD 价格，与美国相比，我国价格要高 15% 左右，巴西要高 50%，南非高 7%。日本、中国香港、新加坡、文莱等因低关税或零关税，其价格与美国大体一致，印度价格甚至比美国还低。贸易保护因素在一定程度上破坏了"一价定律"的作用，放大了部分产品价格水平的国际差距。这可以部分解释我国烟酒类、机械设备等类别价格水平相对较高的原因。

（3）非市场定价政策因素。教育、医疗、公用事业、交通和通信服务等价格具有非市场性，受定价政策的影响较大。有的国家实行全民教育免费制度，教育类价格相对较低；有的国家实行全民健康保险制度，医疗保健类价格相对较低；有的国家实行低价的水电、交通和通信服务制度，居住类、交通和通信服务类价格相对较低。这些不可贸易品和服务项目在不同国家的定价政策差别很大，影响各国间价格水平的差距，在一定程度上加大了价格水平与其经济发展水平之间的离散性。在我国，市场化定价机制尚不完善，受定价政策的影响，教育、医疗、交通、通信等服务项目价格水平相对较低。

（4）统计误差因素。在 ICP 调查中，规格品代表性和可比性难以平衡，各国统计口径范围很难保持完全一致，调查数据质量有待提高，技术方法尚有欠缺，比较结果存在一定的偏差和局限，使得我国价格水平的国际差距在某些方面、某些细分类上无法解释其经济意义，与公众的感知存在一定分歧。

四、世界银行推算我国 PPP 和价格水平指数的局限性

我国价格水平的国际差距及其影响因素研究是在世界银行 2011 年 ICP 比较结果基础上进行的，比较研究的结论直接受制于 ICP 结果数据的可靠程度。我国全面参加世界银行 2011 年 ICP 调查活动，根据全球统一的组织管理，在亚太区域调查框架下，在全国范围内调查了 850 多种居民消费规格品价格、100 多种机械设备价格、48 种建筑项目投入品价格、50 多种房租、36 种政府职务薪酬和 GDP 支出 155 项基本分类支出数据，首先由亚行进行亚太区域内

部比较，测算以港币为基准货币的区域 PPP；然后由世界银行把各区域 PPP 链接成以美元为基准货币的全球 PPP。上述因素分析表明，我国价格水平的国际差距可以从多个方面解释背后的原因，有其内在的经济意义。这说明世界银行推算的我国 PPP 结果有其合理的一面，测算的价格水平大体符合我国现阶段经济发展水平，反映我国相对通胀和人民币升值的趋势。以购买力平价作为货币转换因子和价格缩减指数进行国际比较，我国 2011 年 GDP 总物量规模居世界第 2 位，与美国的差距缩小，但人均 GDP 和人均居民消费支出物量水平较低，国际地位较为落后，仍然是发展中大国。

毋庸讳言，世界银行推算的我国购买力平价结果部分数据有些令人费解，可能存在统计偏误。在引用 ICP 结果进行分析研究时，应注意因调查数据质量问题、比较方法缺陷可能引起比较结果的系统性偏差。特别是细分类价格水平数据的可靠性难以保证。世界银行推算的我国购买力平价和价格水平指数存在主要以下几个方面的局限：

1. 两轮间的比较结果相互脱节、互不衔接。

我国曾以部分地区参加 2005 年 ICP 调查活动，测算的购买力平价为 1 美元相当于 3.45 元人民币，价格水平总指数（美国 = 100）为 42%。世界银行在《世界发展指标（WDI）》中，根据 2011 年 ICP 比较结果，利用总量倒推法，将我国 2005 年购买力平价修正为 2.86 元人民币/美元，价格水平总指数下调到 35%。由于 2005 年和 2011 年两轮比较方法有变化、外推结果有统计误差、各国统计数据有修正，加上我国两轮 ICP 调查范围不同等，两轮基准调查年的比较结果无法衔接、可比。从统计意义上讲，对旧的数据结果进行修正是一种常态，便于分析对比。问题在于，世界银行此次修正的幅度过大且地区差异分布极不均衡，远超出可接受的合理范围。与基准调查结果相比，我国 2005 年 PPP 被下调了 17%，印度下调了 25%，巴西下调了 19%，南非下调了 10%。分区域看，西亚下调了 39%，亚太地区下调了 26%，独联体和非洲地区均下调了 17%，拉美地区下调了 13%。发展中经济体 2005 年 PPP 平均被下调了 21%，而 OECD/欧盟以发达国家为主的 47 个参加国 PPP 结果没有作任何修正。世界银行大幅修正了发展中经济体 2005 年比较结果，几乎全盘推翻了除 OECD/欧盟以外经济体 2005 年 ICP 的比较结果。见表 5 - 4。

表 5 - 4   2005 年主要国家 PPP 数据修正情况

主要国家	PPP（美元 = 1）		PLI（美国 = 1）		GDP（亿美元）		PPP 修正幅度（%）
	修正后	修正前	修正后	修正前	修正后	修正前	
美国	1.00	1.00	100.0	100.0	130954	130954	0
日本	129.55	129.55	117.5	117.5	38896	38896	0
德国	0.87	0.87	107.8	107.8	25660	25660	0
英国	0.64	0.64	115.7	115.7	20069	20069	0
法国	0.92	0.92	114.8	114.8	18607	18607	0
意大利	0.87	0.87	107.8	107.8	16574	16574	0
加拿大	1.21	1.21	100.2	78.2	11320	11320	0
中国	2.86	3.45	34.9	42.1	64723	53643	-17
印度	11.05	14.67	25.0	33.1	33434	25179	-25
巴西	1.09	1.36	44.9	55.7	19656	15826	-19
俄罗斯	12.74	12.74	45.0	45.0	16967	16967	0
南非	3.50	3.87	55.0	60.9	4491	4058	-10

　　世界银行各轮 ICP 的比较结果相互之间严重脱节，导致国际社会对各国 GDP 物量和国际贫困规模的数据认识出现颠覆性的变化。回顾 1993 年、2005 年、2011 年最近三轮 ICP 结果，发展中经济体购买力平价和 GDP 物量数据犹如"过山车"。世界银行发布的我国每一轮 PPP 结果，均因超出预期而在国际社会产生不小的"统计地震"，质疑声四起，比较结果极不稳健，数据的权威性和公信力难以形成。

　　2. 我国规格品与其他国家和区域的可比性不足，购买力平价和价格水平指数的统计误差较大。

　　采价的规格品在各国之间同质可比、调查范围口径相同，是保证 ICP 比较结果准确的前提。受各国经济发展水平、地理和社会环境、文化习俗、政策制度等诸多因素影响，规格品在国家间、区域间同质可比的原则很难遵循和把握，各国提供的价格数据要么缺乏可比性，要么缺乏代表性。在项目实际操作中，对同质可比原则的松紧把握程度不同，测算的结果截然不同。亚太地区采价的商品和服务以当地大众消费的代表性为主，与其他区域的可比性不足。通常，代表性规格品价格低于可比性。这在一定程度上低估了亚太地区价格水平，而高估了其经济物量总规模。我国参加亚太区域的 ICP 调查和比较，按亚太区域的规格品目录采集价格数据，由于可比性不足，使得我国购买力平价和价格水平指数存在被低估的潜在可能。

由于区域间规格品目录不可比，高收入区域规格品质量好，价格水平较高；相反，低收入区域规格品质量差，价格水平较低。与发达经济体相比，发展中经济体商品和服务的质量总体偏低，其购买力平价和价格水平指数也存在被系统性低估、而经济物量规模则被系统性高估的可能。在国际比较中，规格品的代表性和可比性矛盾是无法消除的痼疾。据试验，同一国家参加高收入区域比较的 PPP 结果明显要高于参加低收入区域比较的结果。

3. 全球链接方法的改变对我国购买力平价和价格水平指数的影响较大。

2011 年 ICP 从区域结果到全球结果的链接方法不同于 2005 年，由"环国法"改变为"全球核心产品法"，整体低估了包括我国在内的整个亚太地区购买力平价和价格水平指数。据测算，链接方法改变使亚太区域各国 PPP 低估了 8.8%，明显高于其他区域。世界银行按环国法测算，2005 年我国 PPP 为 3.45 元人民币/美元，而按全球核心产品法测算则为 3.15 元人民币/美元。这也是 2011 年亚太地区 23 个经济体价格水平指数在全球位次整体偏低的原因之一。

4. 一些项目比较方法尚不完善，部分细分类的比较结果缺乏必要的特征性，未能完全客观反映我国实际情况。

我国建筑、房租、教育和医疗服务、政府公共服务等不可贸易品具有很强的差异性、特质性和非市场性，采集同质可比的价格数据十分困难，无法准确测算实际价格水平，比较结果难以完全反映我国实际情况。

一是建筑项目比较方法可能低估我国建筑项目价格水平。2011 年 ICP 采用建筑项目投入品价格比较法，在假设各国建筑项目溢价（即利润和税费）相同的基础上，比较和测算各国建筑项目 PPP。实际中，我国建筑项目投入品和产出品价格存在较大差异，建筑项目的溢价要高于其他国家，建筑产出品价格要高于投入品价格。据世界银行分析，按投入法测算的我国建筑项目 PPP 要比产出法低 9.7%，而其他许多国家用两种方法计算的结果基本无显著差异。我国建筑投资占 GDP 比重达 29%，远高于世界平均（12%）。建筑项目购买力平价被低估，对价格总水平的影响很大。

二是教育和医疗服务价格范围口径的不可比，可能低估我国实际价格水平。目前我国教育和医疗服务市场收费很不规范，收集与国外同质可比的服务项目价格数据十分困难，服务的口径范围和服务质量差异很大。现有调查渠道主要收集公立教育和医疗机构的服务价格数据，其代表性和可比性差，没有完全反映居民实际支付的价格水平，在一定程度上可能低估我国实际购买力平价。

三是亚太地区测算 PPP 的汇总加权方法以及房租、政府公共服务项目的比较方法不同于其他区域，无疑增大了我国比较结果的统计误差。亚太各国房租数据收集难度大，数据质量差，在亚太地区价格水平指数中没有考虑各国房租差异因素。

5. 我国以港币表示的区域比较结果与以美元表示的全球比较结果在分类结构上出现脱节。

根据世界银行和亚行发布的数据推算，各国以美元表示的全球结果是以港币表示的区域结果与香港以美元表示的全球结果之乘积。例如，中国内地的区域 PPP 为 1 港币等于 0.64 元人民币，香港的全球 PPP 为 1 美元等 5.462 港币，经链接，中国内地的全球 PPP 为 1 美元等于 3.5 元人民币。中国内地以美元表示的全球 PPP 结果在很大程度上取决于香港的全球 PPP 及其分类结果。受此影响，有些分类项目的价格水平因香港价格水平高而被拉高，而有些分类项目因香港价格水平低而被压低，中国内地以港币表示的区域 PPP 结果和以美元表示的全球结果在分类结构上不一致。

6. 多种汇总方法和多种结果并存，影响对我国价格水平国际差距的认知。

购买力平价是通过全球各国众多规格品价格和 GDP 支出基本分类数据的比较测算出来的，它是一项多边统计活动，其统计过程十分复杂。各区域比较方法尚不统一，通常有 CPD 法、GEKS 法和 GK 法等。PPP 对不同方法的选择十分敏感，结果差异很大。根据亚行公布的 2005 年 ICP 结果，按 GEKS 法汇总，我国购买力平价为 1 港币相当于 0.61 元人民币；而按 GK 法汇总，为 0.68 元人民币，两者相差 10%。根据世行 2011 年 ICP 结果，我国 PPP 为 3.51 元人民币/美元，而世行《世界发展指标 WDI》之前发布的数据为 4.23 元人民币/美元，两者相差 17%。多种方法并存，导致比较结果存在较大的不确定性和可变性；多种结果并存，增大了对我国价格水平"真实性"、"合理性"认识和判断的难度，在一定程度上也影响比较结果的说服力和权威性。

五、结　束　语

根据世界银行 2011 年 ICP 结果研究发现，现阶段我国价格总水平较低，与经济发展水平大体相适应；不同类别商品价格水平有高有低，商品类高于服务类，可贸易品高于不可贸易品；价格水平呈上升趋势，国际差距缩小，价格的国际竞争优势趋减。我国经济持续较快发展，经济物量总规模不可避免地超过美国，但我国人均 GDP 和人均居民消费支出物量水平还较低，与发达国家存在较大差距，发展经济和调整结构依然任重而道远。从长期趋势看，我国价格水平存在继续上行的压力，与国际的差距将进一步缩小。一是随着国内需求扩大和经济结构转型，居民收入和生活消费水平进一步提高，国内通胀的潜在压力仍将持续，相对通胀率居高不下。二是随着市场化定价机制改革的深入，今后一段时期我国公用事业、教育、医疗、交通等服务项目价格水平将大幅上升，从而进一步推高整体价格水平。三是随着人民币国际化的推进，汇价波动风险加剧，我国价格水平可能呈现螺旋式波动上行的变动趋势。目前我国已进入中等偏上收入国家行列，应保持好价格水平和经济发展水平之间的相关关系，谨防两者出现脱钩；应着力控制通胀预期，稳定人民币汇率，避免出现"低消费、高物价"的异常情况，避免陷入经济滞胀性的"中等收入陷阱"。

我国全面参加世界银行 2011 年 ICP 活动，按国际标准和要求开展调查和数据审核，由于国际比较对象异常复杂，比较方法过程困难繁杂，各国数据质量仍有不足，比较方法仍有缺陷，比较结果难免出现偏差。2011 年 ICP 仍在试验、探索和研究过程中，国际社会对比较结果还有争议和分歧。在实际中，应客观对待国际比较项目，正确使用比较结果。

本章参考文献

［1］World Bank. Purchasing Power Parities and the Real Size of World Economies ［EB/OL］. http: //web. worldbank. org/WBSITE/EXTERNAL/DATASTATISTICS/ICP, 2014 - 10.

［2］Measuring the Real Size of the World Economy: The Framework, Methodology, and Results of the International Comparison Program（ICP）［M］. Washington DC: World Bank, 2013.

［3］Ravallion M. Price Levels and Economic Growth: Making Sense of the PPP Changes between ICP Rounds ［J］. Review of Income and Wealth, 2013, 59（12）.

［4］World Bank. World Development Indicators（WDI）［EB/OL］. http: // data. worldbank. org/.

［5］Chen S, Ravallion M. The DevelopingWorld is Poorer than We Thought, but No LessSuccessful in the Fight against Poverty ［J］. QuarterlyJournal of Economics, 2010, 125（4）: 1577 - 1625.

［6］The PPP results of 2011 for Asia and Pacific region ［M］. Asia Development Bank, 2014.

［7］The PPP and Real Expenditures of 2005 for Asia and Pacific region ［M］. Asia Development Bank, 2007.

|第六章|
我国"两岸四地"价格水平
差距的比较研究
——基于世界银行 2011 年国际比较项目结果的分析

  对世界银行 2011 年一轮国际比较项目（ICP）结果研究发现，我国"两岸四地"价格水平存在一定差距。2011 年，价格总水平最高的是香港，之后依次为澳门、大陆和台湾；分项目看，服务类价格水平差异较大，而商品类价格水平差异较小；从趋势看，2005～2011 年，大陆、澳门价格水平上升，香港、台湾价格水平下降，相互之间差距缩小。在剔除价格水平差异因素之后，大陆经济发展水平和居民消费水平与其他三地存在较大差距。研究表明，影响"两岸四地"货币购买力和价格水平的因素很多，主要有经济发展水平、通胀率、汇率、经济全球化、竞争优势等。此外，须注意国际比较项目因调查数据质量问题、比较方法缺陷可能引起比较结果的系统性偏差。

  中国大陆以及香港、澳门、台湾地区（即"两岸四地"）在经济发展水平、资源禀赋、竞争优势以及制度政策等方面有着诸多不同，价格水平存在客观差异。四地使用不同的货币单位，有必要测量不同货币的购买力平价（PPP），比较它们价格水平差距，并以此作为货币转换因子和价格缩减指数，将以不同货币表示的四地 GDP 及其消费、投资等主要支出总量和人均指标转换成统一货币，进行实际物量的比较。近年来，"两岸四地"经济往来日益密切，研究四地之间货币实际购买力和价格水平差异，对于更好地分析和了解各地区居民实际生活消费水平具有现实参考意义，对指导企业投资决策、居民旅游购物也具有一定的实用价值。世界银行和亚洲开发银行（简称"亚行"）自 2014 年 4 月以来相继发布了 2011 年国际比较项目（ICP）结果报告①②，包括我国"两岸四地"在内的全球 199 个经济体购买力平价、价格水平指数、GDP 及其主要支出构成总量和人均等物量指标国际比较数据，为比较研究我国"两岸四地"价格水平差异提供了较详细的基础数据。本章简要介绍世界银行和亚行测算"两岸四地"购买力平价和价格水平指数的数据来源和基本方法，利用 2011 年 ICP 比较结果数据，分析"两岸四地"价格水平差距，研究影响差距的因素，并探讨价格水平比较研究的局限性。

一、基础数据和基本方法

"两岸四地"购买力平价是通过世界银行和亚行组织的全球和亚太地区 2011 年国际比较项目测算出来的。ICP 项目在全球分 OECD/欧盟、亚太地区、非洲地区、独联体、拉美地区、西亚地区等 8 个区域进行比较。亚行在全球管理和调查框架下，组织亚太地区 23 个经济体开展调查。首先，从 GDP 支出角度收集消费、投资等 155 项基本分类数据和上千种规格品价格数据，包括 923 种居民消费规格品价格、177 种机械设备价格、46 种建筑项目投入品价格、56 种住房租金、38 种政府职务报酬。然后，应用多边比较方法，测算亚太区 23 个经济体的购买力平价。最后，比较它们的价格水平、GDP 及其主要支出构成总量和人均的物量指标。"两岸四地"作为亚太地区 ICP 活动的参加者，按照亚太地区统一调查框架，开展调查。要求调查的年平均价格数据既有本地代表性，又有相互可比性；核算的 GDP 支出基本分类数据要详尽、可靠。

亚行在对 23 个经济体 ICP 调查数据进行集中审核和质量验证之后，采用多边比较方法，汇总和测算购买力平价。测算过程包括三个阶段：具体产品

---

① The PPP results of 2011 for Asia and Pacific region ［R］. Asia Development Bank, 2014.
② Purchasing Power Parities and the Real Size of World Economies ［R］. World Bank, 2014.

比价、基本分类一级平价、基本分类以上各级 PPP。理论上，测算的 PPP 应满足特征性、无偏性、基准国不变性、可传递性和可加性等基本要求。亚行测算的基本方法和步骤如下。

1. 测算基本分类一级 PPP。

亚行在 23 个经济体上千种规格品价格数据基础上，以香港为基准，采用不加权的国家产品虚拟法（Country-Product-Dummy Method，CPD 法），汇总和测算 155 项基本分类一级 PPP。CPD 法是由萨默斯（Summers，1973）首先提出，是国际比较项目的主要汇总方法之一。它基于地区之间和产品之间价格的内在相关关系，建立地区之间价格比例关系的虚拟自变量回归模型，即

$$\ln P_{ij} = \lambda_i A_{ij} + \delta_j X_{ij} + \varepsilon_{ij}$$

其中：$\quad A_{ij} = \begin{cases} 1, & i \text{ 国家} \\ 0, & \text{非 } i \text{ 国家} \end{cases} \quad X_{ij} = \begin{cases} 1, & j \text{ 产品} \\ 0, & \text{非 } j \text{ 产品} \end{cases}$ （6-1）

公式（6-1）中，P_{ij} 为第 i 个经济体第 j 种商品价格；A_{ij} 为各经济体哑变量，X_{ij} 为商品哑变量，两者取值为 0 或 1；λ_i 为第 i 个经济体回归系数，其反对数即为经济体基本分类的购买力平价；δ_j 为商品的回归系数。CPD 法完成了亚太地区 23 个经济体之间具体规格品比价和基本分类一级平价两个阶段的计算过程，有效地解决了各经济体部分规格品价格数据缺失的问题，实现了 PPP 结果的基准经济体不变性、可传递性和无偏性等要求。同时，CPD 法提供了 PPP 的抽样误差和残差估计，便于分析基础数据存在的潜在质量问题。

2. 测算基本分类以上各级购买力平价。

亚行在 23 个经济体 GDP 支出 155 项基本分类数据和基本分类一级 PPP 数据基础上，采用 Gini-Éltetö-Köves-Szulc（GEKS）法，逐级汇总，测算基本分类以上各类 PPP。其基本公式：

$$GEKS_{jk} = \left(F_{jk}^2 \cdot \prod_{i=1}^{n-2} F_{ji}/F_{ki} \right)^{1/n}$$ （6-2）

公式（6-2）中，$i = 1, 2, \cdots, n$ 个经济体，且 $i \neq j, k$，$GEKS_{jk}$ 表示第 j 个经济体与第 k 个经济体的购买力平价，它是两两对比国之间直接的费雪指数与通过第三国间接费雪指数的几何平均值。GEKS 法具有特征性、无偏性、传

递性等特征。亚行在亚太地区 2011 年 ICP 结果报告中，公布了 23 个经济体居民消费、政府消费、固定资本形成总额等共 26 类购买力平价和实际支出数据。

3. 将亚太区域结果链接成全球比较结果。

世界银行在亚行推算的区域比较结果基础上，将以港币表示的 23 个经济体 PPP 结果转换成以美元表示，与其他区域结果合并在一起，形成全球 199 个经济体购买力平价结果。全球链接的基本思路是：在基本分类一级，采用"全球核心产品法"，利用各国采集的全球核心产品价格数据，计算地区链接因子，将以港币表示的 PPP 转换成以美元表示；在基本分类以上各级采用"国家再分配法"，计算各类以美元表示的各个经济体 PPP、GDP 及其支出构成的物量指标，以实现区域结果和全球结果的固定性和一致性。用公式表示：

$$PPP_{iw} = PPP_{ir} \times PPP_{rw} \qquad (6-3)$$

$$V_{iw} = V_{rw} \times W_{ir} \qquad (6-4)$$

公式（6-3）中，PPP_{iw} 为 i 经济体以美元表示的 PPP，PPP_{ir} 为 i 经济体以区域基准货币表示的 PPP，PPP_{rw} 为以美元表示的区域链接因子。公式（6-4）中，V_{iw} 表示 i 经济体基于全球 PPP_{iw} 转换的 GDP 物量，V_{rw} 为以美元表示的区域 GDP 物量，W_{ir} 为基于区域 PPP_{ir} 转换的 i 经济体实际 GDP 物量占区域 GDP 物量的比重。

从链接过程看，各个经济体以美元表示的购买力平价（PPP_{iw}）取决于以港币表示的区域购买力平价（PPP_{ir}）和以美元表示的区域链接因子（PPP_{rw}）两个因素。根据世界银行公布的数据关系分析，亚太地区各经济体的全球 PPP 实际上是其区域 PPP 和香港全球 PPP 之乘积。香港起着从区域结果到全球结果的桥梁作用，香港价格水平的高低对亚太其他经济体全球 PPP 结果的影响至关重要。

二、我国"两岸四地"价格水平的比较

购买力平价是两种或多种货币在不同经济体购买同质同量商品和服务的价格比例关系，反映以基准货币计量的本地价格水平，它是不可兑换的。而汇价是国际贸易交换价格比例关系，反映以基准货币计量的境外价格水平，

是可兑换的。国际上，通常将购买力平价与汇价之比称为价格水平指数
（Price Level Index，PLI），用来衡量不同经济体间价格水平的差异程度，观察
和比较各类同质可比的商品和服务价格在不同经济体的高低贵贱程度。例如，
2012 年初麦当劳"巨无霸"价格，在大陆为 15.4 元人民币，在台湾为 75 元
新台币，在香港为 16.5 元港币，当时的汇率分别为 1 港币兑换 0.81 元人民
币和 3.86 元新台币。以港币为基准，"巨无霸"的购买力平价大陆为 1 港币
等于 0.93 元人民币，台湾为 1 港币等于 4.54 元新台币，两地价格水平指数
分别为 115%、118%，即大陆和台湾"巨无霸"要比香港的贵。用公式
表示：

$$PLI_i = \frac{P_i \div EX_i}{P_{HK}} = \frac{PPP_i}{EX_i} \qquad (6-5)$$

公式（6-5）中，P_i 表示第 i 个经济体价格，P_{HK} 表示香港价格，EX_i 表示
以港币为基准的第 i 个经济体汇价。通常，价格水平指数大于 100，说明本地价
格水平高于基准地区（即香港）水平；小于 100，说明本地价格水平低于基准
地区水平；等于 100，说明本地价格水平与基准地区水平相同。根据亚行公布
的亚太地区 2011 年 ICP 结果报告，"两岸四地"价格水平呈现以下特征。

1. 价格总水平：香港最高，之后依次是澳门、大陆和台湾。

据世行和亚行测算，2011 年，"两岸四地"价格总水平指数最高的是香
港，之后依次为澳门、大陆和台湾。以香港为 100，三地价格总水平指数分
别为 82%、77% 和 73%。以亚太平均水平为 100，四地价格总水平指数依次
为 152%、124%、117% 和 111%。以世界平均水平为 100，分别为 91%、
74%、70% 和 66%。

"两岸四地"价格总水平指数高于亚太平均水平，居亚太地区前列。在
亚太地区 23 个经济体中，中国香港价格总水平居第二位，仅次于新加坡；中
国澳门居第五位，次于斐济和马尔代夫；文莱居第六位，中国大陆和中国台
湾分别居第七位和第八位。但四地价格总水平指数均低于世界平均水平。在
全球 177① 个经济体中，中国香港居第 49 位，中国澳门居第 82 位，中国大陆

---

① 全球共有 199 个经济体参加 ICP，其中 22 个太平洋岛国只参加居民消费支出项目的比较，未
进入全球排名。

居第 93 位，中国台湾居第 106 位。见图 6－1、表 6－1。

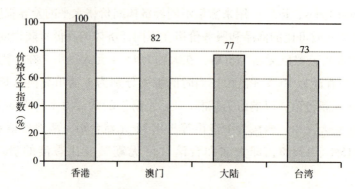

图 6－1   "两岸四地"价格总水平指数（PLI）比较

表 6－1   2011 年我国"两岸四地"购买力平价和价格水平指数

地区	PPP		汇率		PLI（PPP/汇率）	
	港币 = 1	美元 = 1	港币 = 1	美元 = 1	香港 = 100	美国 = 100
香港	1.00	5.46	1.00	7.78	100.0	70.2
澳门	0.84	4.59	1.03	8.01	81.3	57.3
大陆	0.64	3.51	0.83	6.46	76.6	54.3
台湾	2.77	15.11	3.79	29.47	73.1	51.3

2. 分类价格水平：服务类差异大于商品类，不可贸易品价格差异大于可贸易品。

2011 年 ICP 结果报告显示，我国"两岸四地"服务类价格水平指数最高的是香港，之后依次为澳门、台湾和大陆，最高最低价之比为 1.7 倍；商品类价格水平指数最高的是澳门，之后依次为香港、大陆和台湾，最高最低价之比为 1.3 倍。

在居民消费支出类别中，食品、家庭设备用品、文化娱乐等价格水平的差异相对较小，最高最低价之比在 1.2 ~ 1.3 倍；而医疗保健、居住和教育等服务类价格水平差异相对较大，最高最低价之比分别为 2.6 倍、1.9 倍和 1.8 倍。

在固定资本形成总额中，机械设备价格水平最高的是大陆，最低的是澳门，前者为后者的 1.2 倍，差异相对较小；建筑项目价格水平最高的是香港，最低的是大陆，前者为后者的 1.5 倍，差异相对较大。

在亚太地区 23 个经济体中，服务类价格水平指数最高的是马尔代夫，最低的是老挝和蒙古国，前者为后者的 4.3 倍；商品类价格水平指数最高的是新加坡，最低的是巴基斯坦，前者为后者的 2.7 倍。各经济体之间服务类价格水平差距明显大于商品类。其中，医疗教育、居住等价格水平指数最高最低价之比在 6 倍以上，食品、交通、通信、文化娱乐类最高最低价之比在 3 倍以下，机械设备最高最低价之比仅为 1.3 倍（见表 6-2）。

表 6-2　　　　2011 年"两岸四地"分类价格水平指数（香港 = 100）

	大陆	香港	澳门	台湾	最高最低值之比
GDP	**77**	**100**	**82**	**73**	**1.4**
居民实际最终消费	**75**	**100**	**91**	**72**	**1.4**
居民个人消费	**77**	**100**	**92**	**73**	**1.4**
食品和非酒精饮料	83	100	100	85	1.2
面包和谷物	95	100	110	101	1.2
肉和鱼类	79	100	98	85	1.3
水果和蔬菜	71	100	97	75	1.4
其他食品	90	100	97	82	1.2
服装和鞋类	124	100	130	83	1.6
服装	129	100	133	86	1.5
居住类	53	100	80	66	1.9
医疗和教育	54	100	66	49	2.0
医疗保健	48	100	75	39	2.6
教育	58	100	56	58	1.8
交通和通信	75	100	91	73	1.4
交通	68	100	86	71	1.5
娱乐和文化	87	100	113	96	1.3
餐馆和旅馆	73	100	96	65	1.5
其他	92	100	97	78	1.3
政府用于个人消费支出	**53**	**100**	**72**	**57**	**1.9**

续表

	大陆	香港	澳门	台湾	最高最低值之比
政府公共消费支出	**62**	**100**	**82**	**57**	**1.8**
固定资本形成总额	**81**	**100**	**86**	**77**	**1.3**
机械设备	102	100	85	88	1.2
建筑	66	100	78	69	1.5
商品类	**94**	**100**	**103**	**80**	**1.3**
服务类	**64**	**100**	**82**	**69**	**1.7**

注：居民实际消费支出等于个人消费支出与政府用于个人消费支出之和。

资料来源：2011 International Comparison Program in Asia and the Pacific, Purchasing Power Parities and Real Expenditure [M]. Asian Development Bank, 2014。

3. 价格水平变动趋势：大陆、澳门上升，香港、台湾下降，差距缩小。

2005～2011 年，大陆、澳门价格总水平指数（美国＝100）呈大幅上升趋势，分别上涨了 56% 和 30%；而香港、台湾则呈下降趋势，分别下跌了 4% 和 15%。香港、澳门价格总水平继续稳居亚太地区前 5 名，而大陆从 2005 年的第 9 位上升到 2011 年的第 7 位，超过台湾。2005～2011 年，四地价格总水平指数的差距有所缩小，最高最低值之比从 1.7 倍降到 1.4 倍。其中，居民消费价格水平指数最高最低值之比从 2.0 倍降到 1.4 倍，固定资本形成总额从 1.7 倍降到 1.3 倍，政府公共消费从 2.6 倍降到 1.8 倍。

亚太地区 23 个经济体之间的价格总水平差距也呈现缩小之势。2005～2011 年，价格总水平指数的离散系数从 36% 缩小到 30%，最高最低值之比从 3.0 倍缩小到 2.5 倍。

三、影响我国"两岸四地"价格水平差异的因素

我国"两岸四地"同根同源，文化背景相同，语言相通，生活习惯和消费习俗有许多共同之处，规格品的代表性和可比性强，为开展价格水平差距比较研究提供了较好的数据基础。研究表明，四地规模大小相差甚远，经济发展水平悬殊，由于资源禀赋、竞争优势以及制度政策等各不相同，对价格水平高低产生较大影响。近年来，大陆价格总水平上升，与香港、澳门差距

缩小，甚至超过台湾，表明大陆经济快速发展、劳动力成本上升所带来的通胀压力较大，价格竞争优势正在减弱。影响我国"两岸四地"价格水平差异的主要因素有：

1. 经济发展水平差异因素。

一个地区价格水平的高低在很大程度上取决于其经济发展水平，两者有着密切的联系。通常，经济发展水平越高，价格水平越高；经济发展水平越低，价格水平越低。即所谓的"宾大效应"。我国"两岸四地"经济发展水平差距较大，决定了它们之间价格水平存在一定的差距。人均 GDP 澳门最高，之后依次是香港、台湾和大陆。香港、澳门经济发展水平高，其价格总水平也高；大陆经济发展水平较低，其价格水平相应也较低。但是，数量关系分析表明，我国"两岸四地"经济发展水平和价格水平之间相关关系不十分显著。台湾尽管经济发展水平高于大陆，但价格水平却低于大陆；澳门尽管经济发展水平高于香港，但价格水平却低于香港。澳门表现出明显的"高收入、低物价"，而大陆存在"低收入、高物价"现象。相对于各自经济发展水平而言，澳门价格水平偏低，而大陆则偏高。见图 6 - 2。

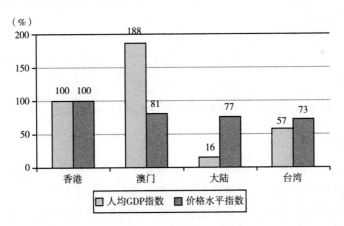

图 6 - 2　"两岸四地"价格水平指数和人均 GDP 指数

在亚太地区 23 个经济体中，价格水平指数与人均 GDP 指数存在一定的正相关性，两者相关系数为 73%，即亚太地区各经济体价格水平的差距有 73% 可以用其经济发展水平的差距来解释。该地区经济发展情况较为复杂，影响价格水平的因素繁多，两者相关性不是很强。从散点图 6 - 3 看，它们呈现非线性的对数相关关系，其线性化的相关系数为89%，存在明显的弹性关系。人均GDP指数每增长1%，其价格水平指数将上升18%。在现实经济中，斐济和马尔代夫尽管人均GDP较低，但作为旅游岛国，本地生产的产品满足不了需求，需要进口大量商品，且运输成本又高，导致这两个国家的价格水平很高，与其实际经济发展水平不相称。台湾尽管经济发展水平很高，但作为制造品生产基地，且岛内社会保障体系较为完善，竞争优势明显，本地商品和服务供应充裕，价格水平相应较低。这些在一定程度上可以解释亚太地区23个经济体价格水平和经济发展水平之间线性相关不显著的原因。

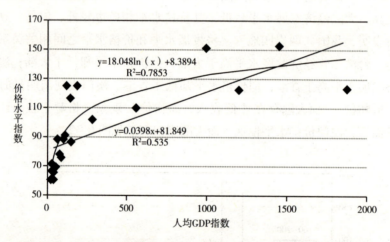

图6-3　亚太23个经济体价格水平指数和人均GDP指数相关关系

2. 通胀因素。

通胀率是价格水平指数的正向影响因素。通胀率越高，购买力平价和价格水平指数上升幅度越大。2005～2011年，澳门和大陆GDP综合缩减指数和消费者价格指数的涨幅要大于香港和台湾。其中，消费者价格指数，澳门为133%，大陆为122%，香港为118%，台湾仅为107.6%。较高的通胀率是大陆、澳门价格水平指数超过台湾和"两岸四地"价格水平差距缩小的主要原因之一。利用因素分解统计方法粗略估算，2005～2011年，大陆价格水平指数（美国=100）从35%上涨到54%，上升了19个百分点，其中10个百分点是由通胀因素拉动，其贡献率达52%。澳门价格水平指数从44%上涨到

57%，上升了13个百分点，几乎全部是由通胀因素拉动的。相反，香港、台湾通胀率较低，购买力平价下降，拉低了价格水平指数。见表6-3。

表6-3　　　　2011年"两岸四地"通胀情况（2005＝100）

地区	GDP缩减指数	消费价格指数	购买力平价指数	汇价指数	价格水平指数变动
澳门	146.5	132.7	130.3	-0.1	130.2
大陆	137.1	121.7	122.8	26.8	155.7
香港	107.8	117.6	96.1	0.0	96.4
台湾	117.1	107.6	78.3	8.5	85.5

资料来源：各地统计年鉴和统计官网。

3. 汇率变动因素。

汇率是价格水平指数的逆向影响因素。货币升值，意味着国际价格下跌，价格水平指数上升；货币贬值，意味着国际价格上涨，价格水平指数下降。2005~2011年，我国"两岸四地"货币汇率变动轨迹各异：港币和澳门币基本稳定，新台币小幅升值，人民币则大幅升值。自2005年汇改以来，人民币经历了快速升值的过程，年平均汇价从1美元兑换8.19元人民币降到6.46元人民币，升值了27%。这意味着大陆价格水平呈现"外跌内涨"变动态势。人民币升值推高了大陆价格水平指数，缩小了与港、澳、台价格水平差距。粗略估算，2005~2011年，大陆价格水平指数上涨19个百分点中，其中9个百分点是由人民币升值因素推动的，其贡献率达48%。台湾新台币升值8.5%，推升了价格水平指数，但因通胀率较低，购买力平价下降，冲销了因汇率升值对价格水平的拉升，价格水平指数不升反降。港币和澳币汇价基本不变，对价格水平指数无影响。

2011年大陆价格水平超过台湾，与香港、澳门差距缩小，是大陆通胀率和人民币升值双重因素叠加作用的结果。在现实生活中，大陆民众赴港、澳、台旅游购物日益增加，与三地价格水平相对较低有一定的关联。

4. 其他因素。

上述三个因素从宏观层面上解释了我国"两岸四地"价格总水平存在差距及其缩小的原因和背后的经济意义。除此以外，受许多其他因素影响，

"两岸四地"不同产品类别价格水平有高有低。

（1）劳动力成本因素。与港、澳、台相比，大陆劳动力资源丰富，人工成本相对低廉，以劳动密集型为主的建筑项目、个人服务和政府服务等非贸易品价格水平相对较低。

（2）经济全球化因素。近年来，我国"两岸四地"相互扩大开放，经贸往来日益密切，价格互动增强，"一价定律"作用明显，价格水平呈现一定的趋同性。这是"两岸四地"价格总水平差距缩小的原因之一。食品、家庭设备用品、机械设备等可贸易品流动性强，市场融合度高，"两岸四地"之间价格水平差距较小。港、澳、台三地食品类价格水平趋同效应尤为明显，大陆食品价格与其他三地也很接近。

（3）贸易保护因素。"两岸四地"相互之间市场开放程度有所差别，尚未完全自由贸易，受关税和非关税贸易壁垒的影响，一些国际品牌的进口产品价格在大陆偏高。据调查，苹果同款 IPAD 价格，大陆要比香港高 20% 左右。贸易壁垒在一定程度上冲减了"一价定律"的作用，部分解释了大陆机械设备、烟酒类等进口品价格水平相对较高的原因。

（4）非市场定价政策因素。在居民消费中，有相当部分商品和服务作为非市场产品，其价格水平高低取决于政府定价政策和社会福利制度。澳门实行 15 年全民教育免费制度，教育类价格水平相对较低；台湾实行全民健康保险制度，医疗保健类价格水平相对较低。

（5）统计误差因素。在世界银行和亚行发布的 2011 年 ICP 结果报告中，有部分细分类的价格水平指数差距无法解释其经济意义，与公众的感知有所出入。这与调查样本误差、统计估算误差有关。例如，澳门衣着类价格水平比香港高出 30%、比台湾高出 57%，大陆衣着类价格水平比香港高出 24%、比台湾高出 49%。这显然存在系统性的统计偏差。在调查规格品价格时，有的地区倾向可比性，价格偏高；有的地区则倾向代表性，价格偏低。此外，各地区统计口径范围也不尽一致。在 ICP 项目中，统计偏差对价格水平差距的影响在所难免。

四、基于 PPP 法的我国"两岸四地" 经济发展水平比较

购买力平价作为货币转换因子和价格缩减指数，可以剔除各地区之间价格水平差异因素，将以不同货币表示的 GDP 及其支出构成总量和人均指标转换成统一货币，进行统计物量意义上的比较，以便从新的视角观察"两岸四地"经济发展水平和居民生活消费水平差距。对比分析表明，与港、澳、台相比，大陆经济发展水平和居民生活消费水平相对较低，由于正处于经济快速发展阶段，价格水平上升的压力较大，经济发展的挑战较多。需要说明的是，在 GDP 和人均 GDP 比较中，PPP 法剔除价格水平差异因素，衡量本地实际购买能力和规模，强调统计上横向可比的物量概念；而汇率法衡量国际可支付的购买能力和规模，强调国际可交换的价值量概念。两种方法有着不同研究目的和用途，不可相互混淆，更不可相互替代。

1. "两岸四地"经济总物量的国际地位。

据亚行推算，2011 年，按 PPP 法计算，我国"两岸四地"GDP 总物量占亚太地区的比重为 54.4%。其中，中国大陆 GDP 总物量占亚太地区的比重为 49.6%，居亚太第 1 位；中国台湾占 3.3%，居亚太第 4 位。据世行推算，"两岸四地"GDP 总物量占世界的比重为 16.4%。其中，中国大陆 GDP 总物量占世界的比重为 14.9%，居世界第 2 位，仅次于美国；中国台湾占 1.0%，居世界第 20 位。

按汇率法计算，"两岸四地"GDP 总量占亚太地区的比重为 64%。其中，大陆 GDP 总量占 58%，台湾占 3.7%，分别居亚太第 1 位和第 4 位；四地 GDP 总量占世界的比重为 11.5%。其中，大陆 GDP 总量占世界的比重为 10.4%，台湾占 0.5%，分别居世界第 2 位和第 26 位。

数据显示，"两岸四地"购买力平价均低于其汇价，本地价格水平相对较低，按 PPP 法转换的 GDP 总物量都大于汇率法。以美元为基准，大陆按两种方法计算的结果相差 84%，台湾相差 95%，澳门和香港分别相差 74% 和 43%。数据分析表明，相对于亚太平均水平，"两岸四地"价格水平较高，

按 PPP 法计算的 GDP 总物量占亚太地区的比重小于汇率法；但相对于世界平均水平，"两岸四地"价格水平较低，按 PPP 法计算的 GDP 总物量占世界的比重大于汇率法（见表 6-4）。

表 6-4　　　　　　　　　　**2011 年我国"两岸四地"GDP 总量**

地区	亿港元		地区	亿美元		PPP 法/汇率法
	PPP 法	汇率法		PPP 法	汇率法	
大陆	737090	569940	大陆	134959	73219	1.84
台湾	49540	36210	台湾	9071	4652	1.95
香港	19360	19360	香港	3545	2487	1.43
澳门	3510	2860	澳门	642	368	1.74
四地总和	809500	628370	四地总和	148217	80726	1.84
占亚太比重（%）	54.4	64.0	占世界比重（%）	16.4	11.5	

2. 人均 GDP 物量比较。

人均 GDP 是衡量各地宏观经济发展水平的常用指标。"两岸四地"人均 GDP 物量差距悬殊。2011 年，按 PPP 法测算，以香港为 100，人均 GDP 物量最高的是澳门，相当于香港的 2.3 倍；台湾和大陆相当于香港的 78% 和 20%。以亚太平均为 100，澳门、香港、台湾和大陆人均 GDP 物量分别为 15.2 倍、6.6 倍、5.1 倍和 1.3 倍，均高于亚太平均水平，在亚太地区 23 个经济体中分别居第 1、第 4、第 5 和第 8 位。以世界平均为 100，澳门、香港、台湾和大陆人均 GDP 物量分别为 8.6 倍、3.7 倍、2.9 倍和 75%，在全球 177 个经济体中分别居第 2、第 11、第 27 和第 99 位。

按汇率法测算，以亚太平均为 100，澳门、香港、台湾、大陆四地人均 GDP 分别为 15.1 倍、6.6 倍、5.1 倍、1.3 倍，分别居亚太地区第 1、第 4、第 5 和第 8 位。以世界平均为 100，澳门、香港、台湾、大陆人均 GDP 分别为 6.3 倍、3.4 倍、1.9 倍和 52%，分别居世界第 6、第 29、第 50 和第 96 位。按照国际货币基金组织统计标准界定，我国香港、澳门、台湾被划归为发达经济体，大陆为发展中经济体。按世界银行国家分组标准界定，我国香港、澳门、台湾被划归为高收入经济体，大陆为中等偏上收入经济体。见表 6-5。

表 6 - 5　　　　　　　　　**2011 年"两岸四地"人均 GDP**

	大陆	香港	澳门	台湾
PPP 法				
美元	10057	50129	115441	39059
香港 = 100	20	100	230	78
世界 = 100	75	372	868	290
在世界位次	99	11	2	27
汇率法				
美元	5456	35173	66063	20030
香港 = 100	16	100	188	57
世界 = 100	52	337	633	192
在世界位次	96	29	6	50

3. 人均居民消费支出物量比较。

人均居民实际消费支出，包括居民个人支付的消费支出和政府用于个人消费支出（如教育、医疗等），反映居民生活消费水平和享有的社会福利水平。2011 年，按 PPP 法计算，人均居民实际消费支出物量最高的是香港，依次是台湾、澳门和大陆，分别相当于香港的 77%、72% 和 13%；以世界平均为 100，香港、台湾、澳门和大陆人均居民实际消费支出物量分别为 3.8 倍、2.9 倍、2.7 倍和 50%，分别居世界第 4、第 21、第 26 和第 121 位。按汇率法计算，香港、台湾、澳门和大陆人均消费支出分别相当于世界平均水平的 3.4 倍、2.2 倍、1.9 倍和 34%，居世界第 23、第 43、第 38 和第 117 位。

数据显示，按 PPP 法计算，澳门人均居民实际消费支出物量低于香港，而其人均 GDP 却高于香港；相反，台湾人均 GDP 低于澳门，而其人均居民实际消费支出物量却高于澳门。其原因在于澳门居民实际消费占 GDP 的比重小，仅为 23%，而香港为 67%，台湾为 65%。大陆居民实际消费占 GDP 比重为 43%，低于香港和台湾，其人均居民实际消费支出与香港、台湾的差距要大于人均 GDP。从支出结构分析，香港和台湾消费率高，居民实际消费水平高；大陆消费率低，居民实际消费水平相对较低。见表 6 - 6。

表 6 – 6 　　　　　　　　2011 年"两岸四地"人均居民实际消费支出

	大陆	香港	澳门	台湾
PPP 法				
美元	4331	32690	23649	25129
香港 = 100	13	100	72	77
世界 = 100	50	378	274	291
在世界位次	121	4	26	21
汇率法				
美元	2341	23433	15444	12910
香港 = 100	10	100	66	55
世界 = 100	34	338	223	186
在世界位次	117	23	38	43
居民实际消费占 GDP 比重（%）	42.9	66.6	23.4	64.5

五、研究的局限性

　　我国"两岸四地"价格水平差距及其影响因素分析，从一个侧面印证了世行和亚行 2011 年国际比较项目结果有一定的合理性，大部分数据结果可以从经济意义上解释和论证其背后的原因。但是，由于 ICP 实际操作复杂困难，比较结果存在一定偏差，有部分细分类结果的经济意义无法解释。在引用 ICP 数据时，应注意该项目调查数据质量的问题、比较方法的缺陷以及比较结果的偏差，以便能客观认识国际比较项目，正确使用比较结果。世行和亚行推算的我国"两岸四地"购买力平价和价格水平指数在调查数据、方法、结果上存在的局限性，主要表现在以下三个方面：

　　（1）在价格数据方面，"两岸四地"对规格品代表性和可比性原则的把握不完全一致，统计口径范围不尽相同。采价的规格品有的地区可比性不足，价格偏低；有的地区代表性不足，价格偏高。对教育和医疗服务项目，有的地区采集公立机构价格，有的地区采集私立机构价格，差异很大。规格品不完全可比，统计口径范围不完全一致，影响数据质量和比较结果的准确性。

（2）在比较方法方面，ICP 比较方法尚有缺陷，可能对比较结果产生系统性统计偏差。一是在建筑项目比较中，投入品方法低估了大陆建筑项目价格水平。与香港、澳门、台湾相比，大陆建筑项目溢价偏高，产出品价格要高于投入品。据分析，投入法测算的大陆建筑项目 PPP 要比产出法低 9.7%，而香港、澳门和台湾用两种方法计算的结果基本无显著差异。二是从亚太区域结果到全球结果的链接时，由 2005 年的"环国法"改变为 2011 年的"全球核心产品法"，可能整体低估了我国"两岸四地"购买力平价和价格水平指数，高估了它们经济规模的国际地位。据分析，与"环国法"相比，"全球核心产品法"对亚太区域的 PPP 低估了 9%，其低估程度远高于其他区域，包括我国"两岸四地"在内的 23 个经济体价格水平指数在全球的位次整体偏低。三是亚太区域在房租、医疗和教育服务等比较方法和汇总加权方法方面与其他区域有很大不同①，增大了比较结果的统计误差。

（3）比较结果存在一定的统计偏差，可能偏离客观实际。由于数据质量问题和比较方法缺陷，导致比较结果或多或少地背离实际情况。突出表现在：

一是部分细分类价格水平指数可靠性较差，与公众感知不相符。例如，衣着类价格水平，大陆和澳门被明显高估，台湾被明显低估；因统计口径范围不一致，教育、医疗服务价格水平比较不能完全反映"两岸四地"的实际差距。

二是 2011 年与 2005 年 ICP 结果相互脱节、互不衔接。世行在《世界发展报指标（WDI)》② 中以 2011 年比较结果为基准，以总量外推法，修正了 2005 年 PPP 结果。其中，大陆 PPP 从原来的 3.45 下调到 2.86 元人民币/美元，下调了 17%；澳门从原来的 5.27 下调到 3.52 澳元/美元，下调了 33%。香港、台湾基本没有调整。2011 年 ICP 结果因比较方法有重大改变，与 2005 年结果不可比。从统计意义上讲，对旧的比较结果进行统计修正是一种常态，便于数据对比分析。但问题在于此次修正的幅度过大，大陆和澳门 2005 年修正结果出现陡降的颠覆性变化，对传统的数据形成巨大挑战，影响人们对经济现象的正确认识和判断。回顾 1993 年、2005 年、2011 年最近 3 轮 ICP 结

① Measuring the Real Size of the World Economy：The Framework，Methodology，and Results of the International Comparison Program（ICP）［M］. Washington DC：World Bank，2013.

② World Development Indicator（WDI）databank［M］. World Bank，2014.

果，发展中国家的购买力平价和 GDP 物量比较数据犹如"过山车"。世界银行每一次发布基准调查期 ICP 比较结果，都在国际社会产生不小的"统计地震"效应，质疑声四起。这在一定程度上反映出该项目理论和实践方法的不够完善，数据结果不够稳定，还有待进一步研究改进。

三是以港币表示的区域结果与以美元表示的全球结果相脱节。受香港价格水平分类结构的影响，其他三地价格水平的内部分类结构在区域结果和全球结果中出现不一致和脱节。以大陆为例，区域结果显示，以港币为基准，大陆价格水平指数最高的 5 个分类是衣着类、通信、机械设备、家庭设备用品和其他。其中，大陆衣着类、通信类价格水平高于香港。全球结果显示，以美元为基准，大陆价格水平指数最高的 5 个分类是机械设备、家庭设备用品、烟酒、食品、交通。可见，受香港价格水平的内部结构影响，经链接之后，大陆通信和衣着类价格水平类被拉低了，而食品类、交通类价格水平被抬高了。区域结果和全球结果在分类结构上不一致，数据不匹配，扭曲了各地区价格水平内部分类的结构关系。

本章参考文献

［1］2011 International Comparison Program in Asia and the Pacific, Purchasing Power Parities and Real Expenditure ［M］. Asian Development Bank, 2014.

［2］Purchasing Power Parities and Real Expenditures of World Economies, Summary of Results and Findings of the 2011 International Comparison Program ［M］. World Bank, 2014.

［3］Measuring the Real Size of the World Economy: The Framework, Methodology, and Results of the International Comparison Program（ICP）［M］. Washington DC: World Bank, 2013.

［4］World Development Indicator（WDI）databank ［DB/OL］. http: // databank. worldbank. org/, 2014 -05.

［5］Summers R. International Comparisons based upon incomplete data. Review of Income and Wealth, 1973, 19（3）.

第七章

金砖国家价格水平和
经济实力的比较研究
——基于世界银行 2011 年国际比较项目结果的分析

> 本章在世界银行 2011 年国际比较项目（ICP）结果的基础上，分析金砖国家价格水平差异，研究影响差异的原因。用购买力平价（PPP）作为货币转换因子和空间价格缩减指数，剔除各国价格水平差异因素，比较各国 GDP 及其消费、投资等主要支出总量和人均物量指标。

巴西、俄罗斯、印度、中国、南非金砖五国（BRICS）人口占全球的43%，经济总量占全球的20%。作为发展中国家经济崛起的新兴力量，金砖国家成为世界经济稳定发展的重要支柱，在国际事务中发挥越来越重要的作用。由于各国资源禀赋、竞争优势、政策制度、宗教文化、环境习俗等各不相同，价格水平存在客观差异。在 GDP 及其支出构成总量和人均水平的国际比较中，需要剔除价格水平差异因素，进行实际物量的比较，衡量各国经济发展水平、居民实际消费支出、投资规模，对扩大和深化金砖国家经济社会合作、优势互补、相互借鉴发展经验具有重要的指导意义和参考价值。

世界银行 2011 年国际比较项目（ICP）结果报告包括金砖国家在内的全球 199 个经济体购买力平价（PPP）、价格水平指数（PLI）、GDP 及其主要支出构成总量和人均等物量指标的国际比较数据，为比较研究金砖国家价格水平和经济实力提供了较详细的基础数据。本章利用 2011 年 ICP 比较结果数据，分析金砖国家价格水平差距，研究影响差距的因素，并以购买力平价作为货币转换因子和价格减缩指数，比较金砖五国 GDP 及其主要支出构成总量和人均物量指标，从新的角度认识金砖国家经济发展差异和国际地位。

一、金砖国家价格水平的比较

购买力平价是两种或多种货币在不同经济体购买同质同量商品和服务的价格比例关系，反映以基准货币计量的国内价格水平，它是不可兑换的。而汇价是国际贸易交换价格比例关系，反映以基准货币计量的国际价格水平，具有可兑换性。国际上，将购买力平价与汇价之比称为价格水平指数（Price Level Index，PLI），用来衡量不同国家之间价格水平的差异程度，观察和比较各类同质可比的商品和服务价格在各国的高低贵贱程度。如表 7 - 1 所示，麦当劳"巨无霸"价格，巴西价格最高，印度价格最低，俄罗斯、南非、中国价格大体相近。如果以美国为基准，巴西"巨无霸"价格比美国贵 36%，中国、俄罗斯、南非价格相当于美国的 60% 左右，而印度只相当于美国的 39%。

表 7 - 1   金砖国家"巨无霸"的购买力平价和价格水平指数（2012 年初）

	巴西	俄罗斯	南非	中国	印度	美国
价格（本币/美元）	10.3	81.0	20.0	15.4	84.0	4.2
购买力平价（美元 =1）	2.5	19.3	4.8	3.7	20.0	1.0
汇率（本币/美元）	1.8	31.8	8.1	6.3	50.9	1.0
价格水平指数（美国 =100）	135.5	60.6	58.6	58.0	39.3	100.0

资料来源：英国经济学家网络版。

在国际比较中，价格水平指数可用公式表示为

$$PLI_i = \frac{P_i \div EX_i}{P_{USA}} = \frac{PPP_i}{EX_i} \qquad (7-1)$$

公式（7 - 1）中，P_i 表示第 i 个国家的价格，P_{USA} 表示美国价格，EX_i 表示以美元为基准的第 i 个国家汇价。通常，价格水平指数大于 100，说明国内价格水平高于国际水平；小于 100，说明国内价格水平低于国际水平；等于

100，说明国内价格水平与国际水平相同。世界银行 2011 年 ICP 组织各国收集了上千种规格品价格数据和 GDP 支出 155 项基本分类数据，采用多边比较方法，测算各国购买力平价，比较各国价格水平和 GDP 物量指标。根据世界银行公布的 2011 年全球 ICP 结果报告，金砖国家价格水平呈现以下特征。

1. 价格总水平：巴西最高，之后依次是南非、俄罗斯、中国、印度。

2011 年，以世界平均为 100，巴西价格水平总指数为 113%，南非和俄罗斯分别为 85% 和 76%，中国为 70%，印度为 42%。若以美国为 100，金砖国家因购买力平价低于其汇价，价格总水平都低于美国。

在全球 177[①] 个经济体中，巴西价格水平总指数居第 30 位，南非居第 59位，俄罗斯居第 76 位，中国居第 93 位，印度居第 171 位。见图 7－1、表 7－2。

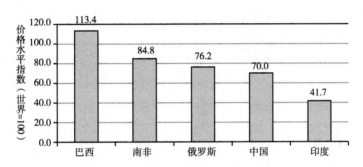

图 7－1　2011 年金砖国家价格总水平指数（PLI）比较

表 7－2　　　　　　　　　金砖国家购买力平价和价格水平指数

国家	PPP（美元＝1）			汇率（美元＝1）			PLI（PPP/汇率）		
	2013	2011	2005	2013	2011	2005	2013	2011	2005
巴西	1.608	1.471	1.092	2.16	1.7	2.4	74.4	87.9	44.9
南非	5.110	4.774	3.498	9.66	7.3	6.4	52.9	65.7	55.0
俄罗斯	19.286	17.346	12.736	31.84	29.4	28.4	60.6	59.1	45.0
中国	3.521	3.506	2.857	6.20	6.5	8.2	56.8	54.3	34.9
印度	16.761	15.109	11.047	58.60	46.7	44.1	28.6	32.4	25.0

资料来源：世界银行数据库。

① 全球共有 199 个经济体参加 ICP 项目，其中 22 个太平洋岛国只参加居民消费支出项目的比较，未进入全球排名。

2. 分类价格水平：各国高低迥异，服务类价格水平普遍较低。

分大类看，居民实际消费支出和政府公共消费支出价格水平最高的是巴西，之后依次是南非、中国、俄罗斯、印度；固定资本形成总额价格水平最高的是俄罗斯，之后依次是巴西、南非、中国、印度。巴西、南非投资品价格水平低于居民消费品，其他三国则相反，投资品价格水平高于居民消费品。其中，俄罗斯因投资品价格远远高于居民消费品，拉动了价格总水平的上升。

在个人消费支出方面，巴西通信类、衣着类、交通类价格水平较高，而医疗保健、烟酒、教育价格水平较低；俄罗斯衣着类、食品类和餐饮旅馆价格水平较高，而居住类、医疗保健、烟酒、教育价格水平较低；印度烟酒、家庭设备、交通价格水平较高，而医疗保健、教育、居住类价格水平较低；中国烟酒、食品和家庭设备价格水平较高，而医疗保健、文化娱乐和通信价格水平较低；南非家庭设备、食品和餐馆旅馆价格水平较高，而医疗保健、居住类、通信类价格水平较低。

在固定资本形成总额方面，除俄罗斯以外，其他四国机械设备价格水平要高于建筑项目；相反，俄罗斯建筑项目价格水平奇高，远高于机械设备。

在分类项目上，居住类、医疗保健、教育以及政府用于个人的消费支出价格水平普遍较低，而机械设备价格水平普遍较高，这是金砖五国的共同特征。见表7－3。

表7－3　　　2011 年金砖国家不同类别价格水平指数（世界＝100）

	巴西	南非	俄罗斯	中国	印度
GDP	113.4	84.8	76.2	70.0	41.7
居民实际消费支出*	110.8	81.9	63.0	67.4	37.4
个人消费支出	118.3	83.2	68.1	68.2	38.3
食品	110.9	102.0	97.1	89.1	49.9
烟酒	88.5	86.3	51.9	108.0	59.6
衣着类	238.3	90.7	101.7	82.8	32.0
居住类	118.0	78.2	31.1	56.1	29.8
家庭设备用品	114.3	105.3	75.1	89.1	51.8
医疗保健	81.5	75.4	57.4	48.4	17.3
交通	133.0	88.3	87.6	65.5	56.4

续表

	巴西	南非	俄罗斯	中国	印度
通信	239.7	79.2	62.3	50.9	32.0
文化娱乐	125.0	79.7	75.3	49.4	41.2
教育	98.1	84.3	41.2	69.2	29.6
餐饮旅馆	116.7	100.0	93.6	55.9	46.6
其他商品和服务	96.6	69.6	58.1	73.6	46.6
政府用于个人的消费	76.0	78.6	43.3	61.0	35.2
政府公共消费	136.7	85.9	70.4	73.1	43.3
固定资本形成总额	101.9	82.6	124.1	76.1	52.8
机械设备	144.3	107.6	98.4	102.8	88.2
建筑	88.0	78.1	159.4	68.9	41.9

注＊：居民实际消费支出等于个人消费支出与政府用于个人消费支出之和。

3. 金砖国家价格总水平呈大幅上升趋势。

2005～2011 年，金砖国家价格总水平指数呈大幅上升趋势，意味着各国货币实际购买力减弱，价格的国际竞争优势趋减。巴西价格总水平指数（美国＝100）从45%提高到88%，上升了96%；中国从35%提高到54%，上升了56%；俄罗斯从45%提高到59%，上升了31%；印度从25%提高到32%，上升了30%；南非从55%提高到66%，上升了20%（见图7－2）。巴西价格总水平超过世界平均水平，接近于美国，表明其价格的国际竞争优势十分有限；南非尽管价格水平涨幅较小，但国内价格水平较高，价格的国

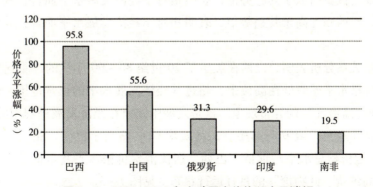

图7－2　2005～2011 年金砖国家价格总水平涨幅

际竞争优势也不大；与巴西、南非相比，俄罗斯、中国国内价格水平相对较低，仍有一定的价格优势和竞争空间；印度尽管价格水平涨幅较大，但国内价格水平很低，价格的国际竞争优势依然十分明显。

二、影响金砖国家价格水平差异的因素

金砖国家人口和经济规模较大，经济发展速度较快，是世界上重要的新兴市场国家。它们在资源禀赋、竞争优势以及制度政策、宗教文化、环境习俗等方面各不相同，价格水平差异较大。影响金砖国家价格水平差异的主要因素有：

1. 经济发展水平差异因素。

一个国家价格水平的高低在很大程度上取决于其经济发展水平，两者有着密切的联系。通常，经济发展水平越高，价格水平越高；经济发展水平越低，价格水平越低。即所谓的"宾大效应"。金砖国家经济发展水平存在一定的差距。2011 年，俄罗斯和巴西人均 GDP 较高，在 1.3 万美元左右，南非和中国分别为 7963 美元和 5456 美元，印度仅为 1533 美元。金砖五国价格水平和经济发展水平之间相关系数为 81%，具有较强的相关性，即价格水平差异有 81%是可以用其经济发展水平来解释的。图 7-2 显示，中国、南非价格水平估计值与其趋势值非常接近，表明价格水平与经济发展水平大体相适应；印度、俄罗斯低于其趋势值，表明相对于经济发展水平而言，其价格水平偏低；巴西则远高于其趋势值，表明相对于经济发展水平而言，其价格水平偏高。

数量关系分析表明，巴西在经历了 20 世纪 80～90 年代的严重通货膨胀之后，价格水平始终处在高位上，超过其经济发展水平的正常范围，表现出"低消费、高物价"的异常现象。这是发展中国家在经济发展进程中的教训，应该防止和避免。俄罗斯则相反，其人均 GDP 略高于巴西，相当于中国的 2.4 倍，但价格总水平却远低于巴西，居民消费价格水平甚至低于中国，表现出"高消费、低物价"的良好运行状态。见图 7-3。

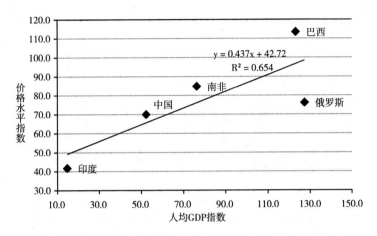

图 7-3　金砖国家价格水平指数和人均 GDP 指数相关关系

2. 通胀因素。

通胀率是价格水平指数的正向影响因素。通胀率越高，购买力平价和价格水平指数上升幅度越大。2005～2011 年，金砖国家通胀率普遍较高，不仅高于发达国家平均水平，而且高于世界平均水平，直接推高了各国购买力平价。高通胀率是金砖国家价格水平指数大幅上升的主要原因。利用因素分解统计方法粗略估算，2005～2011 年，中国价格水平指数上涨了 56%，其中通胀因素拉动价格水平上升 29%，其贡献率为 52%；巴西价格水平指数上涨了 96%，其中通胀因素拉动价格水平上升了 51%，其贡献率为 53%。俄罗斯、印度、南非价格总水平指数分别上升 31.3%、29.6%、19.5%，其中通胀因素拉动了 34.9%、34.7%和 32%。三个国家货币均呈贬值趋势，在一定程度上抑制了价格水平上升程度。见表 7-4。

表 7-4　　　　　　　　2011 年金砖国家通胀情况（2005=100）

	GDP 缩减指数	消费价格指数	购买力平价指数	汇价指数	价格水平指数变动
中国	137.1	121.7	122.7	126.8	155.6
巴西	151.1	134.1	134.7	145.5	195.8
俄罗斯	208.6	176.4	136.2	96.4	131.3
南非	156.4	146.6	136.5	87.6	119.5

续表

	GDP 缩减指数	消费价格指数	购买力平价指数	汇价指数	价格水平指数变动
印度	152.9	165.8	136.8	94.9	129.6
发达经济体	109.7	114.0	97.8	114.2	106.6
发展中经济体	159.1	135.1	142.8	98.6	127.6
世界	127.4	127.6	120.3	106.4	120.8

资料来源：各地统计年鉴和统计官网。

3. 汇率变动因素。

汇率是价格水平指数的逆向影响因素。货币升值，国际价格下跌，价格水平指数上升；货币贬值，国际价格上涨，价格水平指数下降。汇率变动对各国价格水平指数具有广泛而深远的影响。2005～2011 年，金砖国家货币汇率变动轨迹各异：中国人民币、巴西雷亚尔分别升值27%和46%，意味着这两个国家价格水平呈现"外跌内涨"变动态势，货币升值推动价格水平大幅上升。据推算，2005～2011 年，人民币升值拉动中国价格水平指数上升27%，其贡献率达48%；雷亚尔升值拉动巴西价格水平指数上升45%，其贡献率达47%。期间，俄罗斯、南非、印度货币出现小幅贬值，呈现"外内双涨"变动态势。卢布、卢比、兰特贬值，使俄罗斯、印度、南非三国价格水平指数分别下降了3.6%、5.1%和12.5%。见图7-4。

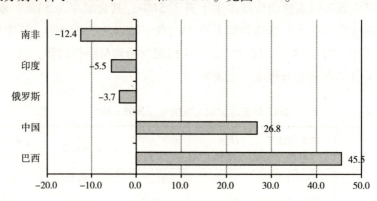

图7-4 2011年金砖国家汇价变动率（2005=100）

综上所述，2005～2011年，中国、巴西价格水平指数大幅上升，是通胀率和货币升值双重因素叠加作用的结果。俄罗斯、印度、南非价格水平指数大幅上升，主要是由国内通胀推动的结果，货币贬值对价格水平起到一定的抑制作用。

4. 经济全球化因素。

金砖国家先后加入世界贸易组织（WTO），对外开放不断扩大，与世界经济往来日益密切，价格的国内国外互动性增强，"一价定律"作用明显，价格水平呈现一定的国际趋同效应。这也是金砖国家价格总水平不断攀升的原因之一。数据显示，食品、烟酒、家庭设备用品、衣着、机械设备等可贸易品流动性强，国际市场融合度高，金砖各国价格水平普遍较高，且差距较小；而医疗保健、教育、居住、建筑项目等服务类和不可贸易品具有很强的地域特质性，流动性差，各国价格水平普遍较低，且差距较大。

5. 生产要素成本因素。

中国、印度劳动力资源丰富，人工成本相对低廉，两国以劳动密集型为主的衣着类、建筑项目价格水平明显低于其他三个国家。而俄罗斯处在高纬度严寒地区，建筑成本昂贵，建筑项目价格水平很高。但俄罗斯能源、资源丰富，天然气、石油价格便宜，居民公共事业费用较低，以水、电、燃料为主的居住类价格水平在金砖国家中最低。

6. 贸易保护因素。

金砖国家作为发展中国家，对外开放程度有所不同，价格水平或多或少地受关税和非关税等贸易保护因素的影响，表现出不同的差异性。据调查，苹果同款IPAD价格，与美国相比，中国要高21%，巴西高59%，俄罗斯高19%，南非高12%，印度只高2.9%。贸易保护在一定程度上冲减了"一价定律"的作用，部分解释了巴西、中国、俄罗斯、南非机械设备价格水平相对较高、而印度相对较低的原因。

7. 非市场定价政策因素。

在居民消费中，有相当部分商品和服务作为非市场产品，这些商品价格水平高低在很大程度上取决于政府定价政策和社会福利制度。金砖国家教育、医疗保健、政府用于个人的消费支出等价格水平相对较低，与各国政府实行的社会福利政策有很大关系。俄罗斯这些服务项目的价格水平仅高于印度，低于中国，说明俄罗斯具有较好的公共服务体系和社会福利制度。

8. 统计误差因素。

除了上述 7 个因素以外，统计误差也是影响金砖国家价格水平差异的因素之一。世界银行 2011 年 ICP 结果报告显示，金砖国家部分分类价格水平指数差距的经济意义是无法解释的，有些价格奇高，有些价格奇低，与公众的感知有所差异。例如，俄罗斯建筑项目价格水平指数相当于世界平均的159%，印度部分分类价格水平很低。部分数据可能因调查样本误差、统计估算误差造成系统性的统计偏差。在 2011 年 ICP 项目中，金砖 5 国分别归属于OECD/欧盟、拉美地区、亚太地区、非洲地区四个不同区域，它们比较的代表规格品目录可比性差，比较方法不同，价格水平的比较结果存在统计偏差在所难免。

三、金砖国家经济总量和人均物量指标的比较

购买力平价是宏观经济国际比较的重要工具，作为货币转换因子和价格缩减指数，剔除各国间价格水平差异因素，将以本币表示的 GDP 总量和人均指标转换成统一货币，进行实际物量的比较，从不同角度了解和认识金砖国家经济发展差距和国际地位。数据显示，按购买力平价法计算，金砖 5 国经济总物量规模不断扩大，发展水平不断提高，但与发达国家仍有一定的差距。由于金砖国家购买力平价低于汇价，价格水平相对较低，以此缩减的 GDP 及其支出总量和人均物量指标要高于汇率法。需要说明的是，在国际比较中，PPP 法是衡量剔除价格水平差异因素之后，比较各国国内的实际购买能力和规模，强调统计意义上横向可比的物量概念；汇率法比较以国际价格衡量的购买能力和规模，强调国际可支付的价值量概念。两种方法有着不同研究目的和用途，不可相互混淆，更不可相互替代。

1. 金砖国家经济总量比较。

按 PPP 法计算，金砖国家 GDP 总物量占世界的比重从 2005 年的 22% 提高到 2011 年的 28%。2011 年，中国、印度、俄罗斯、巴西分别居世界第 2、第 3、第 5、第 7 位，南非居世界第 26 位。按汇率法计算，金砖国家 GDP 总

量占世界的比重从 2005 年的 11% 提高到 2011 年的 20%。2011 年，中国、巴西、俄罗斯、印度分别居世界第 2、第 7、第 9 和第 10 位，南非居世界第 29 位。

数据显示，由于印度价格水平最低，货币购买力强，按 PPP 法转换的 GDP 总物量超过俄罗斯、巴西。同样，俄罗斯价格水平低于巴西，按 PPP 转换的 GDP 总物量则大于巴西。见表 7 - 5。

表 7 - 5　　　　　　　　　2011 年金砖国家 GDP 总量

国家	PPP 法		汇率法		PPP 法/汇率法
	亿美元	世界 = 100	亿美元	世界 = 100	
中国	134959	14.9	73219	10.4	1.84
印度	57575	6.3	18640	2.7	3.09
俄罗斯	32169	3.4	19010	2.7	1.69
巴西	28163	3.0	24766	3.5	1.14
南非	6111	0.7	4018	0.6	1.52
金砖国家之和	258977	28.3	139653	19.9	1.86
世界	906466	100.0	702937	100.0	1.29

2. 人均 GDP 比较。

人均 GDP 是衡量各国宏观经济发展水平的常用指标。金砖五国经济发展水平存在一定差距。2011 年，按 PPP 法计算，俄罗斯和巴西人均 GDP 物量较高，相当于世界平均水平的 127% 和 123%；南非、中国、印度人均 GDP 物量分别相当于世界的 90%、75% 和 35%，低于世界平均水平。人均 GDP 物量最高与最低之比为 4.8 倍。按汇率计算，人均 GDP 最高与最低之比为 8.7 倍。剔除价格水平差异因素之后，金砖五国人均 GDP 物量差距要略小于汇率法。按照世界银行 2011 年国家分组标准界定①，俄罗斯、巴西被划分为高收入国家，南非、中国被划分为中等偏上收入国家，印度为中等偏下收入国家。见表 7 - 6。

————————

① 世界银行 2011 年国家分组标准：人均国民总收入（GNI）为 12476 美元及以上为高收入国家，4036～12475 美元为中等偏上收入国家，1026～4035 美元为中等偏下收入国家，1025 美元以下为低收入国家。金砖国家人均 GDP 和人均 GNI 差异不大。

表7-6 　　　　　　　　　　2011 年金砖国家人均 GDP

国家	PPP 法			汇率法		
	美元	世界 = 100	居世界位次	美元	世界 = 100	居世界位次
俄罗斯	22502	167.2	55	13298	127.4	63
巴西	14639	108.8	80	12874	123.3	65
南非	12111	90.0	87	7963	76.3	79
中国	10057	74.7	99	5456	52.3	96
印度	4735	35.2	127	1533	14.7	135
世界	13460	100.0		10438	100.0	

3. 人均居民消费支出比较。

人均居民实际消费支出（包括居民个人支付的消费支出和政府用于个人消费支出（如教育、医疗等）反映居民生活消费水平和享有的社会福利水平。2011 年，按 PPP 法计算，金砖五国居民实际消费支出总物量占世界的比重为 24%；按汇率法计算为 15.7%。人均居民实际消费支出物量最高的是俄罗斯，之后依次是巴西、南非、中国和印度。其中，俄罗斯、巴西人均居民实际消费支出物量超过世界平均水平，南非接近世界平均水平，中国只相当于世界平均的一半，印度只相当于世界平均的 35%。见表7-7。

表7-7 　　　　　　　　　2011 年金砖国家人均居民实际消费

国家	PPP 法		汇率法		居民实际消费占GDP 比重（%）
	美元	世界 = 100	美元	世界 = 100	
俄罗斯	15175	175.5	7670	110.6	57.7
巴西	9906	114.6	8804	126.9	68.4
南非	8280	95.8	5438	78.4	68.3
中国	4331	50.1	2341	33.8	42.9
印度	3023	35.0	907	13.1	59.2
世界	8647	100.0	6937	100.0	66.5

俄罗斯、巴西、南非由于居民实际消费支出占 GDP 比重高，其人均实际支出相当于世界平均水平的比例要高于其人均 GDP 的比例。我国居民实际消费占 GDP 比重较低，人均居民实际消费支出相当于世界平均的比例远低人均

GDP 的比例，从而进一步拉大了与俄罗斯、巴西、南非居民实际消费水平的差距。

4. 金砖国家固定资本形成总额比较。

2011 年，按 PPP 法计算，金砖国家固定资本形成总物量占世界的比重为 39%；按汇率法计算为 30%。其中，中国固定资本形成总物量居世界第一位，其规模远远大于其他金砖国家。中国固定资本形成总额占 GDP 的比重为 45.6%，是金砖国家中最高的国家；其次是印度，为 31%。其他三个国家在 20% 左右，低于世界平均水平。见表 7 - 8。

表 7 - 8　　　　　　　　2011 年金砖国家固定资本形成总额

国家	PPP 法		汇率法		固定资本形成总额占 GDP 比重（%）
	亿美元	世界 = 100	亿美元	世界 = 100	
中国	57231	27.1	33380	20.6	45.6
印度	14247	6.7	5766	3.6	30.9
巴西	6114	2.9	4775	2.9	19.3
俄罗斯	4154	2.0	3950	2.4	20.8
南非	1204	0.6	762	0.5	19.0
世界	211379	100.0	161933	100.0	23.0

四、小　　结

金砖国家价格水平和经济实力的比较研究是在世界银行 2011 年 ICP 比较结果数据基础上进行。比较研究的结论直接受制于 ICP 结果的可靠程度。研究表明，金砖国家价格水平差距可以从多个方面解释背后的原因，有其内在的经济意义。各国价格水平与其经济发展水平基本相适应，反映了各国通胀和汇率的变化趋势。这从一个侧面印证了世界银行推算的 PPP 结果有其合理的一面。按购买力平价方法，在剔除价格水平差异因素基础上比较各国 GDP 及其支出构成总量和人均物量指标，可以从新的角度观察金砖国家经济发展水平及居民消费支出水平的差距。近年来，金砖国家价格水平呈大幅上升趋势，价格的国际竞争优势趋减。各国政府必须吸取教训，谨防价格水平上涨超出经济发展水平的可承受范围，应着力控制通胀，稳定汇率，避免出现"低消费、高物价"的异常情况。随着经济持续快速发展，金砖国家经济总量规模扩大，但人均 GDP 和人均居民消费支出水平与发达国家还有一定的差距，发展经济和调整结构的任务还很重。

值得注意的是，金砖五国社会经济条件存在很大差异，制度政策、资源禀赋、宗教文化、环境习俗等情况迥异，规格品价格可比性不足，区域比较方法不同，比较结果可能存在一定的统计偏误，部分国家分类价格水平数据有些令人费解。世界银行 2011 年 ICP 项目仍然带有试验、探索和研究的性质，国际社会对比较结果的可靠性还有争议和分歧。作为一项研究成果，在行政应用时须十分谨慎。

本章参考文献

［1］The PPP results of 2011 for Asia and Pacific region ［M］. Asia Development Bank，2014.

［2］Ravallion M. Price Levels and Economic Growth：Making Sense of the PPP Changes between ICP Rounds ［J］. Review of Income and Wealth，2013，59（12）.

［3］The global PPP results of 2011 round ICP ［M］. World Bank，2014.

［4］Measuring the Real Size of the World Economy：The Framework，Methodology，and Results of the International Comparison Program（ICP）［M］. Washington DC：World Bank，2013.

［5］2005 International Comparison Program final Results World Bank website，http：//web. worldbank. org/WBSITE/EXTERNAL/DATASTATISTICS/ICP.

| 第八章 |

中美两国价格水平差异的比较研究

　　基于两种不同类型商品和服务价格数据研究测算，中美两国价格水平差异程度有所不同。非参数检验和非相似度指数研究表明，对代表性商品而言，我国价格水平低，与美国有显著差异；对同质可比商品而言，我国价格水平接近于美国，部分商品价格甚至高于美国。中美两国价格水平差异总体呈缩小趋势。研究发现，人民币汇价对两国价格水平差异具有一定的传导弹性作用，并且人民币升值的传导作用要大于人民币贬值的传导作用。

一、引　　言

　　中国、美国是世界最大的发展中国家和发达国家，两国有着不同的经济发展水平、生产率水平、资源禀赋、生活消费水平以及经济社会制度和发展模式，价格水平客观上存在较大的差距。同时，两国相互间经贸往来密切，美国是中国最大的贸易伙伴，中国是美国第二大贸易伙伴国。2015年，美国对中国的货物进出口额占中国贸易总额的14%，中国对美国的货物进出口额占美国贸易总额的15%。如此庞大的贸易关系必将对两国的价格水平产生较大影响。

　　为研究各国实际生活成本、生产率水平和实际经济规模，国际组织和知名咨询公司定期开展各国价格数据调查，研究国际价格水平差异及其变动趋势。世界银行国际比较项目（ICP）调查全球近200个国家和地区上千种消费品、资本品价格数据和国内生产总值（GDP）支出基本分类数据，测算各国购买力平价（PPP），比较各国价格水平、GDP总物量和人均物量等指标。英国经济学家联盟（EIU）、德意志银行、美国美世咨询公司（MMC）等每年调查全球100多个大城市消费品价格数据，发布全球生活成本指数。加拿大统计局依托参加经合组织（OECD）购买力平价调查数据，长期跟踪研究加拿大与美国价格水平差异的变化趋势及其与汇率的关系，观察北美市场一体化、贸易自由化程度。欧盟统计局利用购买力平价项目微观数据，分析"欧元区"国家价格水平的趋同程度，研究欧盟市场一体化、贸易自由化进程及其影响。这些调查研究活动为深入开展价格水平差异的双边和多边比较研究提供了数据基础和方法借鉴。本章试图利用世界银行国际比较项目数据和英国经济学家全球生活成本调查微观数据，运用非参数检验、相关回归分析和非相似性指数（Dissimilarity Index）等计量模型，从不同角度比较中美两国价格水平差异，分析变动趋势，研究价格水平差异与汇率变动的传导关系。中国作为世界上经济增长快、结构变化大的发展中大国，比较不同数据类型对中美两国价格水平差异的影响，对于认清两国生活成本的差异程度、理解世界银行发布的购买力平价（PPP）数据以及宏观经济数据的国际比较至关重要。

二、中美两国价格水平差异分析

购买力平价是基于各国同质可比的"一篮子"商品和服务价格比较计算出来的，反映以美元为基准货币的国内市场价格水平。人民币兑美元的汇价是商品和服务国际贸易的交换价格比例关系，反映美国市场的价格水平。国际上，通常把购买力平价与汇价之比，称为价格水平指数（Price Level Index，PLI），用来衡量两国间价格水平的差异程度，观察和比较各类同质可比的商品和服务在中国和美国市场的高低贵贱程度。

如果价格水平指数大于100，说明我国价格水平高于美国水平；如果价格水平指数小于100时，说明我国价格水平低于美国水平。

（一）基于世界银行 ICP 结果的两国价格水平差异分析

在世界银行国际比较项目中，购买力平价是运用多边比较方法计算出来的，是众多商品和服务价格比率与其支出基本分类数据加权平均所得的结果。根据世界银行公布的 2011 年 ICP 结果报告，如第五章所述，我国价格水平呈现以下特征。一是我国价格总水平只相当于美国的一半左右，但差距呈缩小趋势；二是分类别看，我国与美国商品类价格水平差异要大于服务类，可贸易品价格水平差异要小于不可贸易品（见表 8 - 1）。

表 8 - 1　　基于世行 ICP 的购买力平价和价格水平指数（2011 年）

	购买力平价 （美元 = 1）	价格水平指数（PLI）	
		美国 = 100	差异率（%）
GDP	3.506	54.3	- 45.7
个人消费支出	3.696	57.2	- 42.8
食品	5.155	79.8	- 20.2
烟酒	5.564	86.1	- 13.9
衣着	4.351	67.3	- 32.7
居住	2.651	41.0	- 59.0
家庭设备用品	5.827	90.2	- 9.8
医疗保健	2.026	31.4	- 68.6
交通	4.619	71.5	- 28.5
通信	2.392	37.0	- 63.0
文化娱乐	3.179	49.2	- 50.8
教育	1.761	27.3	- 72.7
餐饮旅馆	3.453	53.4	- 46.6
其他商品和服务	4.425	68.5	- 31.5
政府公共消费	3.407	52.7	- 47.3
固定资本形成总额	3.769	58.3	- 41.7
机械设备	7.771	120.3	20.3
建筑	2.184	33.8	- 66.2

资料来源：世界银行 ICP 网站。

（二）基于全球大城市生活成本调查数据的两国价格水平差异分析

为更全面地认识中美两国之间价格水平差异，我们利用英国经济学家全球大城市生活成本调查的价格数据，从中筛选出294种消费商品和服务，比较两国价格。为便于分析，对所有消费商品和服务进行分类。商品类包括食品和饮料、酒和烟草、衣着、药品、日常非耐用品（如家庭日常用品、个人用品、书报杂志等）以及电视、电脑、汽车等家庭耐用品，服务类包括家政、教育、医疗保健、娱乐休闲等。该项调查与世界银行ICP调查的最大不同是，它按照欧美消费习惯和消费结构确定采价的规格品目录，强调规格品在对比国家间的同质可比，且进口品占有较大比例，对我国居民消费的代表性相对较差。为减少价格波动，我们利用2011～2015年平均价格数据来测算中美两国同质可比的居民消费商品和服务价格水平差异。

对同质可比的消费商品和服务来说，购买力平价为1美元等于6.39元人民币，略高于汇价，五年平均汇价为6.2671元人民币/美元；价格水平指数为102%，价格水平也略高于美国。这些商品和服务均为可贸易品，如果剔除运输成本和关税因素，购买力平价与汇价大体相同，反映了两国市场可贸易品价格的比例关系。从分类项目看，我国商品类价格水平要高于美国。其中，面包牛奶油脂、烟酒、衣着、家庭耐用品、药品等价格明显高于美国，鱼肉、日常非耐用品价格与美国大体相同，蔬果类价格则明显低于美国。我国服务类价格水平则明显低于美国。其中，房租高于美国，教育服务费用大体接近于美国，而医疗和水电气费用则远远低于美国。见表8-2。

表8-2　　　　　　　　同质可比的居民消费商品和服务价格比较

（2011～2015年平均）

	购买力平价 （美元=1）	价格水平指数（PLI）	
		美国=100	差异率（%）
居民消费品	6.390	102.0	2.0
商品类	6.861	109.5	9.5

续表

	购买力平价 （美元＝1）	价格水平指数（PLI）	
		美国＝100	差异率（%）
#食品和饮料	6.426	102.5	2.5
#面包牛奶油脂	7.976	127.3	27.3
蔬果类	4.768	76.1	−23.9
鱼肉类	5.970	95.3	−4.7
酒和烟草	8.744	139.5	39.5
服装	8.374	133.6	33.6
药品	7.748	123.6	23.6
日常非耐用品	6.106	97.4	−2.6
家用耐用品	10.867	173.4	73.4
服务类	5.191	82.8	−17.2
#房租	6.719	107.2	7.2
教育	6.094	97.2	−2.8
医疗	2.392	38.2	−61.8
水电气	3.513	56.1	−43.9

（三）基于两类数据测算出不同价格水平差异的原因

表8-1和表8-2的比较结果完全不同，基于不同类型数据测算，得出不同的结论，在判断和分析时应加以注意和区别。两者不同的原因很多。

（1）采价的规格品目录不同。表8-1采价目录为代表性商品和服务并兼顾一定的可比性产品，以我国大众消费的商品和服务为主。表8-2采价目录为同质可比的商品和服务，其消费偏好倾向于欧美国家的消费结构和消费品种。通常，由于欧美国家经济发展水平和居民收入水平高于我国，同质可比的商品和服务品质好、质量高，多数为进口商品，其价格要高于本地生产和消费的代表性商品和服务，考虑关税、运输成本等因素，这些商品和服务在我国的价格要高于美国。

（2）调查范围不同。表8-1价格调查范围为全国，表8-2价格调查范围为主要大中城市①。我国城乡之间、地区之间价格差异大，即使代表性商品和服务，大城市价格水平要高于全国平均水平。受消费人群的限制，同质可比的商品和服务价格在城乡间和地区间的差异应该不大。

（3）测算方法不同。表8-1基于多边比较方法测算的，是加权平均值。表8-2结果基于中美两国双边比较方法测算的，是未加权的几何平均值。据世界银行估算，对于消费结构差异巨大的中美两国来说，多边比较方法测算的结果误差率高达15%，而加拿大与美国比较结果误差则在5%以下。

（4）两种结果的用途不同。表8-1结果主要用来比较和衡量基于本地代表性商品和服务的实际生活消费水平、支出物量指标。表8-2结果主要用作国际组织和跨国公司驻华工作人员工资调整的依据。我国本地生产和消费的代表性商品和服务，消费人群规模大，价格水平较低；与美国同质可比的商品和服务主要以高档商品和高端服务为主，消费人群规模小，价格水平较高。比较结果显示，同质可比的商品和服务价格美国低于我国，这是近年来我国出境旅游人数剧增、海外购物消费规模持续扩大的主要原因之一。

三、对两国价格水平差异的非参数检验

为了深度理解中美两国价格水平差异，我们分别基于宏观和微观价格数据，应用非参数检验方法进行两个方面的检验：一是从变化趋势上检验中美两国价格水平差异是否显著；二是从具体商品和服务类型上检验中美两国价格水平差异是否显著。

1. 基于宏观数据的两国价格水平差异变化的非参数检验。

与参数检验相比，非参数检验的好处是对总体分布没有要求。检验的观察值为1980~2014年相对价格水平指数（美国=1）时间序列，数据来源于世界银行和经合组织（OECD）数据库。根据公式（5-1）定义，相对价格水平指数由两个变量组成，即购买力平价（PPP）和汇价（EX）之比。我们采用威尔克森（Wilcoxon）符号秩非参数检验方法，对购买力平价和汇率两

---

① 中国城市样本有北京、天津、大连、青岛、上海、深圳、苏州，美国城市样本为华盛顿、西雅图、旧金山、匹兹堡、迈阿密、洛杉矶、休斯敦、底特律、芝加哥、波士顿、亚特兰大等。

组配对数列进行差异性比较。基本思路是：首先，按大小顺序对两组配对样本差值（即 PPP-EX）进行等级排序，并加上正负号，分别计算正负等级之和，即秩和。然后，对检验统计量（W）和 P 值进行假设检验，推断配对样本差值的总体中位数是否和 0 有差别。原假设为中美两国价格水平无差异，购买力平价和汇价差值的中位数接近于 0，即 $H_0 = 0$。我们利用 SPSS 测算，检验统计量（W）为负秩，且 P 值小于 5% 显著性水平，可以拒绝原假设，结论是 1980~2014 年中美两国价格水平差异在统计上十分显著，且我国价格水平明显低于美国。

为了便于对比，我们选择了主要发达国家、其他金砖国家，分别与美国价格水平的差异进行非参数检验。表 8 - 3 检验结果显示，金砖国家与美国价格水平在统计上有显著差异，且明显低于美国。主要发达国家价格水平与美国在统计上没有显著差异，大体相近。我们同时利用配对样本 T 检验方法，分别对主要发达国家和金砖国家与美国之间的价格水平差异进行检验，所得结果与威尔克森（Wilcoxon）符号秩非参数检验的结果相似。

表 8 - 3   我国和其他主要国家与美国价格水平差异的非参数检验

国家	2014 年（美国 = 1）		PLI（美国 = 100）	检验统计量（W）	P 值
	PPP	汇率			
中国	3.655	6.143	59.5	-5.143	0.000
巴西	1.667	2.354	70.8	-4.372	0.000
俄罗斯	19.066	38.378	49.7	-4.107	0.000
印度	17.689	61.030	29.0	-5.159	0.000
南非	5.342	10.853	49.2	-5.841	0.000
日本	105.270	105.945	99.4	-1.650	0.099
英国	0.708	0.608	116.5	-1.417	0.157
法国	0.829	0.754	110.0	-1.448	0.148
德国	0.787	0.754	104.4	-1.293	0.196
意大利	0.758	0.754	100.6	-0.103	0.918
加拿大	1.261	1.106	114.0	-0.767	0.443

上述非参数检验结果，可以从以下几个方面来解释：一是我国经济发展水平、收入和消费水平均低于美国，是我国价格水平低于美国的主要因素。

2015 年，我国人均国民总收入（GNI）为 7880 美元，只相当于美国的 1/7。理论和实践经验表明，受经济发展水平的影响，发展中国家与发达国家之间价格水平差异较大，且明显低于美国、日、欧等发达国家。而发达国家之间价格水平差异相对较小。二是与发达国家相比，我国与美国的市场一体化、贸易自由化程度相对较低，因市场分割，跨国间贸易套利活动对缩小两国价格水平差距的作用有限。在完全的市场一体化和贸易自由化背景下，贸易竞争和套利活动是缩小两国价格水平差距的主要推动力。例如，北美自由贸易协定将加拿大与美国市场紧紧联结在一起，市场一体化程度高，贸易壁垒少，市场价格联动紧密，两国价格水平基本相同。美欧经济联系异常密切，是全球最大的双边贸易，相互依存度高，两个地区价格水平也基本趋同。但金砖国家与美国市场一体化和贸易自由化程度相对较低，贸易套利行为对缩小与美国价格水平差异的作用相对要小，同类商品价格水平的差异十分显著。三是中国与美国的消费结构、消费习惯、消费偏好存在很大差异，在一定程度上加大了两国之间价格水平差异。如上分析，基于代表性商品和服务比较的中美两国价格水平差异要大于基于同质可比的商品和服务价格比较结果。四是从趋势看，尽管目前我国价格水平低于美国，随着我国经济发展水平和居民收入生活水平的不断提升，对外开放程度不断提高，以及中美两国经贸关系日益紧密，价格水平与美国的差距将呈现缩小的趋势。

2. 基于微观数据的两国价格水平差异的非参数检验。

我们利用英国经济学家全球主要大城市生活成本调查数据，分别对中美两国所有商品和服务价格数据进行威尔克森（Wilcoxon）符号秩非参数检验。两列样本数据分别为：中国和美国大城市 294 种消费规格品 2011 ~ 2015 年平均价格，用 5 年平均汇率将美国平均价格转换成以人民币计价，对两国以人民币表示的商品和服务价格进行差异性比较。基于思路如上，首先，按大小顺序对两组配对的商品和服务价格差值（即 $P_{ch} - P_{usa}$）进行等级排序，并加上正负号，分别计算正负秩和。然后，进行原假设检验和判断。表 8 - 4 检验结果显示，根据全部 294 种商品和服务价格计算，P 值小于 5% 显著性水平，说明两国同质可比的消费商品和服务价格水平总体差异在统计上显著，但检验统计量（W）为正秩，表明中国价格水平高于美国。分产品类别看，商品类价格水平差异在统计上显著，且检验统计量为正秩，表明中国价格水平明显高于美国；服务类价格水平差异在统计上不显著，说明两国价格水平大体相同，且检验统计量为负秩，表明中国服务项目价格总水平略低于美国。

表 8 – 4 　　　　　两国同质可比的消费商品和服务价格比较

(2011 – 2015 年平均)

	规格品数	检验统计量（W）	P 值
所有规格品	294	2.850	0.004
商品类	219	5.087	0.000
服务类	75	– 1.405	0.160

非参数检验结果进一步印证，基于代表性商品和服务价格比较，中美两国价格水平差异较大；而基于同质可比的商品和服务价格比较，两国价格水平基本上没有差异，商品类价格中国甚至高于美国。

四、以非相似度指数衡量的中美两国价格水平差异

前面基于两类不同数据分析了中美两国价格水平差异程度，并进行了非参数检验。在这里，我们引用加拿大统计学家欧文·达维特（Erwin Diewert）教授研究提出的非相似度指数（Dissimilarity Index，DI），从另一角度研究中美两国消费价格水平的差异程度。

欧文教授基于数学公理提出的非相似度指数，是两国各类商品和服务价格水平偏差程度的加权平均值，其目的是用来鉴别商品价格或数量结构相似度最高的两个国家，便于直接进行国际比较，以提高国际比较的准确性。其公式为

$$DI = \sum_{n=1}^{N} (\frac{1}{2})(s_n^1 + s_n^2)[(PLI_n - 1)^2 + \{(1/PLI_n) - 1\}^2] \quad (8-1)$$

式（8 – 1）中，s_n^i 为第 i 个国家第 n 类商品支出权重，$i = 1, 2$，代表两个国家；$n = 1, 2, \cdots, N$，代表商品和服务分类数。$\{PLI - 1\}$ 和 $\{(1/PLI_n) - 1\}$ 表示两个国家第 n 类商品价格水平服从"一价定律"的程度。如果 PLI 等于 1，表明两国价格水平完全相同，那么 DI 等于零，两国价格水

平完全服从"一价定律"。两国价格水平差异越小，*PLI* 越接近于1，那么 DI 值越小，表明大体遵循"一价定律"；相反，两国价格水平差异越大，*PLI* 越偏离于1，则 DI 值越大，表明不遵循"一价定律"。测算结果显示，基于不同类型商品和服务的价格比较，对中美两国价格水平差异程度的判断有所不同。

1. 基于代表性商品和服务的价格比较，中国价格水平低于美国，差异较大。

根据世界银行2005年和2011年 ICP 比较结果数据测算，中美两国消费价格水平的非相似度指数2005年为7.377，2011年为2.259，表明两国价格水平差异明显缩小，但实际差距依然较大。特别是我国教育和医疗等服务类价格水平远远低于美国。表8-5测算结果显示，中国与西方七国之间价格水平的非相似度指数（DI）普遍较高，差异较大；而发达国家内部之间价格水平的 DI 值普遍较低，差异较小。特别是"欧元区"国家市场一体化程度高，其价格水平差异很小。德国和意大利价格水平的非相似度指数仅为0.017，法国与意大利为0.02，德国与法国为0.027。美国与日本价格水平的非相似度指数明显高于与其他发达国家的指数。

表8-5　　我国与主要发达国家价格水平的非相似度指数（2011年）

	中国	美国	日本	德国	法国	英国	意大利	加拿大
中国	0							
美国	2.259	0						
日本	3.711	0.341	0					
德国	1.953	0.135	0.149	0				
法国	2.701	0.137	0.049	0.027	0			
英国	2.991	0.153	0.135	0.057	0.028	0		
意大利	2.065	0.107	0.124	0.017	0.020	0.072	0	
加拿大	3.713	0.172	0.057	0.132	0.054	0.075	0.030	0

2. 基于同质可比商品和服务价格比较，我国价格水平与美国相近，差异较小。

根据英国经济学家全球生活成本调查的微观数据测算，就同质可比的商品价格而言，中美两国价格水平的非相似度指数值较低，价格差异较小。2011～2015 年两国同质可比商品和服务平均价格的非相似度指数只有 0.446，远低于代表性商品和服务价格的非相似度指数（见表 8-6）。分产品类型看，两国商品类价格的非相似度指数值低于服务类，说明两国商品类价格水平差异较小，而服务类价格水平差异较大。从时间趋势看，两国同质可比商品价格的非相似度指数总体呈下降趋势，从 2011 年的 0.480 下降到 2015 年的 0.426，说明两国价格水平的相似度不断提高，差距缩小。其中，商品类价格水平的 DI 值逐年下降，说明近五年来，两国商品贸易流动性增大、贸易壁垒减少以及贸易套利活动频繁，同质可比的商品类价格水平差异逐渐缩小。而服务类作为不可贸易品，贸易流动性相对较低，两国价格水平差异较大。特别是近两年来，美国服务类价格上涨幅度大于我国，导致两国服务价格水平差异有所扩大。

表 8-6　　　　　　两国同质可比商品和服务价格的非相似度指数

	2011 年	2012 年	2013 年	2014 年	2015 年	近 5 年平均
所有商品和服务	0.480	0.443	0.421	0.461	0.426	0.446
商品类	0.375	0.346	0.331	0.294	0.246	0.318
服务类	0.702	0.646	0.622	0.764	0.736	0.694

五、汇率对两国价格水平差异的影响及相关回归分析

上述非参数检验和非相似度指数测算结果表明，中美两国价格水平总体上呈缩小趋势。从价格水平指数的定义看，人民币汇价变动对中美两国价格水平差异变动起着关键性的作用，它是逆向影响因素。当人民币升值时，价格水平差异缩小；当人民币贬值时，价格水平差异拉大。图 8-1 直观地显示出，1980～2015 年，代表国内价格水平的购买力平价平缓上升，而人民币汇价则大幅波动。期间，我国经历了三次汇率改革：1994 年实行汇率并轨制，在之后较长时期内，人民币从大幅贬值转为基本稳定；2005 年实行有管理的浮动汇率制度，人民币由基本稳定转为大幅升值；2015 年 8 月调整人民币中

间定价机制，并成为国际储备货币，人民币由升值转为贬值。中美两国价格水平差异遵循着人民币汇价的变化轨迹。1980～1994年，因人民币贬值，价格水平指数下降，从103.5%降低到30%，与美国差距扩大；1995～2005年，人民币汇价基本保持稳定，两国价格水平差异稳定在35%左右水平上；2005～2014年，因人民币升值，两国价格水平差异从36%上升到59%，与美国差距缩小；2015年，因人民币贬值，价格水平指数降到57%，差距又有所扩大。

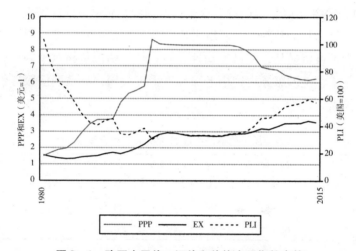

图 8-1　购买力平价、汇价和价格水平指数走势

实际上，购买力平价背后的基本理论是"一价定律"。在两个完全开放、充分竞争、完全自由贸易的国家中，它们的价格水平应该基本相同，即购买力平价等于汇价（PPP = EX）或者 PLI = 1。如果不考虑运输成本和关税，两国价格水平的差异程度取决于两个国家市场化程度和对外开放程度。我国经济既不封闭，也没有完全开放，购买力平价和汇价之间总是存在一定的偏差，不遵循"一价定律"。但是它们有着较高的相关关系。据测算，其相关系数为0.792。有鉴于此，我们通过回归方程来描述汇价变动对购买力平价的传导关系，分析外部价格变化对国内价格变化的影响，以便更好地判断和预期未来中美两国价格水平差异的走势。回归方程式为

$$PPP_t = \alpha + \beta \times EX_t + \mu_t \qquad (8-2)$$

对式（8-2）进行对数处理，以增强其线性关系，转换公式为：

$$\ln(PPP_t) = \alpha + \beta \times \ln(EX_t) + \varepsilon_t \qquad (8-3)$$

式（8-3）中，t为年份，β为回归系数，其经济含义是汇价对购买力平价的传导弹性系数，ε_t为残差项。

我们基于OECD数据库公布的1980~2015年我国购买力平价和汇价数据，估算式（8-3）的统计参数。表8-7结果显示，回归系数（β）为0.345，表明我国人民币汇价变动1%，中美两国价格水平差异则变动0.345%。分时间段看，1980~1994年，在人民币贬值时期，我国PPP与汇价的相关系数为0.837，汇价对国内价格的传导弹性系数为0.312，即人民币贬值1%，两国价格水平差异则扩大0.312%；1995~2014年，在人民币升值阶段，相关系数为0.972，传导弹性系数为-0.826，即当人民币升值1%时，中美两国价格水平差距缩小0.826%。回归结果分析发现：一是不同的汇率变化方向对国内市场定价行为的影响有所不同。人民币升值对我国市场定价的传导作用大，人民币贬值对国内价格的传导作用小。经销商为增强市场竞争力，内部消化了部分因货币贬值而导致的进口成本上升，降低了价格传导弹性作用。二是所有参数通过1%显著性水平的统计检验，表明PPP与汇价之间相关关系显著，汇价对国内价格水平的传导作用明显。三是与发达国家相比，汇价因素对中美两国价格水平差异的传导弹性作用相对较小。日元、英镑、欧元对美元的汇价与其PPP的相关系数和传导弹性系数均要高于我国，表明日本、英国、德国等发达国家与美国市场一体化和贸易自由化程度高，相互间市场价格变化的互动性强，传导弹性作用大。

表8-7 购买力平价与汇价的回归分析结果

	相关系数（r）	回归系数（β）
中国	0.7915	0.354
其中：1980~1994年	0.837	0.312
1995~2014年	0.972	-0.826
日本	0.8341	0.609
英国	0.8305	1.551
德国	0.8528	0.449

注：所有参数在1%水平下统计显著。

六、结　语

非参数检验、非相似度指数研究表明，基于两国不同类型商品和服务价格比较，得出迥异的结论。对代表性商品和服务而言，我国价格水平低，与美国有显著差异，不遵循"一价定律"；对同质可比商品和服务而言，我国价格水平接近于美国，部分商品价格甚至高于美国，大体符合"一价定律"。因此，在判断中美两国价格水平孰高孰低时，不能一概而论、以偏概全。随着我国经济发展水平进一步提升、市场化和贸易自由化程度进一步提高，中美两国价格水平差异总体呈缩小趋势。相关回归研究表明，购买力平价与汇价之间存在较高的相关关系，人民币汇价对国内价格有一定的传导性作用，中美两国价格水平差异受汇价的影响较大。并且，人民币升值对国内价格的传导作用要大于人民币贬值的作用。

中美两国价格水平比较研究表明，我国应进一步加大对外开放力度，适当降低消费品进口关税，通过扩大市场开放、增加国际贸易流动，改善国内代表性商品质量，以便缩小我国代表品价格与同质可比商品价格之间的差异，以提高居民生活消费品质。同时，鉴于中美两国价格水平差异受汇率影响大，应保持人民币汇率相对稳定，既要避免人民币过快升值，以防止推高国内价格水平，增加居民生活成本；又要避免人民币过快贬值，拉大中美两国价格水平差异，影响国内经销商的市场竞争力，挤压利润空间。

本章参考文献

[1] Purchasing Power Parities and the Real Size of World Economies [M]. World Bank, 2014.

[2] Baldwin J R, Yan B. The Law of one Price: A Canada/U. S. Exploration [J]. Review of Income and Wealth, 2004, 50 (3): 1–10.

[3] Glushenkova, Zachariadis. Understanding Law-of-One-Price Deviations across Europe Before and After the Euro [EB/OL]. http://homepages. econ. ucy. ac. cy/ ~ mzachari/gz2014. pdf.

[4] Erwin D. Similarity and Dissimilarity Indexes: An Axiomatic Approach [C].

Discussion Paper No. 02 −10, Department of Economics, University of British Columbi-a, 2002, URL: http://www. econ. ubc. ca/dispapers/dp020. pdf.

[5] Cassels G. Abnormal deviation in international exchanges [J]. Economic Journal, 1918, 28: 413 −415.

| 第九章 |
国际价格水平的趋同效应及其成因分析
——基于购买力平价（PPP）的视角

根据世界银行发布的 180 多个国家和地区购买力平价和价格水平指数等指标时间序列数据，利用趋同计量模型，定量分析全球价格水平的趋同效应及其影响因素。研究表明，近二十多年来，在经济快速发展、通胀上升、对外开放程度扩大、市场化程度提高、经济全球化和区域一体化等因素作用下，发展中经济体价格水平对发达经济体具有明显的追赶效应，全球价格水平际出现趋同效应。在现阶段，我国价格水平相对较低，与经济发展水平大体相适应。未来时期，我国价格水平继续上升的压力较大，与国际的差距将进一步缩小，即人民币汇率与购买力平价的偏差呈现收窄趋势。为此，应着力控制通胀水平，稳定人民币汇率，谨防人民币在国际化进程中过度升值的问题，继续保持价格水平与经济发展水平之间的适度平衡。

一、引　言

国与国之间价格水平的差异程度、变化趋势及其影响因素是一个非常重要的话题，它影响着各国对外贸易、国际投资、汇率变动、国际竞争优势、居民生活消费水平以及企业投资和公民旅游去向等诸多方面，也是衡量经济发展成果国际比较的关键因素，从而引起国际组织和各国政府的密切关注，成为当今国际经济统计的重要研究领域。在经济全球化、区域市场一体化的推动下，各国经贸往来日益紧密，国际价格水平的趋同效应愈加明显。国际上，大量文献资料从不同角度，研究国际价格水平的趋同性及其成因。欧盟统计局 Konijn（2014）利用欧洲购买力平价（Purchasing Power Parities，PPP）项目数据进行研究，指出 1995－2013 年在低收入国家价格水平追赶效应的驱动下，欧盟成员国之间价格水平的离散性缩小，存在明显的趋同效应。美国学者 Bergin 等（2006）根据英国经济学家智库联盟（EIU）全球 70 个国家 108 个城市生活费用调查数据，研究 1990～2005 年全球价格水平的趋同程度。美国学者 Crucini 等（2005）利用小样本调查资料，研究贸易成本对全球价格水平差异的影响程度。英国学者 Imbs 等（2009）通过欧盟成员国电视机价格的比较，论证"一价定律"的作用，研究市场力量、生产成本、消费偏好、汇率、品牌认同等因素对国际价格水平差异的影响。这些研究成果有助于理解和认识全球价格水平的差异程度、变化趋势及其原因，研究所用的大量统计模型和定量分析方法富有创新性和启发性，为后续研究提供了有益的借鉴和参考。但也应该看到，它们在研究范围上，主要针对欧盟和"欧元区"成员国价格水平的研究，缺乏对我国和广大发展中经济体价格水平变化的关注；在研究角度上，主要侧重于价格水平的时间变化，缺乏对背后原因的深度挖掘；在研究目的上，主要观察全球价格水平与实际汇率、与区域市场一体化之间的相互关系，而缺乏从更广泛的视角，研究价格水平与经济发展水平、与经济全球化和市场化程度之间的相互关系；在研究资料上，除欧盟统计局以外，其他研究主要利用非官方统计数据，其代表性和可比性有所欠缺。受资料来源的限制，国内学界对该领域的研究还不多见，尚未形成系统的研究成果。

本章将根据世界银行公布的各国购买力平价、价格水平指数等指标的时间序列数据，利用统计模型，定量研究我国和全球价格水平的变化趋势，解释其背后的深度原因和诸多影响因素。研究表明，自 20 世纪 90 年代以来，随着经济快速发展、经济全球化和区域市场一体化进程加快、经济市场化程度不断提高，我国和其他发展中经济体价格水平对发达经济体的追赶效应明显，全球价格水平呈现收敛趋势，存在趋同效应。在诸多因素驱动下，我国价格水平大幅上升，与国际的差距逐渐缩小。我国现已进入中上等收入国家行列，处于经济转型的关键时期，在扩大国内消费需求、提高对外开放程度、深化市场经济改革、推进人民币国际化进程中，未来我国价格水平上升的潜在压力较大，必须努力抑制通胀、稳定人民币汇率，保持价格水平与经济发展水平的适度平衡关系，避免出现"高物价、低消费"异常情况，避免陷入以经济滞胀为特征的"中等收入陷阱"。

二、趋同模型及实证分析

在本章研究中，全球价格水平指数是指空间价格指数即购买力平价（PPP），它是不同货币在不同国家购买同质可比商品和服务的价格比例关系，是空间横向的比较，有别于以时间纵向比较为基础的消费者价格指数（CPI）。国际上，价格水平指数（Price Level Index，PLI）作为专用名词，是购买力平价与汇价之比，用来衡量各国间价格水平的差异程度，比较各国各类同质可比的商品和服务价格的高低或贵贱。通常，购买力平价代表以基准货币为基础的国内市场价格水平，而汇价代表以基准货币为基础的国际市场价格水平。若以美国为基准，当价格水平指数大于100时，说明购买力平价大于汇价，国内价格水平高于国际价格水平；当小于100时，说明购买力平价小于汇价，国内价格水平低于国际价格水平。数据显示，发达经济体①价格水平指数远高于发展中经济体，2013年两者分别为103%和54%。

我们利用世界银行发布的全球180多个国家和地区价格水平总指数截面数据，进行σ收敛和β收敛验证。前者从水平上衡量各国间价格水平的差异程度随着时间变化而缩小的趋同过程；后者从速率上衡量各国间价格水平的趋同过程。模型测算结果显示，近二十多年来，全球价格水平存在趋同效应，各国间价格水平的差异呈现加速缩小的趋势；我国和其他发展中经济体价格水平的上升幅度远大于发达经济体，存在明显的追赶效应。

1. σ趋同分析。

---

① 包括国际货币基金组织（IMF）界定的35个发达经济体，扣减后的其他经济体均为发展中经济体。下同。

它用离散系数（CV）表示，即标准差与均值之比。如果在一段时期内各国价格水平指数的离散系数呈下降趋势，表明国际价格水平差异缩小，存在σ趋同效应；如果离散系数呈上升趋势，表明国际价格水平价格差异扩大，不存在σ趋同效应。经测算，全球180多个国家和地区价格水平指数的离散系数从1990年的60%下降到2013年的43%，存在明显σ趋同效应。分时期看，趋同过程呈先慢后快的特征：1990~2003年趋同进程较慢且波动反复；2003~2013年趋同进程则明显加快。分国家集团看，发达经济体之间价格水平的离散系数较低，趋同程度较高，但趋同速度相对缓慢，特别是自2008年金融危机以来，各国贸易保护主义"抬头"，价格水平的趋同效应有所减弱；发展中经济体之间价格水平的离散系数较高，趋同程度较低，特别是进入21世纪以来，随着经济全球化、区域市场一体化的快速推进，价格水平的趋同效应明显增加，速度加快。见图9-1。

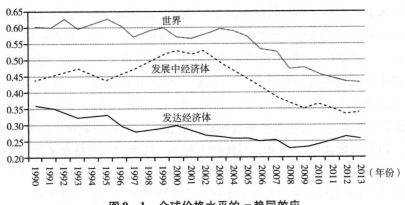

图9-1　全球价格水平的σ趋同效应

数据分析显示，1990~2013年，全球180多个国家和地区价格水平指数（美国=100）呈上升趋势，从53%升至63%，升幅为19%。其中，发达经济体从98%升至103%，升幅为2.9%；发展中经济体从41%升至54%，升幅为30%。发展中经济体价格水平尽管较低，但近二十多年来，其上升幅度远远大于发达经济体。在追赶效应的驱动下，国际价格水平的离散系数下降，价格差距缩小，出现趋同效应。在此期间，我国价格水平从31%升至57%，升幅为83%，明显高于发达经济体和其他发展中经济体的平均升幅。我国价格水平对发达国家的追赶效应非常明显，与国际价格水平的差距逐渐缩小。

2. β 趋同分析。

为消除 σ 趋同效应受随机偶然因素的冲击，我们引用古典经济增长理论中的 β 趋同模型，验证发展中经济体价格水平比发达经济体上升更快，从速率上进一步分析全球价格水平的趋同效应。

（1）标准 β 趋同模型。

它是基于各国一段时期内价格水平指数的变化率与其期初价格水平指数的内在关系，建立回归模型，分析两者的变化趋势。标准 β 趋同模型为

$$\ln\left(\frac{PLI_{i,t}}{PLI_{i,0}}\right) = \alpha + \beta_0 \ln(PLI_{i,0}) + \varepsilon_i \quad \varepsilon_i \sim N(0,\sigma2) \tag{9-1}$$

公式（9-1）中，$PLI_{i,0}$、$PLI_{i,t}$ 代表国家 i 期初（0）和期末（t）价格水平指数。趋同过程表现为回归系数 β_0 负值衰减过程，即期内价格水平的上升幅度与其期初价格水平之间存在负相关关系，表明期初价格水平低的经济体在期内具有较高的涨幅，而期初价格水平高的经济体在期内具有较低的涨幅。如果回归估计系数 β_0 为负值且统计上显著，说明在 $0-t$ 时期内发展中经济体价格水平对发达经济体出现追赶现象，存在 β 趋同效应；如果该系数为正，且统计上不显著，则不存在 β 趋同效应。我们利用 1990~2013 年全球 180 多个国家和地区价格水平指数的截面数据，进行模型测算。表 9-1 结果显示，回归系数 β_0 为 -0.48，且统计上显著，表明国际价格水平存在 β 趋同效应，且趋同速度[①]为 2.8%。分时期看，2003~2013 年全球价格水平的趋同速度快于 1990~2003 年；分国家集团看，发展中经济体趋同速度明显快于发达经济体。近 10 年来，发达经济体价格水平的趋同速度逐渐放缓，处于相对稳定的状态；而发展中经济体价格水平大幅上升，对发达经济体的追赶效应较为突出。这与上述 σ 趋同分析结果完全吻合。

（2）条件 β 趋同模型。

在区域经济合作和市场一体化的作用下，区域内部各国之间形成价格传导和扩散的交互关系，区域内部价格水平表现出更强的趋同性。为了证明这一点，我们基于标准趋同模型（9-1），假设国际价格水平具有相同的区域

---

① 趋同速度计算公式为：$S = -(\ln(1+\beta_0))/T$。

稳定状态，引入区域虚拟变量，进行条件 β 趋同分析，判断是否存在"俱乐部"趋同效应，观察区域因素对全球价格水平趋同效应的影响。引入区域虚拟变量的条件 β 趋同模型为

$$\ln\left(\frac{PLI_{i,t}}{PLI_{i,0}}\right) = \alpha + \beta_0\ln(PLI_{i,0}) + \sum_{j=1}^{m-1}\lambda_j L_{i,j} + \mu_i\mu_i \sim N(0, \sigma2) \quad (9-2)$$

公式（9-2）中，$L_{i,j}$ 为区域虚拟变量，分别代表 OECD/欧盟比较区域、亚太地区、非洲地区、独联体、拉美地区、加勒比海地区、西亚地区等 7 个区域，取值为 0 和 1，$j = 1，2，\cdots，m$，m 为区域虚拟变量个数，λ_j 为 m 个区域虚拟变量的回归系数。现实中，每一区域都至少有一个对本区域经济发展产生较大影响的经济合作组织，如欧盟、欧元区、OECD、东盟组织、南亚联盟、非洲联盟、独联体、海湾合作委员会等。引入区域虚拟变量后，β_0 负值衰减程度增大，回归模型的相关性提高，对趋同效应的解释能力明显增强。趋同模型和回归系数均通过 1% 水平的统计显著性检验。

引入区域虚拟变量的 β 趋同模型测算结果表明，1990~2013 年，在区域市场一体化因素的作用下，全球各国价格水平的 β 趋同效应更为明显，回归模型的相关系数从 71% 提高到 80%，趋同速度从 2.84% 提高到 3.62%。区域市场一体化增强了对全球价格水平 β 趋同模型的解释能力，说明区域经济合作、区域产品市场一体化进一步强化了全球价格水平的趋同效应。见表 9-1。

表 9-1　　　　　β 趋同模型（9-1）和（9-2）分析结果

	时期（年）	R^2	调整的 R^2	β_0 值	趋同速度（%）	显著性水平
标准 β 趋同模型						
世界	1990~2013	0.509	0.506	-0.480	2.84	0.000
	1990~2003	0.108	0.103	-0.191	1.63	0.000
	2003~2013	0.515	0.513	-0.390	4.94	0.000
发达经济体	1990~2013	0.692	0.682	-0.490	2.93	0.000
	1990~2003	0.652	0.641	-0.402	4.00	0.000
	2003~2013	0.190	0.165	-0.246	2.82	0.010

续表

	时期 （年）	R^2	调整的 R^2	β_0 值	趋同速度 （%）	显著性 水平
发展中经济体	1990~2013	0.547	0.540	-0.647	4.53	0.000
	1990~2003	0.177	0.171	-0.332	3.10	0.000
	2003~2013	0.502	0.498	-0.489	6.71	0.000
引入区域虚拟变量的 β 趋同模型						
世界	1990~2013	0.648	0.632	-0.565	3.62	0.000
	1990~2003	0.641	0.411	-0.355	3.65	0.000
	2003~2013	0.556	0.536	-0.419	5.43	0.000

注：模型参数检验在1%水平下显著。

3. 主要产品类别的趋同分析。

根据世界银行发布的各经济体主要分类价格水平指数测算，2011~2005年，价格水平总指数的离散系数（CV）从49%下降到46%，各主要产品价格水平指数的离散系数均有不同程度地降低，存在趋同效应。2011年，在主要产品分类中，机械设备的价格水平在各经济体间的离散程度最小，仅为12%；食品、家庭设备用品、交通价格水平的离散系数在30%~39%；文化娱乐、通信、餐馆旅馆、衣着、烟酒等价格水平的离散系数在40%~50%，建筑品价格水平的离散系数为60%，医疗、居住、教育等服务项目价格水平的离散系数分别为72%、77%和97%。数量分析表明，可贸易品价格水平在各经济体间的差异程度较小，趋同效应较强；而不可贸易品价格水平的差异程度较大，趋同效应较弱。

2005~2011年，尽管发展中经济体服务和建筑项目等不可贸易品价格水平指数的离散系数缩小幅度大于可贸易品，但其价格水平仍然严重偏低。这是发展中经济体价格总水平低于发达经济体的主要原因。并且，发达经济体各类价格水平的离散系数总体上要小于发展中经济体，其内部趋同性更强。见表9-2。

表 9 – 2　2011 年世界 180 个经济体支出大类价格水平指数离散系数（CV）

项　　　目	世界	发达经济体	发展中经济体
GDP	0.46	0.25	0.37
居民实际消费支出	0.50	0.26	0.41
个人消费支出	0.46	0.23	0.41
食品和非酒精饮料	0.32	0.23	0.42
酒精饮料和烟草等	0.48	0.37	0.54
衣着类	0.46	0.20	0.57
居住类	0.77	0.42	0.59
家庭设备用品	0.38	0.13	0.48
医疗保健	0.72	0.38	0.47
交通	0.39	0.19	0.36
通信	0.42	0.25	0.50
文化娱乐	0.42	0.21	0.39
教育	0.97	0.68	0.57
餐饮旅馆	0.44	0.26	0.48
其他商品和服务	0.51	0.24	0.39
政府用于个人的消费	0.73	0.42	0.52
政府公共消费	0.60	0.32	0.40
固定资本形成总额	0.35	0.25	0.33
机械设备	0.12	0.09	0.19
建筑	0.60	0.50	0.59

资料来源：根据世界银行 2011 年国际比较项目数据结果计算整理。

三、趋同原因及模型实证解析

如前所述，一国价格水平指数是购买力平价与汇率之比，反映国内价格与国际价格的差异程度。一国价格水平指数的高低与其相对通胀率成正比，与其汇价成反比。各国货币对美元的汇价有贬有升，但从长期趋势看保持基本稳定。因此，各国价格水平指数的变化主要取决于其相对通胀率的变化。

1990～2013 年，全球相对通胀率①年均上升8.5%。其中，发达经济体年均上升0.8%，而发展中经济体年均上升9.5%。可见，发展中经济体相对通胀率远高于发达经济体，其价格水平的追赶效应十分明显。

理论分析表明，影响一国价格水平变化的深层因素有：经济发展水平、经济增长速度、对外开放程度、市场化程度、政策制度、资源优势等。

（1）经济发展水平。通常，经济发展水平越高的国家，其价格水平越高；经济发展水平越低的国家，其价格水平越低。两者具有很高的相关性，即所谓的"宾大效应"（Penn Effect）。从动态上看，1990～2013 年，世界人均 GDP 与世界平均价格水平指数（PLI）的相关系数 r 为87%；从静态上看，世界 180 多个经济体人均 GDP 和价格水平指数的相关系数，1990 年和 2013 年分别80% 和76%。相关系数下降，说明在趋同效应的作用下，"宾大效应"有所减弱。与发达经济体相比，发展中经济体经济增长速度更快、人均 GDP 升幅更大，南北经济发展差距和价格水平差距缩小，这是全球价格水平趋同的基本因素。

（2）劳动力资源。劳动力成本是决定一国价格水平高低的重要因素之一。发展中经济体劳动力资源相对丰富，劳动成本低廉，生产率较低，价格水平相应较低；发达经济体劳动力资源相对匮乏，劳动成本昂贵，生产率较高，价格水平相应较高。在动态上，各国价格水平随着劳动力成本和生产率的提高而上升。与发达经济体相比，发展中经济体劳动力成本上升和生产率提高的速度更快，劳动力资源优势趋减，这在一定程度上强化了全球价格水平的趋同效应。

（3）对外开放程度。一国价格水平的高低与其对外开放程度有着密切联系。在巴萨效应的作用下，价格水平随着对外开放程度的扩大而逐渐上升，对外开放程度越大，其价格水平越高。近二十多年来，各国加大对外开放力度，经济全球化进程加快，生产要素的跨国流动更趋频繁，世界产品市场一体化趋势加强，可贸易品领域扩大，"一价定律"的作用日趋增强，成为各国间价格水平差距逐渐缩小的推助器。而互联网的广泛应用和普及，线上交易规模的迅速扩大，国内与国外价格的互联互动关系更加紧密，也加速了全

---

① 本章相对通胀率是指以美国为基准的各国 GDP 缩减指数。

球价格水平的趋同效应。据分析，各国价格水平指数与瑞士经济学会（KOF）发布的经济全球化指数①具有较高的正相关关系。

（4）市场化程度。无论在发达经济体，还是在发展中经济体，公共服务项目和部分民生性商品和服务实行非市场定价，价格具有较强的政策性。因此，一国经济市场化程度对价格水平的高低有着较大影响。通常，市场化程度越高，其价格水平相应越高；市场化程度越低，其价格水平相应越低。发展中经济体市场化程度低于发达经济体，也是其价格水平低于发达经济体的原因之一。我们将各国价格水平指数与美国传统基金会发布的各国经济自由度指数②进行相关分析，发现两者存在较高的正相关关系。在动态上，发展中经济体随着经济市场化程度的不断提高，市场化定价的领域和范围不断扩大，特别是水、电、气等公用事业以及交通、教育、医疗等公共服务项目定价的市场化，导致其价格水平指数总体呈上升趋势。服务类价格水平指数的大幅上升，是发展中经济体价格水平对发达经济体出现追赶效应的重要原因之一。

上述定性分析表明，一国价格水平的高低和变化趋势是由诸多因素综合作用的结果。根据可取得的全球 180 多个经济体 1990～2013 年各指标的截面数据，我们筛选出人均 GDP（X_1）、CPI 指数（X_2）、货物和服务出口占 GDP 比重变化率（X_3）、经济增长率（X_4）经济自由化指数（X_5）、经济全球化指数（X_6）、出口增速（X_7）、劳动生产率指数（X_8）等指标平均值，分别代表经济发展水平、劳动力资源、对外开放程度、市场化程度等影响因素，并将它们作为解释变量，与价格水平指数（PLI）进定量相关分析。结果显示：一是各国价格水平指数与人均 GDP、劳动生产率、经济自由度指数、经济全球化指数、出口占比呈现正相关关系。经济发展水平和劳动生产率高、经济市场化和对外开放度大的国家，其价格水平相对较高；反之，经济发展水平和劳动生产率低、经济市场化和对外开放度小的国家，其价格水平相对较低。二是各国价格水平指数与经济增长率、CPI 指数、出口增速具有一定

---

① 它是对外贸易占 GDP 比重、FDI 存量占 GDP 比重、有价证券投资占 GDP 比重、支付给外国公民收益占 GDP 比重、进口壁垒、平均关税、国际贸易税收占比、资本账户限制等 8 大指标标准化后的加权平均值。

② 它根据各个经济体 50 个经济自由度指标的得分值进行综合平均计算，分值在 0～100。

的负相关关系。价格水平相对较低的国家，其经济增长快、CPI 涨幅大、出口增速快；反之，价格水平相对较高的国家，其经济增长慢、CPI 涨幅小、出口增速慢。通过观察各解释变量的数据特征，可以发现，在一般情况下，发展中经济体经济发展水平、劳动生产率相对较低，经济市场化和对外开放程度相对较小，其价格水平相应较低；同时，发展中国家因经济增长率较快、CPI 涨幅较高、出口增速较快，其价格水平的升幅相应较大。指标之间的相关关系在很大程度上解释了各国价格水平指数高低、变化趋势的原因。见表 9 – 3。

表 9 – 3　　全球 180 个经济体价格水平指数与各解释变量之间相关系数 r

		PLI_i	X_1	X_2	X_3	X_4	X_5	X_6	X_7	X_8
价格水平指数	PLI_i	1								
人均 GDP	X_1	0.824 **	1							
CPI 指数	X_2	– 0.356 **	– 0.287 **	1						
出口占 GDP 比重	X_3	0.185 *	0.418 **	– 0.115	1					
GDP 增长率	X_4	– 0.397 **	– 0.227 **	0.089	0.021	1				
经济自由度指数	X_5	0.606 **	0.616 **	– 0.401 **	0.363 **	– 0.217 **	1			
经济全球化指数	X_6	0.560 **	0.580 **	– 0.404 **	0.647 **	– 0.15	0.698 **	1		
出口增速	X_7	– 0.170 *	– 0.085	0.114	0.096	0.205 *	– 0.098	– 0.111	1	
劳动生产率	X_8	0.840 **	0.796 **	– 0.285 **	0.369 **	– 0.438 **	0.688 **	0.647 **	– 0.268 **	1

注：表中 ** 、* 分别表示 1% 和 5% 水平下显著。

　　我们将上述解释变量作为控制变量，引入趋同模型（9 – 2）中，建立扩展的条件趋同模型，以便进一步从定量上分析国际价格水平趋同效应的内在原因和影响因素。扩展的条件 β 趋同模型为

$$\ln\left(\frac{PLI_{i,t}}{PLI_{i,0}}\right) = \alpha + \beta_0 \ln(PLI_{i,0}) + \sum_{k=1}^{n} \beta_k \ln(X_{i,k}) + \sum_{j=1}^{m-1} \lambda_j L_{i,j} + \varphi_i \quad (9-3)$$

　　公式（9 – 3）中，$X_{i,k}$ 为控制变量，$k = 1, 2, \cdots, n$，n 为控制变量个数，β_k 为各控制变量的回归系数。经测算，引入控制变量后，趋同模型（9 – 3）通过统计显著性检验，即在一系列控制变量假设条件成立的前提下，各国间价格水平依然存在趋同效应，而且稳态性明显增强。

测算结果显示，引入控制变量后，模型（9-3）对趋同效应的解释能力进一步提高，相关系数 r 从模型（9-2）的80%提高到92%。期初价格水平指数（PLI_0）的 β 趋同系数为显著负值，且衰减程度进一步增大，表明发展中经济体价格水平指数具有比发达经济体更大的上升幅度，趋同速度从3.62%提高到4.47%。在各项控制变量中，人均 GDP（X_1）、经济全球化指数（X_6）的回归系数为显著正值，表明价格水平的变化与经济发展水平、经济开放程度呈正相关关系，它们是阻碍国际价格水平趋同的主要因素。发展中经济体因经济发展水平低、对外开放度小，其价格水平总体上要低于发达经济体。而出口占 GDP 比重（X_3）、经济自由度指数（X_5）的回归系数为显著负值，表明价格水平的变化与经济市场化程度、出口占比规模成反比例关系。在这两个因素的推动下，发展中经济体价格水平的涨幅要大于发达经济体，它们对全球价格水平趋同的贡献十分明显。此外，CPI 指数、经济增长率、出口增速对全球价格水平趋同的作用不显著，这与上述相关分析的结论基本相吻合。考虑到一些解释变量之间存在自相关性，我们进一步采用逐步回归方法测算，发现经济发展水平、经济全球化、经济市场化以及区域一体化等 4 个因素对全球价格水平变动的影响最为显著。从动态趋势看，各经济体之间经济发展水平差距缩小、对外开放度和经济市场化不断提高、区域经济一体化进程加快，是全球价格水平趋同的主要贡献因素。见表 9-4。

表 9-4　　　　　　　　　　趋同模型（9-3）分析结果

模型参数	R	R^2	调整的 R^2	估计标准差	F 值	显著性水平
	0.920	0.846	0.825	0.152	38.935	0.000
解释变量		β	标准差	标准化 β	T 值	显著性水平
常数项	C	0.000	1.162		0.000	1.000
期初价格水平指数	PLIO	−0.642	0.039	−1.046	−16.478	0.000
人均 GDP	X_1	0.155	0.020	0.685	7.868	0.000
CPI 指数	X_2	−0.049	0.179	−0.014	−0.273	0.785
出口占 GDP 比重	X_3	−0.118	0.041	−0.180	−2.875	0.005
GDP 增长率	X_4	0.041	0.021	0.101	1.948	0.054
经济自由度指数	X_5	−0.489	0.160	−0.216	−3.053	0.003

模型参数		R	R²	调整的 R²	估计标准差	F 值	显著性水平
		0.920	0.846	0.825	0.152	38.935	0.000
经济全球化指数	X_6	0.419	0.109	0.320		3.831	0.000
出口增速	X_7	0.027	0.021	0.055		1.303	0.196

综合分析表明，近二十多年来，发展中经济体经济增长快、经济发展水平提高幅度大、对外开放程度和经济市场化程度不断扩大，是国际价格水平趋同的推动因素。而当前发展中经济体和发达经济体在经济发展水平、对外开放程度和经济市场化程度方面仍有较大差距，这是各国价格差距依然较大的原因所在，它们在一定程度上阻碍国际价格水平的趋同进程。

四、我国价格水平的上升趋势及其原因分析

我国作为发展中大国，从横向上看，与发达国家相比，经济发展水平、对外开放度和市场化程度相对较低，价格水平也相应较低。现阶段我国价格水平处在较为合理的范围内，经济运行状态良好，并未出现"高物价、低消费"的异常现象。世界银行公布的数据显示，2011 年，我国价格水平指数在全球 177 个经济体中居世界第 93 位，人均 GDP 居世界第 96 位，两者的国际位置相近，表明我国价格水平与经济发展水平大体相适应。但是，从纵向看，我国和其他发展中经济体价格水平对发达国家具有明显的追赶效应，推动全球价格的趋同。为了进一步研究国际价格水平趋同效应对我国的影响，有必要从纵向剖析我国价格水平上升的原因，便于对未来价格水平变化趋势做出预判。在国内通胀和人民币升值双重因素共同作用下，我国价格水平呈大幅上升趋势，从 1990 年的 31%，上升到 2013 年的 57%。1990~2013 年，我国相对通胀上升 3.3%，低于发展中经济体平均涨幅，但高于发达经济体平均涨幅。自 2005 年汇率改革以来，人民币升值了 32%。我国价格水平呈现"外跌内涨"的局势，双重因素共同推高了我国价格水平。

深层次原因分析表明，近二十多年来，我国价格水平大幅上升，是经济快速发展、经济发展水平提升、通胀高企以及市场化改革、对外开放等众多

因素综合作用的结果。这与上述国际价格水平趋同的影响因素大体相同。根据世界银行和国家统计数据库 1990～2013 年相关指标的截面数据，进行相关分析。结果发现，我国价格水平指数（PLI）与人均 GDP（Z_1）、经济发展速度（Z_2）、货物出口占 GDP 比重（Z_3）、CPI 指数（Z_4）、劳动生产率（Z_5）、城镇集体单位平均工资（Z_6）、市场化指数（Z_7）等解释变量之间存在高度的正相关关系（见表 9 - 5）。其中，货物出口占 GDP 比重（Z_3）对价格水平指数的作用具有一定滞后性，经测试，该指标滞后 4 年的数据与价格水平指数的正相关系数最高。可见，在全球价格水平趋同效应的作用下，在诸多因素的驱动下，我国价格水平快速上升，对发达国家存在十分明显的追赶效应。相对价格总水平趋升，即购买力平价与汇率之间的差异呈现缩小趋势，是发展中国家经济发展追赶发达国家的必然结果。

表 9 - 5   我国价格水平指数（PLI_t）与各解释变量（Z_t）之间相关系数

		PLI_t	Z_1	Z_2	Z_3	Z_4	Z_5	Z_6	Z_7
价格水平指数	PLI_t	1							
人均 GDP	Z_1	0.975 **	1						
经济发展速度	Z_2	0.951 **	0.994 **	1					
外贸依存度	Z_3	0.934 **	0.936 **	0.938 **	1				
CPI 指数	Z_4	0.803 **	0.843 **	0.868 **	0.855 **	1			
城镇单位平均工资	Z_5	0.967 **	0.999 **	0.996 **	0.931 **	0.839 **	1		
全社会劳动生产率	Z_6	0.975 **	1.000 **	0.994 **	0.936 **	0.842 **	0.999 **	1	
市场化指数	Z_7	0.808 **	0.945 **	0.970 **	0.728 **	0.903 **	0.961 **	0.944 **	1

注：** 表示在 1% 水平下显著。外贸依存度为滞后 4 年的数据。

在上述相关分析的基础上，我们建立多元回归模型，以便进一步定量解释我国价格水平指数上升的原因及其影响因素。为减轻解释变量之间的自相关性，选取指标的变化率来建立回归模型，即

$$\ln\left(\frac{PLI_t}{PLI_{t-1}}\right) = \alpha + \sum_{k=1}^{m}\beta_k\ln\left(\frac{Z_{t,k}}{Z_{t-1,k}}\right) + \omega_t \qquad (9-4)$$

公式（9 - 4）中，t 为 1990～2013 年各个年份，$Z_{t,k}$ 为 m 个解释变量，β_k 为 m 个解释变量的回归系数。采用逐步回归方法测算模型参数，结果显

示，人均 GDP、外贸依存度、CPI 指数、市场化指数 4 个解释变量对价格水平指数的解释能力最强，且回归方程和回归系数均通过 5% 水平下的统计显著性检验，协整检验 DW 值为 1.8，说明因变量与解释变量之间大体存在长期均衡稳态关系。

表 9-6 结果显示，回归模型（9-4）的拟合优度很高，各解释变量对价格水平指数变化的解释能力为 99.9%。可以判断，1990～2013 年我国价格水平呈上升趋势的主要原因是：经济发展水平持续提升、国内通胀、对外开放度不断扩大以及市场化程度不断提高。因素分析表明，未来时期，我国价格水平继续上升的压力较大，国际差距将进一步缩小。

表 9-6　　　　　　　　模型（9-4）回归分析结果

模型参数		R	R²	调整的 R²	标准差	显著性水平	DW 值
		0.999	0.998	0.998	0.022	0.000	1.771
解释变量		β	标准差	标准化 β		T 值	显著性水平
常数项	C	0.800	0.020			3.110	0.008
人均 GDP	Z_1	0.369	0.164	0.372		2.254	0.034
外贸依存度	Z_3	0.186	0.082	0.377		2.286	0.038
CPI 指数	Z_4	1.129	0.253	1.123		4.457	0.000
市场化指数	Z_7	0.499	0.142	0.497		3.520	0.002

（1）经济发展水平持续提升对价格水平上升的压力依然存在。我国现已进入上中等收入国家行列，处在经济转型升级、经济增长动力由投资拉动转向消费驱动的关键时期。随着调结构、惠民生政策的出台和实施，一方面，劳动力成本上升，劳动资源优势减弱；另一方面，居民收入水平和生活消费水平不断提高，国内消费需求不断扩大。从长期趋势看，我国将继续面临需求拉动和成本推动的通胀挑战。

（2）经济快速发展继续推高我国价格水平的风险犹存。我国经济发展已进入新常态，增长速度从高速增长转向中高速增长，经济发展方式从规模速度型粗放增长转向质量效率型集约增长。尽管经济增速有所放缓，但在今后较长时期内，我国经济增长步伐仍将快于世界其他主要国家。据 IMF 估计，2015～2020 年，我国经济年均增长 6.3%，世界平均为 3.8%，发达经济体平均为2.2%，新兴市场和发展中经济体平均为4.9%；我国通胀率可能低于新兴市场和发展中经济体平均水平，但明显要高于发达经济体平均水平。我国价格水平对发达经济体的追赶效应继续显现。

（3）市场化价格改革将加大我国价格水平上升的压力。与发达国家相比，我国市场化程度不高，服务项目和其他非贸易品价格水平相对较低，这是目前我国价格水平较低的主要原因。自2014年以来，国务院已出台了关于加快推进价格改革政策，实行市场化的定价机制。随着定价市场化改革的深入，预计未来几年，我国各种公用事业、教育、医疗、交通等服务项目价格水平将呈较大幅度的上升，价格总水平与国际的差距将进一步缩小。

（4）新一轮全方位对外开放战略的实施将进一步强化我国价格水平与国际的趋同效应。一方面，随着"一带一路"建设的推进，我国将深度融入全球经济，对外开放领域进一步扩大，国内外市场进一步互联互通，国内价格水平与国际的趋同效应将进一步增强。另一方面，随着人民币国际化进程的加快，汇率波动风险加剧，自2015年以来国内通缩和人民币贬值并现，我国价格水平可能呈螺旋式波动上升的变动趋势。价格水平指数上升意味着汇价和购买力平价的偏差缩小，这是货币国际化的普遍现象和必由过程。

五、小结及启示

模型量化研究表明，近二十多年来，我国和其他发展中经济体价格水平对发达经济体具有明显的追赶效应，国际差距缩小，价格水平存在趋同效应。其表面原因是发展中经济体相对通胀的升幅大于发达经济体，推进了全球价格水平的趋同。而发展中经济体经济快速增长、经济发展水平持续提升、经济全球化和区域市场一体化不断推进、经济市场化逐步加深等因素，则是国际价格水平趋同的本质原因。

1990~2013年，我国价格水平的上升趋势与经济高速发展、经济发展水平大幅提升、对外开放不断深化、市场经济改革不断深入有着高度相关、密切联系。现阶段我国价格水平与经济发展水平大体相适应，处在相对合理的区间内。未来一段时期，我国价格水平的上升压力依然较大，应继续加强宏观调控，着力控制通胀预期，有效管理人民币汇率波动幅度和方向，以便继续保持价格水平和经济发展水平之间适度平衡关系，维护良好的经济运行状态。

国际价格水平的趋同效应是经济全球化趋势的客观必然，是多种因素共同作用的结果。全球价格的趋同效应加大了我国经济宏观调控的复杂性，并提出了以下警示：一是在全球化背景下，我国与发达经济体的价格差距逐渐缩小，在国际市场上的价格竞争优势正在减弱，须重视创新技术、创造品牌、提高质量、提升服务等整体竞争力，真正缩小与发达经济体的发展差距；二是在发展经济、提高居民收入和生活消费水平的同时，必须关注国际价格水平的趋同效应，努力控制通胀，稳定汇率，避免人民币汇价在国际化进程中出现剧烈震荡，保持价格水平与经济发展水平之间、国内价格与国际价格之间的适度平衡，谨防出现"高物价、低消费"的异常现象。

本章参考文献

［1］Konijn P. Purchasing Power Parities in Europe – reflections on uses, recent developments and the future of ICP ［EB/OL］. World Bank, http：//web. worldbank. org/WBSITE/EXTERNAL/DATASTATISTICS/ICPEXT/, 2015 – 09 – 1.

［2］Bergin P R, Glick P. Global Price Dispersion：Are Prices Converging or Diverging? ［J/OL］. http：//www. frbsf. org/publications/economics/papers/2006/wp06 – 50bk. pdf , 2006 – 12.

［3］Crucini, Zachariadis M. Understanding European Real Exchange Rates ［J］. American Economic Review, 2005, 95：724 – 738.

［4］Imbs J, Mumtaz H, Ravn M O. One TV, One Price? ［J］. Scandinavian Journal of Economics, 2010, 112 (4)：753 – 781.

［5］洪国志，等. 中国区域经济发展收敛的空间计量分析 ［J］. 地理学报，2010，65 (12)：1548 – 1558.

［6］吴玉鸣. 中国省域经济增长趋同的空间计量经济分析 ［J］. 数量经济技术经济研究，2006 (12)：101 – 108.

［7］Purchasing Power Parities and the Real Size of World Economies ［M］. World Bank, 2014.

［8］樊纲，等. 中国市场化进程对经济增长的贡献 ［J］. 经济研究，2011 (9)：4 – 16.

| 第十章 |
OECD/欧盟 2011 年一轮购买力
平价项目结果分析

本章介绍了 OECD/欧盟 2011 年购买力平价项目的基本情况以及价格水平、GDP 总量和人均物量水平的比较结果，分析了价格水平和经济发展水平之间的相关关系。

经济合作与发展组织（OECD）和欧盟统计局（Eurostat）于 2013 年 12 月 18 日公布了 2011 年一轮购买力平价（Purchasing Power Parities，PPP）项目数据结果，包括 47 个参加国的 PPP、价格水平指数（PLI）、经 PPP 转换的 GDP 和居民实际消费支出的总量、支出分类及其人均水平等指标。OECD/欧盟购买力平价项目作为 2011 年一轮全球国际比较项目（ICP）的组成部分，其比较结果将纳入世界银行发布的全球比较结果之中。

一、测算购买力平价的目的

购买力平价是经济数据进行国际比较的重要工具。在进行国际比较时，传统上采用汇率将各国以本币表示 GDP 和收入水平转换成以相同货币（如美元）表示。但是，汇率只反映国际贸易品价格比例关系，不能反映 GDP 所涵盖的所有商品和服务的价格比例关系。汇率受利率、资本流动等因素影响，具有很大的波动性，不能准确反映各国之间价格比例关系和变动趋势。而

PPP 是基于各国同质同量商品和服务 "篮子" 的价格比较计算出来的，主要取决于各国经济发展水平和价格水平，反映各国之间全部商品和服务的价格水平差异。PPP 和汇价是两个不同的概念范畴，其比较的产品范围和决定因素各不相同。通常，经济发展水平高、市场开放程度高、国际贸易品占比高的国家，国内价格水平接近或高于国际平均，PPP 与汇价的差异相对较小，许多国家 PPP 要高于汇价。相反，经济发展水平低、市场开放程度低、国际贸易品占比低的国家，国内价格水平低于国际平均，PPP 与汇价的差异相对较大，多数国家 PPP 要低于汇价。

OECD/欧盟用于计算 PPP 的商品和服务 "篮子" 涵盖 GDP 消费、投资、政府服务和净出口等所有支出项目。用于比较的数据包括：3000 多种居民消费商品和服务价格，200 种机械设备和 15 个建筑项目价格，30 个政府职务报酬数据，分布在 200 多项 GDP 支出基本分类中。居民消费价格调查周期为 3 年，每年调查其中 1/3 规格品价格数据。通过比较国家间规格品价格，采用加权的多边比较公式（GEKS 法），测算出 GDP 综合一级和基本分类各级的 PPP。以此作为货币转换因子，剔除各国间价格水平差异因素，进行 GDP 总量、结构和人均水平等实际物量指标的国际比较。

OECD/欧盟 PPP 项目从 1980 年开始，每 3 年为一轮，参加的国家有 OECD/欧盟成员国以及俄罗斯和中东欧国家等共 47 个。OECD/欧盟 PPP 项目尽管是 2011 年全球 ICP 项目的组成部分，但其调查组织方式、PPP 汇总方法以及建筑、医疗、教育项目比较方式与全球 ICP 有很大的不同。以购买力平价为基础的宏观经济数据被广泛用于 OECD/欧盟研究分析和行政决策中。在欧盟，它是决定结构基金分配的主要依据。一个国家如果近 3 年基于 PPP 测算的人均 GDP 低于欧盟国家平均水平，可以从欧盟取得结构发展基金援助，以此推动各成员国经济平衡发展，缩小发展差距。

二、价格水平的国际比较

在概念上，PPP 反映以基准货币计价的国内价格水平，汇价反映以基准货币计价的国际价格水平。PPP 与汇价之比，国际上称为价格水平指数

（Price Level Index，PLI），可以比较各国价格水平的高低程度，或者说衡量国内价格水平与国际水平的差异程度。价格水平指数大于 100，说明国内价格水平高于国际平均；价格水平指数低于 100，说明国内价格水平低于国际平均。

数据显示，2011 年，在 47 个国家中，以 OECD 为 100，价格水平最高的是瑞士，为 155%；最低的是马其顿，为 40%。按价格水平高低程度，可以将 47 个国家划分为以下 4 个组别：

（1）价格水平高（即在 120% 以上）的国家：瑞士、挪威、澳大利亚、丹麦、瑞典、日本、芬兰、卢森堡等 8 个国家。

（2）价格水平次高（即在 100% ~ 120%）的国家：加拿大、法国、新西兰、比利时、奥地利、荷兰、冰岛、爱尔兰、英国、以色列、德国、意大利等 12 个国家。

（3）价格水平次低（即在 70% ~ 100%）的国家：美国、西班牙、希腊、塞浦路斯、葡萄牙、斯洛文尼亚、马耳他、韩国、捷克等 9 个国家。

（4）价格水平低（即在 70% 以下）的国家：爱沙尼亚、智利、克罗地亚、斯洛伐克、拉脱维亚、立陶宛、匈牙利、墨西哥、波兰、土耳其、俄罗斯、罗马尼亚、波黑、黑山、塞尔维亚、保加利亚、阿尔巴尼亚、马其顿等 18 个国家。

分支出项目看，分类价格水平的差异程度与各国收入水平的高低有密切联系。分商品类型看，高收入国家商品类和服务类价格水平差异相对较小，美国、日本、英国、德国、法国以及其他"欧元区"国家两者的差异在 15% 以内，并且许多国家服务类价格水平甚至高于商品类。一方面，发达国家劳动力成本昂贵，以劳动密集型为主的服务项目价格水平相对较高；另一方面，发达国家市场开放程度高，自由贸易领域广，越来越多的服务项目成为可贸易品。相反，低收入国家商品类和服务类价格水平差异相对较大，并且商品类价格水平远高于服务类。其中，波黑相差 1.4 倍，保加利亚相差 1.3 倍，马其顿相差 1.1 倍，俄罗斯相差 0.9 倍。这说明俄罗斯和中东欧国家劳动力成本便宜，服务项目价格水平相对较低。由于服务领域市场开放程度低，服务项目作为不可贸易品，价格相对低廉。

分不同支出项目之间价格水平差异程度看，美、日、欧发达国家不同类别之间价格水平差异相对较小，说明这些国家已形成了以充分市场、自由竞争为基础的价格形成机制。俄罗斯和中东欧等国家不同类别之间价格水平差异相对较大，说明这些国家价格的市场竞争机制不充分，存在产品间、行业间的价格垄断现象。

三、GDP 总量的国际比较

根据 2011 年 PPP 比较的结果，在 OECD/欧盟成员国中，GDP 总量居前 5 位的国家是：美国（占 OECD 经济总量的 34.8%）、日本（占 9.8%）、德国（占 7.5%）、法国（占 5.3%）、英国（占 4.9%），它们经济总量之和占 OECD 成员国经济总规模的 62%。按汇率法测算，GDP 总量居前 5 位的国家是：美国（占 OECD 经济总量的 33.2%）、日本（占 12.6%）、德国（占 7.7%）、法国（占 5.9%）、英国（占 5.3%），它们经济总量之和占 OECD 成员国经济总规模的 65%。

按两种方法进行比较，GDP 总量居前 5 位的国家相同，而占比略有差别。无论按哪种方法计算，美国经济总量显现出无可比拟的绝对优势，占 OECD 经济总规模的 1/3 强。其他 4 个国家按 PPP 法计算的 GDP 总量要小于汇率法，表明大国之间经济总量差距前者要小于后者。但是，对于经济发展水平相对较低的国家来说，由于 PPP 低于其汇价，价格水平相对较低，按 PPP 法转换的 GDP 总量要远高于汇率法。其中，韩国 GDP 总量占 OECD 经济总规模的比重分别为 3.2% 和 2.3%，墨西哥分别为 4.2% 和 2.5%，俄罗斯分别为 7% 和 4%。

四、人均 GDP 和人均居民消费支出的国际比较

人均 GDP 是衡量各国宏观经济发展水平的最常用指标。按 PPP 转换，2011 年，在 47 个参加国中，最富的是卢森堡，其人均 GDP 相当于 OECD 平均的 246%，依次是挪威、瑞士、美国、荷兰，相当于 OECD 平均的 120% 以

上；最穷的是波黑，其人均 GDP 只相当于 OECD 平均的 27%，之后依次是阿尔巴尼亚、塞尔维亚、马其顿、黑山，它们人均 GDP 不到 OECD 平均的一半。俄罗斯人均 GDP 相当于 OECD 平均的 62%。

居民消费水平反映居民生活水平和享有的社会福利水平。按人均居民实际消费（包括居民支付的消费支出和政府为居民支付的教育、医疗等公共服务支出）指标比较，居民实际消费水平最高的是美国，相当于 OECD 平均的 145%，之后依次是卢森堡、挪威、瑞士、德国，相当于 OECD 平均的 110% 以上；居民实际消费水平最低的是阿尔巴尼亚，只相当于 OECD 平均的 32%，之后依次是波黑、马其顿、塞尔维亚、罗马尼亚和保加利亚，不到 OECD 平均的 45%。俄罗斯人均居民实际消费支出相当于 OECD 平均的 59%。

数据分析显示，受经济结构和政府用于居民教育、医疗公共服务支出的影响，各国人均居民实际消费支出的位次不同于人均 GDP。美国、德国、法国、英国、加拿大人均居民实际消费支出的位次要高于其人均 GDP，而荷兰、爱尔兰、韩国人均居民实际消费支出的位次则低于人均 GDP，其他国家两者的位次大体相同。这是由各国居民消费支出、投资、政府公共消费支、净出口占 GDP 比重不同所引起的。人均 GDP 的高低主要取决于一国家经济发展水平和发展速度，而人均居民实际消费支出的高低，除了受经济发展水平和发展速度因素影响以外，还取决于一国消费和投资结构、政府用于居民教育和医疗公共服务政策以及出口导向等因素。

五、价格水平和经济发展水平的变动趋势

对 OECD/欧盟 2005 年、2008 年和 2011 年近三轮 PPP 项目结果分析显示，各参加国之间价格水平和经济发展水平呈以下几个特征：

（1）价格水平差距稳中略有缩小。2005～2011 年各参加国价格水平差距总体比较稳定，其离散系数和最大最小值之比略有下降，呈现微弱的收敛性。这在一定程度上说明，随着各国特别是中东欧低收入国家市场开放程度不断提高，可贸易部门范围不断扩大，价格水平逐渐上升，它们与美国和西欧高收入国家的价格水平差距在缩小。但是，价格水平差距缩小速度是相对缓慢

的过程。受金融危机影响，2008 ~ 2011 年各参加国之间价格水平差距有所扩大。见图 10 - 1。

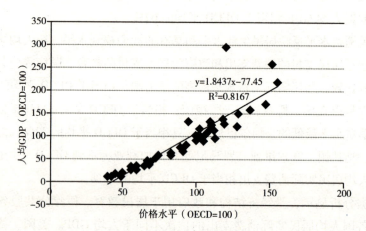

图 10 - 1　2011 年价格水平和人均 GDP 相关关系

（2）经济发展水平差距明显缩小。按 PPP 法和汇率法计算的各国人均 GDP 差距在缩小，它们的离散系数和最大最小值之比稳步下降，贫富差距呈现明显的缩小趋势。而且，剔除各国价格水平差异因素之后，按 PPP 法计算的各国人均实际 GDP 差距要小于按汇率法计算的名义值。2011 年，最高国家的人均实际 GDP 相当于最低国家的 3.5 倍，而人均名义 GDP 最高相当于最低的 17 倍。见表 10 -1。

表 10 -1　　OECD/欧盟参加国价格水平和人均 GDP 离散性和相关性

	2005 年	2008 年	2011 年
价格水平指数（PLI）			
离散系数（CV）	0.3592	0.3222	0.3345
最大最小值之比	4.05	3.61	3.88
最大值	150	148	155
最小值	37	41	40
人均 GDP（PPP 法）			
离散系数（CV）	0.5197	0.4959	0.4561
最大最小值之比	13.39	10.92	3.52

续表

	2005 年	2008 年	2011 年
最大值	241	262	116
最小值	18	24	33
人均 GDP（汇率法）			
离散系数（CV）	0.7394	0.7317	0.7206
最大最小值之比	29.89	29.73	17.00
最大值	269	327	221
最小值	9	11	13
PLI 和人均 GDP（汇率法）之间相关系数	0.9111	0.8885	0.9037

（3）价格水平和经济发展水平之间具有很强的相关性。美国、日本和西欧高收入的国家价格水平很高，而中东欧收入水平相对较低的国家价格水平较低。根据 OECD/欧盟近三轮 PPP 项目数据结果计算，47 个参加国价格水平和人均 GDP 之间具有很强的相关关系，2005 年和 2011 年两者相关系数均高于 90%，2008 年为 89%。见表 10-2。

表 10-2 　　　 OECD/欧盟 2011 年一轮 PPP 项目的主要结果

国家	PPP（本币/美元）	价格水平（PPP/汇价,%）	GDP 总量（PPP）		人均 GDP（OECD=100）	
			亿美元	占 OECD 比重（%）	PPP 法	汇率法
澳大利亚	1.51	156	10046	2.1	116	173
奥地利	0.83	115	3789	0.8	119	131
比利时	0.839	117	4625	1.0	111	123
加拿大	1.24	125	14882	3.2	114	136
智利	348	72	3668	0.8	56	38
捷克	13.5	76	2983	0.6	75	54
丹麦	7.69	143	2449	0.5	116	158
爱沙尼亚	0.524	73	325	0.1	64	44
芬兰	0.907	126	2186	0.5	107	128
法国	0.845	118	24901	5.3	101	113
德国	0.779	108	35225	7.5	114	117

续表

国家	PPP（本币/美元）	价格水平（PPP/汇价,%）	GDP 总量（PPP）		人均 GDP（OECD＝100）	
			亿美元	占 OECD 比重（%）	PPP 法	汇率法
希腊	0.693	96	3161	0.7	74	68
匈牙利	124	62	2349	0.5	62	36
冰岛	134	115	128	0.0	106	116
爱尔兰	0.827	115	2065	0.4	119	130
以色列	3.94	110	2461	0.5	84	88
意大利	0.768	107	21613	4.6	94	95
日本	107	134	46024	9.8	95	122
韩国	855	77	15188	3.2	80	59
卢森堡	0.906	126	484	0.1	246	295
墨西哥	7.67	62	19909	4.2	48	28
荷兰	0.832	116	7569	1.6	120	132
新西兰	1.49	118	1446	0.3	86	97
挪威	8.97	160	3221	0.7	172	261
波兰	1.82	61	8807	1.9	60	35
葡萄牙	0.628	87	2865	0.6	71	59
斯洛伐克	0.508	71	1425	0.3	70	47
斯洛文尼亚	0.625	87	607	0.1	78	65
西班牙	0.705	98	15586	3.3	89	83
瑞典	8.82	136	4147	0.9	116	150
瑞士	1.44	162	4266	0.9	143	221
土耳其	0.987	59	13817	2.9	49	28
英国	0.698	112	23134	4.9	97	104
美国	1	100	163235	34.8	138	131
欧元区（17 国）	0.781		126831	27.1	101	104
欧盟（28 国）	0.752		177582	37.9	92	92
OECD	1.05		468586	100	100	100

资料来源：OECD 数据库，http://stats.oecd.org/。

下篇

国内地区价格水平比较研究

第十一章

地区间价格水平差异比较研究（2011）

　　　　本章在现有调查资料基础上，应用国际通用的方法，比较和测算我国地区间价格水平差异。着重验证和评估基础数据质量，论证了测算结果的合理性，探索了提高比较结果准确性的有效路径。研究发现，我国地区间价格水平差异较大，在区域分布上呈现东高西低、依次递降的态势，与地区收入水平有着较高的相关关系。受诸多因素影响，地区间价格水平差异在时间变化上呈缩小趋势。通过实证研究，深入探讨比较和测算我国地区间价格水平差异指数的可行性，指出面临的困难、挑战和局限，提出改进建议。

　　受经济发展水平、资源禀赋、区位优势、消费习俗等诸多因素影响，各地区价格水平存在客观差异。在开展地区间经济协调发展、地区间居民收入差距以及地区贫困分布等结构性和民生性问题研究分析时，在制定区域经济发展战略、财政转移分配和公共服务项目配置、地区工资水平调整时，都需要考虑地区间价格水平差异因素，社会各界对此类统计数据的需求越来越迫切。因此，统计部门开展地区间价格水平差异的比较和测算工作提到重要的议事日程。相对于居民消费价格指数（CPI）而言，地区间价格水平差异指数影响因素复杂，编制难度较大，理论研究相对较为薄弱，实践工作起步较晚。本章将以现有调查资料为基础，进行数据加工挖掘，应用国际通用方法，测算和比较我国地区间价格水平差异。通过数据质量评估、数量之间统计逻辑关系和经济关系验证，论证了测算结果的合理性及其局限性，并提出改进建议。在研究过程中，力求做到技术方法科学合理，实际操作简便易行，测算结果尽可能反映实际，为推进我国地区间价格水平差异指数的编制工作积累实践经验，提供有益的工作思路和启示。

一、地区间价格水平差异指数测算方法

地区间价格水平差异指数又称空间价格指数（Spatial Price Index，SPI），通过地区间商品和服务价格的比较，即在不同地区购买相同"篮子"商品和服务的价格之比，衡量地区之间价格水平差异程度。许多国家利用现有 CPI 价格调查和住户消费支出调查资料，经过再加工、再利用，来测算地区间价格水平差异指数，通常不作重新调查。其数据结构是从大类、小类到细分类的居民消费支出数据，一直到商品和服务目录的规格品价格数据。联合国制定的《按目的划分的个人消费分类》（COICOP）包括 12 大类（group）、47 中类（aggregates）、117 个产品小类（classes）。我国居民消费支出分类与国际标准基本接轨，包括八大类 24 项中类 82 项小类。用于编制消费者价格指数的支出权数为 262 项，大约 500 多种商品和服务价格数据。见图 11－1。

图 11－1　编制地区间价格水平差异指数所需的数据结构

影响地区间价格水平差异的因素很多，既有经济因素，如生产、运输、储存等成本差异，区域发展水平和劳动生产率水平差异，消费习惯差异等；也有制度因素，如生产要素市场的自由流通程度，地方行政壁垒、地方政策

差异、地方保护和垄断等因素。此外，还有商品和服务的质量特征因素。地
区间价格水平差异指数应该反映因经济因素和制度因素造成的价格差异，而
剔除因质量特征因素引起的价格差异。它要求基础价格数据具有同质可比性、
代表性，所选择的指数测算公式要满足特征性、无偏性、基准不变性、传递
性、结构一致性、因子互换性等。测算地区间价格水平差异指数的方法很多，
如星形成法、CPD 法、EKS 法、GK 法等。每一种方法有其自身的特点和不
足，它们基本满足地区间价格水平差异指数的一般要求。在实践中，根据现
有的资料条件以及编制指数的目的，选择相应的测算方法。

地区间价格水平差异指数编制的方法思路与消费者价格指数大体相同，
首先计算两个地区规格品价格比率；然后以居民消费基本分类支出结构为权
数，加权平均取得细分类地区间价格水平差异指数；最后层层加权汇总，测
算小类、中类、大类以及总指数。我国地区间经济发展水平以及地理环境存
在很大差异，各地区消费的商品和服务结构不同，无法在所有地区采集到全
部规格品目录的价格数据，难以形成完整的价格矩阵。为此，我们借鉴国际
比较项目的汇总方法，在基本分类一级采用国家产品虚拟法（CPD），在基本
分类以上各级采用 EKS 法，来测算地区间价格水平差异指数。

（一）基本分类一级的 CPD 法

国家产品虚拟法（Country-Product-Dummy Method，CPD 法）是由萨默斯
（Summers，1973）首先提出的。它将随机方法应用于价格指数，是全球国际
比较项目的主要汇总方法之一。CPD 法基于地区之间和产品之间价格内在关
系，构建以下回归模型：

$$\ln P_{ij} = \lambda_i A_{ij} + \delta_j X_{ij} + \varepsilon_{ij} \qquad (11-1)$$

公式（11-1）中，P_{ij} 为 i 地区的 j 商品和服务价格（其中，i = 1, 2, …,
n; j = 1, 2, …, m），A_{ij} 和 X_{ij} 为哑变量，取值为 0 或 1。λ_i 的反对数即为不同
地区价格平价指数，δ_j 的反对数即为商品或服务的全国平均价格。CPD 法以基
准地区为期望值，用最小二乘法或多元回归，估算公式（11-1）中的 n + m −
1 个参数。CPD 法符合特征性、传递性等指数要求，它是一种随机方法，可以
通过残差分析，对估算值进行显著性检验。CPD 法最大的好处在于利用同类

商品或服务在不同地区之间以及不同产品之间价格内在关系，对缺失的地区价格进行插补，从而把不完整的价格矩阵转换成完整的价格矩阵。

（二）基本分类以上的 EKS 法

它是两两地区间直接的费暄指数和间接的费暄指数的几何平均值。一般公式为：

$$EKS_{jk} = (F_{jk}{}^2 \cdot \prod_{i=1}^{n} F_{ji}/F_{ki})^{1/n} i \neq j, k \qquad\qquad (11-2)$$

公式（11-2）中，EKS_{jk} 表示第 j 地区与第 k 地区价差指数，它是第 j 个地区和第 k 个地区直接费暄指数（F_{jk}）的平方与其他 n-2 个地区间接费暄指数的几何平均值。F_{ji} 为第 j 个地区对第 i 个地区的费暄差价指数，F_{ki} 为第 k 个地区对第 i 个地区的费暄差价指数。EKS 法具有双边地区差价指数的特点，符合特征性、传递性、无偏性等指数要求。

二、基础数据来源和处理原则

研究所需的基础数据主要取自对外公布的数据，在现有调查资料基础上进行加工、整理以及必要的调整和修正，不作重新调查。受资料所限，本课题测算的地区间价格水平差异指数在范围上与 CPI 一样，比较各地区城镇居民消费商品和服务价格水平。基础数据主要来源于：

一是居民消费支出数据，来源于国家统计局国家统计数据库 2011 年 31 个省（区市）城镇居民家庭消费支出八大类 40 个基本分类数据，作为测算地区间价格水平差异指数的支出权数。见 11-1。

表 11-1　　　　　　城镇居民家庭消费支出八大类 40 项细类

一、食品	2. 鲜瓜	（三）居住服务费	（一）交通
（一）粮油类	3. 其他	1. 物业管理费	1. 家庭交通工具
1. 粮食	（七）糕点奶及奶制品	2. 维修服务费	2. 车辆用燃料及零配件

续表

2. 淀粉及薯类	1. 糕点	3. 其他	3. 交通工具服务支出
3. 干豆类及豆制品	2. 奶及奶制品	四、家庭设备用品及服务	4. 交通费
4. 油脂类	（八）其他食品	（一）耐用消费品	（二）通信
（二）肉禽蛋水产品类	（九）饮食服务	1. 家具	1. 通信工具
1. 肉类	1. 食品加工服务	2. 家庭设备	2. 通信服务
2. 禽类	2. 在外饮食	（二）室内装饰品	七、教育文化娱乐服务
3. 蛋类	二、衣着	（三）床上用品	（一）文化娱乐用品
4. 水产品类	（一）服装	（四）家庭日用杂品	（二）文化娱乐服务
（三）蔬菜类	（二）衣着材料	（五）家具材料	1. 参观游览
1. 鲜菜	（三）鞋类	（六）家庭服务	2. 健身活动
2. 干菜	（四）其他衣着服务费	1. 家政服务	3. 团体旅游
3. 菜制品	（五）衣着加工服务费	2. 加工维修服务	4. 其他文娱活动
（四）调味品	三、居住	五、医疗保健	5. 文娱用品修理服务费
（五）糖烟酒饮料类	（一）住房	（一）医疗器具	（三）教育
1. 糖类	（二）水电燃料及其他	（二）保健器具	1. 教材
2. 烟草类	1. 水	（三）药品	2. 教育费用
3. 酒类	2. 电	（四）滋补保健品	八、其他商品和服务
4. 饮料	3. 燃料	（五）医疗费	（一）其他商品
（六）干鲜瓜果类	4. 取暖费	（六）其他	（二）服务
1. 鲜果	5. 其他	六、交通和通信	

　　二是居民消费价格数据，分别来源于国家统计局《中国城市（镇）生活与价格年鉴》中31个省会城市28种食品平均价格数据，中国价格信息网发布的各省（区、市）70多种市场农产品价格、工业品价格和生活服务价格，我国CPI调查的价格数据，我国2011年国际比较项目所调查的居民消费价格数据等。由于调查目的各不相同，各种来源的价格数据具有不同的特征。CPI

调查的价格数据对不同地区代表性强，但可比性不足；用于国际比较项目的价格调查数据可比性强，但代表性不足；国家统计局 50 个城市食品价格监测数据能满足代表性和可比性的要求，但规格品范围不全；中国价格信息网发布的价格数据在分类上较为齐全，但规格品数目较少且在地区间可比性较差。

为此，我们对上述不同来源的基础价格数据逐一进行比对、筛选和甄别，进行必要的调整，整理出一套包括 301 种既具代表性又具可比性的城镇居民消费商品和服务的 2011 年平均价格数据。在基础数据加工、整理过程中，我们把握以下几个原则：

（1）把地区收入水平相近作为消费偏好相同假设应用的首要条件。消费偏好相同是空间价格比较中的一个重要假设，即消费者对同类产品不同品牌、特征的选择是相同的，它们是可比的。基于这一假设，各地区居民消费习俗、习惯、品味、偏好千差万别，在保证商品质量档次相同的前提下，对同一规格品，允许不同地区价格在型号、品牌上有所差别，并视作同质可比的产品，从而扩大地区可比商品和服务的重合度，避免出现太多的规格品价格空缺。例如，可口可乐和百事可乐两种不同品牌的饮料，可视作同质可比产品。但是，不同地区收入水平差异很大，在农村和城市之间、在发达地区和欠发达地区，许多商品品牌差异的背后是质量特征的差异，不同品牌往往对应着不同收入水平的消费人群。消费偏好受价格高低的影响很大。消费偏好相同的假设应以两个地区收入水平相当的前提下才成立。如果不考虑收入水平因素，根据消费偏好相同的假设来比较地区间价格水平，可能会低估农村或欠发达地区的实际价格水平，而高估城市或发达地区价格水平，测算的地区间价格水平差异将出现较大的系统性偏差。

（2）规格品品牌、型号、包装、大小等特征在地区间力求保持统一。同一品牌不同包装、不同重量和大小的产品价格差异较大，应视作为不可比的产品。原则上，不能将大小、重量包装不同的产品换算成统一计量单位后进行价格比较。如可乐饮料，在包装上统一要求塑料桶装，重量为 1.25 毫升。

（3）对个别难以收集到同质可比的商品和服务项目作价格无差异处理。如在外就餐、食品服务加工等在不同地区无法收集到同质可比的规格品价格数据，假设这些商品和服务价格在地区之间价格是相同的，视其地区间价格水平为零差异。

（4）原则上以年平均价格为基础测算地区间价格水平差异指数。根据基础数据的可取得，地区间价格水平差异指数可以按年度、季度或月度计算。在实际中，地区间价格水平差异在短期内变化相对稳定，通常以年度为单位来测算。受资料限制，一些规格品可能只有月度或季度价格数据。我们假设各地区价格水平在一年内保持同幅度变化，没有出现陡增或陡降的现象，用月度或季度价格代替年度价格进行比较。

（5）以省会城市的价格水平代表全省城镇地区平均价格水平。由于只能收集到省会城市的平均价格数据和全省城镇居民消费支出数据，我们假设省会城市之间与省（区、市）城镇地区之间的价格水平差异一致，以省会城市的价格水平代表全省城镇地区平均价格水平，以全省城镇居民消费支出为权数，测算省（区、市）间城镇居民价格水平差异指数。

三、数据质量验证

开展价格数据质量审核和验证，是本书研究的重要环节，也是保证测算结果准确的重要前提。我们分别从数据质量验证、经济发展水平相近的组内省份价格对比以及虚拟变量回归模型的显著性检验三个方面从统计逻辑上进行数据质量验证。借鉴国际经验，设置了若干个量化验证参数，判断分析各地区价格数据的合理性，甄别奇异值。数据审核和验证的重点是通过地区间价格差异程度分析，来判断各地区之间、国家之间商品和服务是否同质可比，避免价格数据出现系统性偏差。

（一）价格数据同质可比性的验证

我们设置了3个数据质量检测参数：①每一规格品价格在地区之间离散系数（CV）小于30%。②最低价和最高价比率大于33%。③对基本分类一级地区差价指数高于或低于平均20%以上的项目进行重点审核。对离散系数过高、最低价和最高价比率过低、类指数异常的规格品价格进行重点审核、验证和修正，删除被确认为非同质品的奇异值价格数据。

数据验证显示，所有规格品价格在地区之间的离散系数（CV）平均为19.8%，最低价与最高价比率平均为54.2%，均在规定的合理区间之内。其中，CV 小于30%的规格品有 222 种，占 80%；同一规格品在地区间最低价和最高价比率大于33%的规格品有 235 种，占 85%。有 12 种规格品价格在地区间没有差异，离散系数为 0，最低价和最高价之比为 100%。有 68 种规格品价格在地区间在离散系数不到 10%。总体上看，规格品在地区之间的同质可比性较强。见表 11－2。

表 11－2　　　　　　301 种规格品价格在地区之间差异程度分析

	规格品数目（个）	占总数的比例（%）
离散系数（CV）		
CV = 0	12	4.3
0 < CV ≤ 0.1	68	24.5
0.1 < CV ≤ 0.2	75	27.1
0.2 < CV ≤ 0.3	67	24.2
CV > 0.3	55	19.9
最低价和最低价之比		
之比 ≤ 0.33	42	15.2
之比 > 0.33	235	84.8

从居民消费支出八大类项目分析，家庭设备用品、交通和通信、食品类价格在地区间的离散系数在 20% 以下，规格品同质可比性较强；居住类价格在地区离散系数为 33%，地区间价格差异较大；医疗用品和药品类仅为12%，许多同品牌的药品和保健用品在全国的价格基本统一；而医疗服务价格离散系数平均为 47%，在地区间价格差异较大。原因分析表明，部分类别商品和服务地区价格差异大，是由于其不同质量特征造成的。

从类型上看，服务类价格的地区差异要大于商品类。服务类价格离散系数为 36%，地区最低价和最高价之比为 31%，远超出国际经验标准。而商品类价格离散系数仅为 15%，最低最高价之比为 60%，均符合国际经验标准。在地区间价格水平差异比较中，服务类的同质可比性要比商品类的要更差些，价格水平比较的难度要更大些。见表 11－3。

表 11 - 3　　　　　　　　八大类居民消费地区价格差异程度分析

	离散系数（CV）	平均最低价和最高价之比
平均	0.1977	0.5424
食品	0.19	0.49
衣着	0.20	0.54
居住	0.33	0.41
家庭设备用品及服务	0.16	0.58
医疗保健	0.24	0.53
交通通信	0.17	0.59
教育文化娱乐品及服务	0.20	0.55
其他	0.13	0.69
所有规格品中：		
商品类	0.15	0.60
服务类	0.36	0.31

（二）组内省份价格水平的相互比对、鉴别

按地理和经济区域，把 31 个省（区、市）按两大标志划分成不同的组别：一是东部地区、中部地区、西部地区 3 个小组；二是华东地区、华北地区、华中地区、华南地区、西南地区、西北地区、东北地区 7 个小组。对组内部各省（区、市）价格水平差异进行相互比对，判断其价格数据是否合理，鉴别其中是否有奇异值。

（三）虚拟变量回归模型的有效性检验

对每一细类的虚拟变量回归模型进行残差分析，检验回归模型的有效性。从虚拟变量回归方程统计分析显示，绝大部分细项支出类别的回归模型相关系数很高，均在 90% 以上，表明价格水平在地区之间具有很高的相关性，收敛性很强；估计量标准差较小，不到 30%。只有调味品类等少数类别产品由于地方代表性强，价格差异大，其回归模型相关系数低于 90%，标准误差较

大。从回归残差分析显示，各细项支出类别回归模型的 F 统计量检验 P 值均处在小于 5% 的置信区间内，回归残差平均方差很小，表明回归系数十分显著，自变量和因变量存在高度的线性关系，用于测算细分类地区间价格水平差异的回归模型是有效的。

四、测算的结果

在完成上述三个方面数据质量的验证、评估之后，我们在 2011 年 31 个省（区、市）城镇居民消费八大类 40 项细类支出数据以及细分类下 301 种规格品价格数据基础上，以全国平均为 100，首先利用 CPD 方法计算 40 项细类的地区间价格水平差异指数，然后利用 EKS 法计算 8 大类及综合的地区间价格水平差异指数。结果显示，我国地区间价格水平在区域分布上呈现东高西低、依次递降的态势。其中，东部地区价格水平比全国平均高出 4.2%，而中、西部地区价格水平比全国平均分别低 1.5% 和 2.6%。中部地区价格水平略高于西部地区，但差异不是很明显，它们分别相当于全国平均的 98.5% 和 97.4%。见图 11 −2。

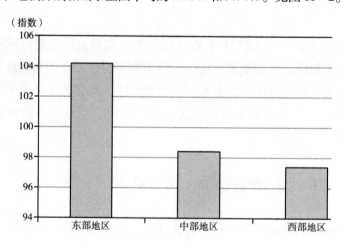

图 11 −2 2011 年东、中、西部地区价格水平差异（全国 =100）

在我国 31 个省（区、市）中，城镇居民消费价格水平最高的是上海，比全国平均价格高出 21%；价格水平最低的是宁夏，比全国平均价格低 7%。

地区最高价相当于地区最低价的 1.29 倍。以全国平均为 100，把全国 31 个省（区、市）价格水平按高、中等偏高、中等偏低、低的标准，划分为以下 4 个层级。

（1）价格水平高的地区（即价格水平相当于全国平均的 110% 以上）：上海、北京、广东 3 个省市。

（2）价格水平中等偏高的地区（即价格水平相当于全国平均的 100% ~ 110%）：浙江、西藏、海南、天津、山东、陕西、江苏、福建、湖南 9 个省（区、市）。

（3）价格水平中等偏低的地区（即价格水平相当于全国平均的 95% ~ 100%）：湖北、四川、重庆、吉林、山西、广西、辽宁、新疆、贵州、安徽、黑龙江、云南、河南 13 个省（区、市）。

（4）价格水平低的地区（即价格水平相当于全国平均的 95% 以下）：江西、河北、青海、甘肃、内蒙古、宁夏 6 个省（区、市）。

城镇居民消费八大类地区间价格水平差异各不相同。其中：

（1）食品类价格水平。食品类价格水平最高的 5 个地区是：上海、西藏、广东、北京、浙江，相当于全国平均的 106% ~ 127%；最低的 5 个地区是：江西、云南、河南、河北、安徽，不到全国平均 95%。

（2）衣着类价格水平。衣着类价格水平最高的 5 个地区是：北京、广东、浙江、海南、上海，相当于全国平均的 114% ~ 132%；最低的 5 个地区是：河北、青海、江西、宁夏、辽宁，不到全国平均 90%。

（3）居住类价格水平。居住类价格水平最高的 5 个地区是：北京、上海、广东、广西、黑龙江，相当于全国平均的 107% ~ 125%；最低的 5 个地区是：新疆、贵州、宁夏、西藏、青海，不到全国平均的 87%。

（4）家庭设备用品和服务类价格水平。价格水平最高的 5 个地区是：北京、上海、海南、山西、内蒙古，相当于全国平均的 105% 以上；最低的 5 个地区是：甘肃、贵州、黑龙江、湖北、浙江，不到全国平均的 91% 以下。

（5）医疗保健类价格水平。价格水平最高的 5 个地区是：上海、北京、广东、浙江、湖北，相当于全国平均的 105% 以上；最低的 5 个地区是：宁夏、西藏、河南、内蒙古、海南，不到全国平均 95%。

（6）交通和通信类价格水平。最高的 5 个地区是：上海、海南、北京、浙江、贵州，相当于全国平均的 104% 以上；最低的 5 个地区是：内蒙古、宁夏、河北、安徽、四川，不到全国平均的 97%。

（7）教育文化和娱乐类价格水平。最高的 5 个地区是：上海、北京、浙江、天津、福建，相当于全国平均的 109% 以上；最低的 5 个地区是：广西、辽宁、黑龙江、吉林、新疆，不到全国平均的 90%。

（8）其他类价格水平。最高的 5 个地区是：北京、宁夏、新疆、青海、浙江，相当于全国平均的 105% 以上；最低的 5 个地区是西藏、黑龙江、山西、贵州、云南，不到全国平均的 95%。见表 11 - 4。

表 11 - 4 我国 31 个省（区、市）城镇居民消费价格差异指数（2011 年）

省（区、市）	总指数	其中							
		食品	衣着	居住	家庭设备用品及服务	医疗保健	交通和通信	教育文化娱乐服务	其他
全国	1.00	1.00	1.00	1.00	1.00	1.00	1.00	1.00	1.00
北京	1.14	1.07	1.32	1.24	1.20	1.13	1.06	1.21	1.14
天津	1.02	1.01	0.93	1.07	1.04	0.98	1.01	1.14	1.03
河北	0.95	0.92	0.90	1.05	0.99	1.01	0.93	0.94	1.04
山西	0.98	1.00	0.93	1.02	1.05	0.97	1.00	0.98	0.88
内蒙古	0.94	0.97	0.94	0.93	1.05	0.94	0.89	0.90	1.00
辽宁	0.97	0.96	0.86	1.05	1.05	1.05	1.03	0.85	1.02
吉林	0.98	0.97	1.07	1.03	1.02	1.04	0.98	0.88	1.01
黑龙江	0.96	0.98	0.90	1.07	0.89	0.98	1.01	0.88	0.87
上海	1.21	1.27	1.14	1.23	1.11	1.17	1.12	1.29	1.00
江苏	1.01	1.02	0.94	1.03	1.01	0.98	1.02	1.04	1.02
浙江	1.08	1.06	1.19	1.01	0.92	1.06	1.06	1.17	1.05
安徽	0.96	0.94	0.95	0.95	1.02	0.99	0.96	0.99	1.01
福建	1.01	0.98	1.04	1.03	1.02	0.98	0.98	1.10	1.01
江西	0.95	0.89	0.92	1.06	1.03	0.99	1.01	0.97	0.96
山东	1.02	1.05	1.00	1.06	1.01	0.98	1.02	1.02	0.97
河南	0.95	0.91	1.02	0.98	1.00	0.93	1.00	0.95	0.98
湖北	1.00	1.00	0.98	1.01	0.91	1.06	1.02	1.01	1.01

续表

省（区、市）	总指数	其中							
		食品	衣着	居住	家庭设备用品及服务	医疗保健	交通和通信	教育文化娱乐服务	其他
湖南	1.00	0.98	1.01	1.01	0.92	1.04	1.03	1.04	1.04
广东	1.10	1.09	1.25	1.22	1.00	1.08	1.04	1.07	1.04
广西	0.98	0.96	0.97	1.13	1.00	0.99	1.01	0.80	1.02
海南	1.05	1.02	1.17	0.99	1.08	0.96	1.11	0.99	0.97
重庆	0.99	0.98	1.02	0.93	1.02	1.02	0.99	1.02	0.98
四川	1.00	0.99	1.09	0.95	0.99	0.97	0.97	1.03	0.97
贵州	0.96	0.99	0.93	0.83	0.88	0.97	0.99	1.00	0.94
云南	0.95	0.90	0.96	0.90	1.01	0.98	1.02	1.01	0.95
西藏	1.05	1.12	0.95	0.85	1.00	0.93	1.00	1.02	0.87
陕西	1.01	1.03	1.08	1.00	0.99	0.99	0.99	1.00	1.01
甘肃	0.94	0.97	0.90	0.90	0.85	0.99	0.93	0.94	1.00
青海	0.94	0.99	0.79	0.86	0.98	0.98	0.92	0.93	1.06
宁夏	0.93	0.98	0.85	0.84	0.99	0.92	0.92	0.92	1.06
新疆	0.96	0.99	1.00	0.76	0.99	0.96	0.99	0.90	1.06
最大值	1.21	1.27	1.32	1.24	1.20	1.17	1.12	1.29	1.14
最小值	0.93	0.89	0.79	0.76	0.85	0.92	0.89	0.80	0.87
相差范围	1.29	1.43	1.66	1.64	1.41	1.27	1.26	1.63	1.31

五、对测算结果的评估

准确可靠的统计结果不仅要求基础数据质量高、应用的统计方法科学合理，更要求测算的结果具有对现实经济现象的可解释性和公众感知的认同性。我们分别从地区间价格水平差异指数与地区间收入水平之间的相关性、与消费者价格指数（CPI）之间的关系以及与其他研究成果对比三个不同的角度，来论证测算的地区间价格水平差异指数在经济意义上的合理性。

（一）地区间价格水平差异与地区间收入水平差异相符

地区价格水平的高低与当地居民收入水平有着密切关系。通常，居民收入水平高的地区，其价格水平相对较高；居民收入水平低的地区，其价格水平相对较低。即所谓的国内"宾大效应"（Effect of Penn）。经测算，地区间价格水平差异指数与人均城镇居民可支配收入之间的相关系数为83.7%。即地区间价格水平差异中有83.7%可以用地区间人均可支配收入的差异来解释。两者在区域分布上均呈现东高西低、依次递减的基本态势，但地区间人均可支配收入差距要大于价格水平差距。相关分析同时表明，我国地区间价格水平差异相对收敛，多数省（区、市）处于中等偏高和中等偏低的区间内，价格水平过高或过低省份所占的比例较小。见图11-3、图11-4。

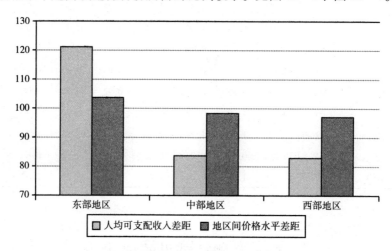

图11-3 2011年东、中、西部地区人均可支配收入和价格水平差异（全国=100）

从分类项目分析，居住类和医疗、教育文化娱乐类地区间价格水平差异较大，与人均可支配收入之间相关关系较强，宾大效应较明显。表现为收入水平越高的地区，其房价和医疗、教育文化娱乐费用越高；收入水平越低的地区，其房价和医疗、教育文化娱乐费用越低。交通通信类、家庭设备用品、日常生活用品在地区间价格水平差异较小，与人均可支配收入之间相关关系较弱，宾大效应不明显。见图11-5。

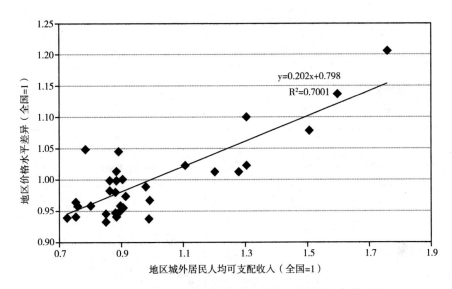

$$y=0.202x+0.798$$
$$R^2=0.7001$$

图 11-4　地区价差和地区城镇居民人均可支配收入相关关系

数量关系分析表明，多数消费商品和服务价格具有全国趋同性，地区差价较小，与当地收入水平相关度较弱，宾大效应不显著。即地区间价格水平差异程度要明显小于其人均可支配收入。主要原因是多方面的。

一是政策因素。国家对居民基本生活消费品和服务，如书报杂志价格、公共交通票价、居民生活用水电费、公立中小学校教育费用等，实行全国统一定价标准。这类商品和服务价格水平在地区间的差异很小，有的甚至是零差异。

二是市场因素。在生产要素充分自由流动的环境下，市场竞争导致商品和服务在全国的价格基本相同。许多不同品牌的同类商品价格相互之间差异很小，如可口可乐和百事可乐，不同品牌的清洁精、洗衣粉等。

三是品牌因素。绝大多数同一品牌的商品价格在全国是统一的，不存在地区价格差异，如家用电器、药品等。衣着类作为基本生活必需品，在理论上其价格应该受地区之间收入水平高低影响较大。但在实践中，同质可比的、同品牌的衣着价格在地区价格差异相对较小，从而冲淡了与经济发展水平和收入水平之间的相关关系。

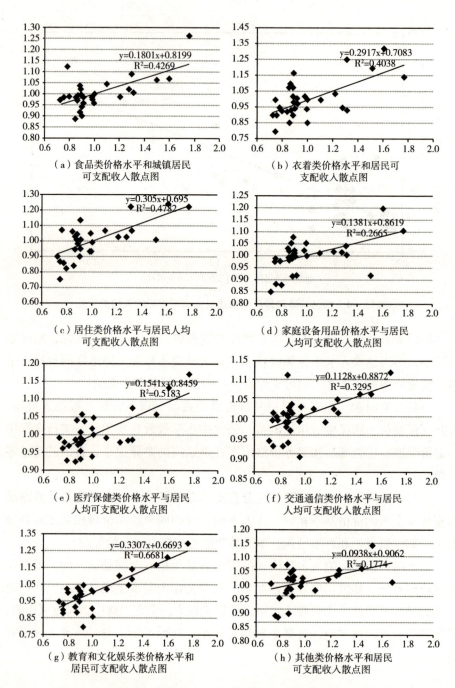

（a）食品类价格水平和城镇居民
　　可支配收入散点图

（b）衣着类价格水平和居民可
　　支配收入散点图

（c）居住类价格水平与居民人均
　　可支配收入散点图

（d）家庭设备用品价格水平与居民
　　人均可支配收入散点图

（e）医疗保健类价格水平与居民
　　人均可支配收入散点图

（f）交通通信类价格水平与居民
　　人均可支配收入散点图

（g）教育和文化娱乐类价格水平和
　　居民可支配收入散点图

（h）其他类价格水平和居民
　　可支配收入散点图

图 11-5　八大类地区价差和地区城镇居民人均可支配收入相关关系

四是销售经营的网络连锁因素。在销售业态上，随着生产、经营过程的产业化和集中化，网络和连锁经营越来越普遍，许多商品基本上在全国统一销售、统一价格，销售市场的大一统在很大程度上缩小了价格在地区之间的差异程度。

五是价格信息快速散发因素。借助互联网平台，市场信息在全国散发快且十分广泛，局部地区的价格涨跌信息瞬间蔓延到全国，引起价格联动变化，从而拉平地区差价。许多产品产地价格与消地价格之间的差异很小，如一些食品价格，产地价格甚至高于消费地的价格。

受诸多因素影响，"一价定律"的作用越来越显著，地区间价格水平差异越来越小，从而减弱了地区间价格水平与地区间收入水平之间的相关性。这些数量关系反映了客观经济现象和现实情况，与人们的感知基本相符合。

（二）地区间价格水平差异指数的变动趋势与消费者价格指数大体一致

地区间价格水平差异的变动取决于各地区消费者价格指数（CPI）的涨跌程度。在一定时期内，如果各地区 CPI 涨跌方向一致、幅度相近，地区间价格水平差异的变化相对要小些；相反，如果各地区 CPI 涨跌方向不一、幅度不同，地区间价格水平差异的变化相对要大些。我们曾经测算过 2004 年地区间价格水平差异指数，对比分析发现，2004～2011 年，在 31 个省（区、市）中，最高价和最低价之比从 150% 缩小到 129%，离散系数从 13.4% 缩小到 8.5%，呈现明显的缩小趋势。

地区间价格水平差异的变动趋势与地区 CPI 变动趋势大体相符合。2004～2011 年，东、中、西三大地区 CPI 涨幅分别为 25%、28%、31%，呈现东低西高、依次上升的变动趋势。也就是说，价格水平相对较高的东部地区 CPI 涨幅要明显低于价格水平相对较低的中、西部地区。在 2004～2011 年 7 年间，北京、上海、广东、浙江、天津等东部地区 CPI 涨幅较小，低于全国平均水平；而青海、云南、宁夏、甘肃、陕西、湖南、湖北等中西部地区 CPI 涨幅较大，高于全国平均水平。这是我国地区间价格水平差异呈缩小趋势的主要原因。见图 11 - 6、图 11 - 7。

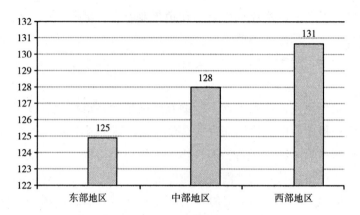

图 11 – 6　2004 ～ 2011 年东、中、西部地区 CPI 涨幅（2004 = 100）

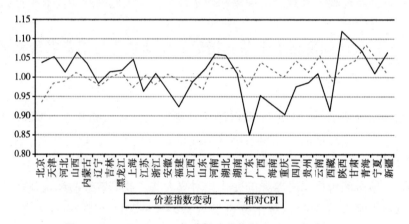

图 11 – 7　2004 ～ 2011 年地区价差指数和 CPI 变动幅度

　　地区间间价格水平差异指数的变动反映了 CPI 的变动趋势，表明测算的结果较为合理，反映客观实情。但是，数据显示，部分省（区、市）和部分支出项目价格水平差异指数的变动趋势与其相应的 CPI 变动不一致，存在数据噪声。例如，2004 ～ 2011 年，北京价格水平差异指数（全国平均 = 100）从 109%，上升到 114%，意味着 7 年来北京价格水平与全国平均的差距扩大了。而同期北京 CPI 涨幅仅为 19%，涨幅为全国最低。类似数据不协调、不一致问题在其他部分省份也存在。而地区细分类价格水平差异指数与 CPI 分类指数的不一致问题也很突出。总的来说，这种不一致程度处在可接受的区间范围内。见表 11 – 5。

表 11 −5   **2004～2011 年地区间价格水平差异指数和 CPI 变动**

省（区、市）	地区间价格水平差异总指数		2011 年比 2004 年变动（%）	
	2011 年	2004 年	价差指数	相对 CPI
全　国	1.00	1.00	1.00	1.00
北　京	1.14	1.09	1.04	0.94
天　津	1.02	0.97	1.05	0.98
河　北	0.93	0.94	1.00	0.99
山　西	0.98	0.92	1.07	1.01
内蒙古	0.94	0.91	1.03	1.00
辽　宁	0.97	0.98	0.98	0.98
吉　林	0.98	0.97	1.01	1.00
黑龙江	0.96	0.94	1.02	1.01
上　海	1.21	1.15	1.05	0.97
江　苏	1.01	1.05	0.97	1.01
浙　江	1.08	1.07	1.01	0.98
安　徽	0.96	0.99	0.97	1.01
福　建	1.01	1.10	0.92	0.99
江　西	0.93	0.97	0.97	0.99
山　东	0.99	1.01	0.98	0.97
河　南	0.95	0.89	1.06	1.04
湖　北	1.00	0.94	1.06	1.02
湖　南	1.00	0.99	1.01	1.03
广　东	1.10	1.30	0.85	0.98
广　西	0.98	1.02	0.95	1.04
海　南	1.05	1.13	0.93	1.02
重　庆	1.00	1.10	0.91	1.00
四　川	1.00	1.02	0.98	1.04
贵　州	0.97	0.97	1.00	1.01
云　南	0.95	0.94	1.01	1.06
西　藏	1.05	1.16	0.91	0.99
陕　西	1.02	0.90	1.13	1.03

续表

省（区、市）	地区间价格水平差异总指数		2011 年比 2004 年变动（%）	
	2011 年	2004 年	价差指数	相对 CPI
甘　肃	0.97	0.86	1.12	1.04
青　海	0.96	0.89	1.08	1.09
宁　夏	0.93	0.92	1.01	1.05
新　疆	0.96	0.90	1.07	1.01
最大值	1.21	1.30		
最小值	0.93	0.86		
相差范围	1.29	1.50		

两者变动在方向和幅度上存在某些分歧的原因是多方面的。

一是计算方法不同。地区间价格水平差异指数采用多边比较的方法，即细分类一级国家产品虚拟（CPD）法和细分类以上各级 EKS 法；而消费价格指数通常采用两个时期的双边指数方法，即拉氏、帕氏和费暄指数公式。

二是所用的权数不同。地区间价格水平差异指数以本地区和其他地区当年消费支出为权数，而消费价格指数则以本地区报告期和基期消费支出为权数。

三是对规格品的要求不同。地区间价格水平差异指数要求商品和服务在不同地区之间同质可比，而消费价格指数要求商品和服务在不同时期之间同质可比。

四是 2004 年和 2011 年测算地区间价格水平差异指数的数据来源和规格品目录不同，也增大了两类价格变动的不一致程度。2004 年基础数据主要来源于国家统计局发布的 20 个城镇居民消费支出，中国价格信息网发布的共计 74 种规格品价格数据。而 2011 年基础数据来源于国家统计局发布的八大类、40 项细类城镇居民消费支出，50 个城市食品价格调查、CPI 价格调查、ICP 价格调查以及中国价格信息网发布的共计 301 种规格品价格数据。2011 年测算的基础数据要比 2004 年更为详细、丰富。

（三）与其他研究成果的对比分析

随着我国经济高速发展，地区间发展差距、地区间收入差距以及地区贫困问题，既是政策关注的重点，也是国内外专家研究的重要领域。而地区间价格水平差异的比较则是在研究分析和制定政策中无法回避的。通常认为，我国地区市场一体化程度较低，地方保护和垄断较为普遍，地区间价格水平差异应该较大。综观相关文献资料，对我国地区间价格水平差异进行完整系统比较和测算的主要成果有：易纲、张燕姣的《以购买力平价测算基尼系数的尝试》（2006），江小涓、李辉的《我国地区之间实际收入差距小于名义收入差距》（2005），澳大利亚国立大学学者 Cathy Honge Gong 和 Xin Meng（2007）的《中国城市地区价格差异：测算和启示》以及 Loren Brandt 和 Carsten A. Holz（2005）的《中国空间价格指数：测算和启示》等。

由于资料来源、对规格品同质可比原则的把握程度、测算方法各不相同，各种测算结果之间存在很大差异，具有很大的不确定性。其中，本书研究测算的地区间价格水平差异最小，最高地区价格水平相当于最低地区价格水平的 1.29 倍；江小娟、李辉测算的地区价格差异最大，为 2.42 倍。对规格品同质可比因素的把握程度不同应该是造成各种研究结果差异的主要原因。如果同质可比性要求严一些，地区间价格水平差异趋小；如果同质可比性要求宽一些，地区间价格水平差异趋大。Cathy Honge Gong 和 Xin Meng（2007）分别应用价格法和单位价值法来测算地区间价格水平差异指数。前者考虑地区规格品的同质可比性，而后者通过来源于住户调查的商品和服务消费金额和消费数量之比所得的单位价值进行比较，基本不考虑在地区间同质可比因素。其测算的 1997 年地区间价格水平差异指数最高价和最低价之比，价格法为 1.58 倍，而单位价值法则为 2.24 倍。后者明显夸大了地区间实际价格水平的差异程度。

各种研究结果也显现出共同的特征，即地区间价格水平差异与地区间收入水平具有较高的相关性。北京、上海、广州等东部经济发达地区，其价格水平相对较高；而甘肃、宁夏、贵州等西部经济欠发达地区，其价格水平相对较低。见表 11-6。

表 11－6 　　　　　　　　不同研究结果比较

研究者	年份	地区间价格水平差异指数（全国平均＝1）			方法
		最高值	最低值	最高/最低	
本课题组	2004	1.18	0.79	1.50	价格法
	2011	1.21	0.93	1.29	
易纲，张燕姣	2003	1.39	0.79	1.75	价格法
江小娟，李辉	2004	1.45	0.60	2.42	价格法
Loren Brandt，Carsten A. Holz	1990	1.38	0.93	1.48	价格法
	2000	1.29	0.88	1.47	
Cathy Honge Gong，Xin Meng	1991	1.30	0.86	1.51	价格法
	1997	1.12	0.71	1.58	
	1991	1.31	0.80	1.64	单位价值法
	1997	1.52	0.68	2.24	
	2001	1.48	0.65	2.28	

六、我国地区间实际收入水平比较分析

　　测算地区价格差异指数的目的在于缩减各地区名义的人均收入，剔除地区间价格差异因素，比较各地区实际的收入水平。2011 年，我国名义的人均可支配收入最高的是上海，为 36230 元；最低的是甘肃，为 14989 元。前者为后者的 2.4 倍。如果利用地区价格差异指数对名义人均可支配收入进行缩减，剔除价格差异因素，我国实际人均可支配收入最高的是上海，为 30031元；最低的是西藏，为 15400 元。前者为后者的 1.95 倍。名义人均可支配收入高的地区，由于价格水平高，经价格减缩调整后，其实际人均可支配收入相应调低一些；相反，名义人均可支配收入低的地区，由于价格水平低，经价格减缩调整后，其实际人均可支配收入相应调高一些。总体上看，我国地区间实际人均可支配收入差距要低于名义的收入差距。

　　从区域分布看，我国地区人均实际和名义可支配收入呈东高西低、依次递减的态势。东、中、西部地区实际人均可支配收入相当于全国平均的比例分别为109%、88%和80%，而名义的人均可支配收入相当于全国平均的比例分别为113%、86%和79%。剔除价格水平差异因素之后，实际收入的差距要小于名义差距。其中，东部地区实际收入要低于名义收入，而中、西部地区实际收入要略高于名义收入。见图11-8。

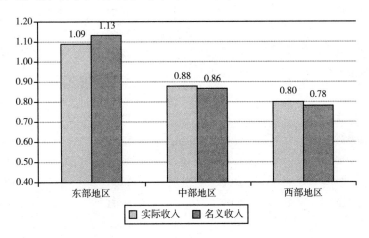

图11-8　东、中、西部地区人均可支配收入差距（全国=1）

按实际人均可支配收入的高低，将全国31个省（区、市）划分为高收入地区、中等偏上收入地区、中等偏下收入地区和低收入地区。

（1）高收入地区（即实际人均可支配收入相当于全国平均140%以上）有：上海、北京、浙江3个省市。

（2）中等偏上收入地区（即实际人均可支配收入相当于全国平均100%～140%）有：天津、江苏、福建、广东、山东、内蒙古、辽宁7个省（区、市）。

（3）中等偏下收入地区（即实际人均可支配收入相当于全国平均90%～99%）有：重庆、云南、安徽、河北、广西、河南、宁夏、湖南、山西、江西10个省（区、市）。

（4）低收入地区（即实际人均可支配收入相当于全国平均89%以下）有：湖北、吉林、陕西、四川、海南、贵州、青海、黑龙江、新疆、甘肃、西藏11个省（区、市）。见表11-7。

表 11 - 7　　　　　　　　2011 年城镇居民人均可支配收入

地　区	地区间价格 水平差异	名义收入 （元）	实际收入 （元）
全　国	1.00	21810	21810
北　京	1.14	32903	28933
天　津	1.02	26921	26279
河　北	0.95	18292	19353
山　西	0.98	18124	18493
内蒙古	0.94	20408	21717
辽　宁	0.97	20467	21179
吉　林	0.98	17797	18089
黑龙江	0.96	15696	16390
上　海	1.21	36230	30031
江　苏	1.01	26341	25964
浙　江	1.08	30971	28716
安　徽	0.96	18606	19412
福　建	1.01	24907	24604
江　西	0.95	17495	18465
山　东	1.02	22792	22298
河　南	0.95	18195	19142
湖　北	1.00	18374	18391
湖　南	1.00	18844	18774
广　东	1.10	26897	24424
广　西	0.98	18854	19298
海　南	1.05	18369	17554
重　庆	0.99	20250	20465
四　川	1.00	17899	17940
贵　州	0.96	16495	17178
云　南	0.95	18576	19490
西　藏	1.05	16196	15400
陕　西	1.01	18245	17982

续表

地 区	地区间价格 水平差异	名义收入 （元）	实际收入 （元）
甘 肃	0.94	14989	15935
青 海	0.94	15603	16558
宁 夏	0.93	17579	18820
新 疆	0.96	15514	16095
最大值	1.21	36230	30031
最小值	0.93	14989	15400
相差范围	1.29	2.42	1.95

七、面临的挑战及建议

地区间价格水平差异指数的影响因素较多，编制方法复杂，实际操作困难，指数的准确性难以把握，在实践工作中推进的阻力较大。在现阶段，编制地区间价格水平差异指数的困难和挑战主要有：

（1）不同地区之间商品和服务的同质可比无法完全保证。编制地区间价格水平差异指数的基础价格数据主要来源于现有 CPI 价格调查，规格品主要考虑时间上的同质可比，许多商品和服务的质量特征在地区间不完全同质可比的。在编制地区间价格水平差异指数时，必须剔除因质量和特征因素造成的价格差异，反映实际经济意义上的价格差异。面对各省（区、市）、大中城市海量的 CPI 规格品价格数据，不仅要进行大量的比对、筛选工作，判断规格品在地区间可比性和一致性，而且要进行复杂的质量和特征差异调整。在实际操作中，对同质可比原则的松紧把握程度不同，测算的结果也不同，具有很大的不确定性。特别是房租、教育、医疗等服务项目在地区间实际上是无法做到同质可比的；各地区采价点类型也存在不一致问题，有的地区采价点档次可能高一些，有的地区可能低一些；规格品对部分地区的代表性不足，等等。这些问题都可能夸大地区间价格水平的差异程度，加大测算结果的统计误差。在本书研究过程中，尽最大可能保证规格品在不同地区之间的同质可比。但受现有资料的限制，规格品不同质、采价点不可比问题难以完全消除，并直接影响着地区间价格水平比较的准确性。

（2）地区间价格水平差异的变化趋势和消费者价格指数难以完全一致。尽管两种类型价格指数之间有很强的关联性，但它们毕竟服务于不同研究目的，在计算方法、所用的权数、对规格品的要求等方面有很多不同，其技术方法十分复杂，测算过程中各种统计误差相互叠加、溢出，要实现两者的变动趋势完全一致十分困难。加上 2004 年和 2011 年比较和测算的价格数据来源和规格品目录有所不同，也加大了变动趋势的不一致程度。部分省份和部分细分类指数变动趋势与相应 CPI 不一致在所难免。导致两类指数变动不协调、不匹配的因素很多，既有基础数据质量问题，也有技术方法因素。这是困扰地区间价格水平差异指数编制工作的一大难题，在一定程度上影响比较结果的说服力，并可能引起数据质疑。随着地区间价格水平差异指数测算工作的常规化，逐渐与 CPI 编制工作相融合，可以有效地解决地区间价格水平差异指数在变动趋势上与 CPI 的不一致和不协调问题。这样，不仅可以共享基础数据，而且可以利用现有 CPI 分类指数来外推各个年份的地区间价格水平差异指数，取得时间序列数据。在国外，地区间价格水平差异指数通常每隔 3 年或 5 年编制一次，中间年份则利用 CPI 分类指数来推算。

（3）测算结果的准确性仍有待进一步考证。和消费者价格指数一样，地区间价格水平差异指数的政策敏感性强，一旦成为政府制定公共服务项目的地区配置、地区经济发展规划、地区财政转移支付、地区工资调整和收入分配等政策依据，必将涉及不同群体的切身利益。地区间价格水平差异指数是通过众多规格品价格和消费支出分类数据的地区比较测算出来的，其统计过程的技术方法很复杂，地区间规格品的同质可比无法保证，在实际操作中不得不设置了许多假设条件，测算的结果难免存在一定的局限性。因此，测算者和决策者对数据结果的论证和应用都应十分谨慎。从本书测算的结果看，地区间价格水平差异总指数和居民消费支出八大类指数相对合理，大体反映实际情况。但是，一些细分类指数、部分地区指数因规格品不可比、规格品不具代表性等问题造成较大的统计误差，使得部分省（区、市）、部分项目类指数与人们的感受和预期有所分歧。例如西藏地区，运输成本高是其价格水平高的一个原因，但是其消费习俗和消费品构成与其他省（区、市）差别很大，比较的规格品主要是可比性商品，代表性不足，可能导致西藏价格水平有一定程度的虚高，而实际人均可支配收入被低估。另外，海南、陕西尽管当地收入水平相对较低，但是作为旅游地区，当地价格水平相对较高。在实际中，代表性和可比性规格品选择的难度大，采价点分布存在抽样误差，服务项目质量在地区间的不可比等，都有可能使得有些省份的结果看起来似是而非，从而增大了比较结果的不确定性和误差风险。这也是许多国家至今未能正式编制地区差价指数的原因之一。目前，除了加拿大统计局、美国经济分析局每年编制、发布数据以外，其他国家只停留在试验性的研究阶段，定期发布研究报告和研究成果，尚未作为官方常规性统计工作，数据也没有应用于行政决策之中。因此，地区间价格水平差异指数仍有待进一步研究改进，由此得出的结果也有待进一步考证。

为满足政府决策的需要，满足社会公众了解地区间价格水平差异的需要，应加强指数编制方法的研究探索和实践测试工作，采取有效措施，改善基础数据质量，提高比较结果的准确性和可信度。

（1）改进现有 CPI 商品和服务目录，扩大地区规格品的重叠度。一是细化规格品特征说明，建立地区采价产品的图片资料库，便于鉴别地区间规格品的同质可比性。二是在不影响规格品代表性的前提下，可在 CPI 目录每一基本分类下统一确定若干种可供地区选择的品牌、规格、型号，并要求至少采集其中 2~3 种全国统一规格的商品和服务项目价格。三是统一各地区 CPI 调查规格品价格的计量单位，方便开展地区间价格水平比较。通过这些改进，制定有机灵活的 CPI 商品和服务目录，使调查的基础价格数据，既能满足编制 CPI 的要求，又能满足编制地区间价格水平差异指数的要求，实现两者在资料来源上的高度重叠和统一，从而保持它们在变动趋势上协调、匹配，提高比较结果的准确性和可信性。

（2）建立价格质量因素调整模型，增强规格品地区间的同质可比。对于房租、家具用品等，很难在不同地区收集完全同质可比的价格数据，需要建立特征回归模型，进行价格质量因素调整。除了调查收集价格数据，还应收集尽可能详细的、对价格数据具有决定性影响的特征性因素，如采价点类型、包装大小等，通过特征回归方法，测算地区间商品和服务质量调整系数，对不同地区相同商品和服务的价格进行质量调整，保证同质可比，提高数据质量。

（3）深入研究地区间教育、医疗、房租等服务类价格比较方法。由于教育、医疗等服务资源在地区间分布不均，服务质量差异较大，价格比较非常困难。应通过引入服务质量、服务产出等可比的实物量指标，进行比较，增强服务质量的地区可比性，提高比较结果的可解释性和说服力。随着商品销售的信息化、网络化以及生产的专业化和集中化，许多商品类的地区价格差异呈现缩小的趋势，"一价定律"的作用越来越明显，而服务类价格水平在地区间的差异很大，对居民生活消费的影响也越来越大，应更加关注服务类地区间价格水平差异的比较研究。服务类价格比较既是地区间价格水平比较的难点，也是今后研究的重点。

（4）测算更详细分类的地区间价格水平差异指数。我国区域经济发展不平衡，二元结构比较明显，地区间收入水平和生活消费水平差异较大，测算分类更详细的地区间价格水平差异指数对于政策的研究和制定尤为重要和必要。在支出分类上，可以从本课题的 40 项延伸到 60 项甚至 80 项基本分类；在地区分布上，可以从分省（区市）扩展到分地市、县一级以及分城乡的价差指数；在阶层分类上，可以编制高、中、低收入不同阶层的价差指数，以满足不同层级决策、不同方面分析研究的数据需要。

（5）充分利用现有的扫描数据和现代大数据资源。除现有官方统计数据以外，商业记录数据大量涌现，为地区间价格水平差异指数研究和编制提供了许多便利条件。可通过互联网，收集尽可能多同质可比的规格品价格数据，作为现有数据来源的重要补充。

本章参考文献

［1］Aten B H, Figueroa E B, Martin T M. Research Spotlight Regional Price Parities by Expenditure Class, 2005 – 2009 ［J］. BEA Survey of Current Business, 2011 (5)：73 –87.

［2］Aten B H, Figueroa E B, Martin T M. Regional Price Parities for States and Metropolitan Areas, 2006 – 2010 ［J］. BEA Survey of Current Business, 2012 (8)：229 –242.

［3］Brandt L, Holz C A. Spatial Price Differences in China：Estimates and Implications ［J］. Economic Development and Cultural Change, University of Chicago Press,

2006，55（1）：43 -86.

［4］Deaton A. Quality, quantity, and spatial variation in price ［J］. American Economic Review, 1988, 78（3）：30 -43.

［5］Deaton A, Dupriez O. Spatial price differences within large countries ［J］. Working Paper, Woodrow Wilson School of Public and International Affairs, Princeton University, 2011：1321.

［6］Dikhanov Y. Income-effect and urban-rural price differentials from the household survey perspective ［R］. ICP Global Office, 2010.

［7］Dikhanov Y, Palanyandy C, Capilit E. Analysis of Price Levels Across Regions in Philippines：The PPP Approach ［R］. Asian Development Bank, 2011.

［8］UK Relative Regional Consumer Price levels for Goods and Services for 2010 ［R］. Office for National Statistics.

［9］易纲，张燕姣. 以购买力平价测算基尼系数的尝试 ［J］. 经济学（季刊），6 （1）：91 -104.

［10］江小涓，李辉. 我国地区之间实际收入差距小于名义收入差距 ［J］. 经济研究 2005（9）：11 -18.

附表 11 -1　　　　支出类别虚拟变量回归模型的检测结果

	相关系数 R	R 平方（RS）	调整的 R 平方（ARS）	标准误差（SE）
粮食类	0. 8162	0. 6662	0. 5591	0. 1997
淀粉类	0. 9518	0. 9059	0. 6409	0. 1806
干豆和豆制品类	0. 9655	0. 9322	0. 8942	0. 1733
油脂类	0. 8387	0. 7034	0. 5339	0. 4398
肉类	0. 9467	0. 8963	0. 8666	0. 1145
水产类	0. 7082	0. 5016	0. 3656	0. 3361
蔬菜类	0. 9808	0. 9620	0. 9574	0. 2485
调味品类	0. 5050	0. 2551	0. 1833	1. 0516
糖类	0. 9913	0. 9828	0. 9750	0. 1585
烟草类	0. 9973	0. 9946	0. 9780	0. 0829
酒和饮料类	0. 9985	0. 9970	0. 9961	0. 1325
瓜果类	0. 9516	0. 9056	0. 8629	0. 1442

续表

	相关系数 R	R 平方（RS）	调整的 R 平方（ARS）	标准误差（SE）
糕点类	0.9106	0.8291	0.6853	0.1606
奶类	0.9077	0.8239	0.6422	0.1321
衣着类	0.9940	0.9880	0.9707	0.1444
鞋类	0.9841	0.9684	0.9122	0.1312
房屋装修材料类	0.9948	0.9897	0.9852	0.1991
房租类	0.9962	0.9923	0.9844	0.4179
水电燃料类	0.9896	0.9793	0.9731	0.2445
居住服务类	0.9890	0.9780	0.9554	0.4921
家具类	0.9463	0.8954	0.8743	0.2019
家庭设备类	0.9990	0.9979	0.9975	0.0551
室内装饰品类	0.9524	0.9071	0.8710	0.2351
床上用品类	0.9397	0.8830	0.8236	0.1890
家庭用品杂品类	0.9853	0.9707	0.9604	0.1667
家庭服务类	0.9928	0.9857	0.9759	0.4235
医疗机械类	0.9978	0.9956	0.9933	0.2292
中成药类	0.6856	0.4701	0.1578	0.2103
西药类	0.9974	0.9948	0.9940	0.0836
保健用品类	0.9992	0.9984	0.9957	0.0630
医疗服务类	0.9781	0.9567	0.9505	0.4290
交通工具类	0.9996	0.9992	0.9992	0.1132
交通服务类	0.9919	0.9839	0.9818	0.2884
通信服务类	0.9947	0.9893	0.9870	0.2557
通信工具类	0.9986	0.9972	0.9940	0.0670
家用电器类	0.9938	0.9877	0.9848	0.1002
文化娱乐用品类	0.9980	0.9960	0.9951	0.1856
文化娱乐服务类	0.9664	0.9340	0.9168	0.3665
教材和参考书类	0.9994	0.9987	0.9982	0.0436
书报杂志类	0.9964	0.9928	0.9890	0.1914
教育服务类	0.9594	0.9204	0.8943	0.3441
其他个人用品类	0.9991	0.9982	0.9977	0.0640

附表 11 - 2   主要类别虚拟变量回归模型的统计检验

	自由度（df）	残差平均方差（MS）	F 统计量	P 值（Sig.）
粮食类	140	0.0399	6.2	1.88595E - 13
淀粉类	42	0.0326	3.4	0.017448547
干豆和豆制品类	89	0.0300	24.5	3.29473E - 23
油脂类	88	0.1934	4.1	1.6355E - 06
肉类	153	0.0131	30.2	4.83347E - 44
水产类	154	0.1129	3.7	8.51155E - 08
蔬菜类	387	0.0618	208.0	3.346E - 219
调味品类	387	1.1060	3.6	1.03842E - 09
糖类	106	0.0251	126.2	2.22098E - 52
烟草类	41	0.0069	59.9	5.55094E - 08
酒和饮料类	164	0.0176	1132.9	2.2429E - 143
瓜果类	106	0.0208	21.2	6.02619E - 26
糕点类	70	0.0258	5.8	3.46089E - 07
奶类	63	0.0174	4.5	2.97701E - 05
衣着类	54	0.0209	56.8	4.67552E - 15
鞋类	50	0.0172	17.2	2.67373E - 08
房屋装修材料类	119	0.0396	221.6	6.65958E - 69
房租类	61	0.1746	125.4	1.81178E - 24
水电燃料类	147	0.0598	157.5	2.15814E - 80
居住服务类	63	0.2970	34.9	7.16475E - 17
家具类	226	0.0408	42.4	2.67268E - 73
家庭设备类	222	0.0030	2245.1	2.1843E - 225
室内装饰品类	118	0.0553	25.1	1.56375E - 31
床上用品类	98	0.0357	14.9	1.28131E - 19
家庭用品杂品类	138	0.0278	94.0	1.63178E - 63
家庭服务类	79	0.1794	101.0	7.55079E - 34
医疗机械类	97	0.0525	439.9	4.41136E - 64
中成药类	200	0.0041	2157.3	1.0147E - 198

续表

	自由度（df）	残差平均方差（MS）	F 统计量	P 值（Sig.）
西药类	350	0.0070	1241.2	0
保健用品类	53	0.0040	372.9	5.17269E－22
医疗服务类	352	0.1840	154.6	3.2172E－184
交通工具类	478	0.0128	11926.6	0
交通服务类	366	0.0832	459.8	8.5779E－264
通信服务类	202	0.0654	427.9	1.1332E－145
通信工具类	66	0.0045	313.2	1.70676E－31
家用电器类	203	0.0100	347.6	9.0523E－139
文化娱乐用品类	238	0.0345	1161.1	2.0361E－213
文化娱乐服务类	179	0.1343	54.3	6.6692E－67
教材和参考书类	122	0.0019	2077.2	2.9361E－115
书报杂志类	92	0.0366	259.9	1.39447E－53
教育服务类	138	0.1184	35.3	2.89773E－43
其他个人用品类	200	0.0041	2157.3	1.0147E－198

第十二章

城镇居民消费价格和实际收入
地区差距的比较研究（2004）

本章利用现有公布的统计数据，测算我国 31 个省（区、市）城镇居民消费差价指数（即空间消费价格指数），并在扣除地区间价格因素的基础上，进行城镇居民人均实际收入的地区比较。分析研究表明，我国地区间城镇居民消费价格水平高低不等，不同类型的城镇居民消费商品和服务价格在地区间存在一定的差异；大部分地区城镇居民人均实际收入要高于人均名义收入，地区间收入的实际差距明显要小于名义上的差距。

改革开放以来，我国经济持续、较快、健康地增长，整体经济实力和区域经济实力均大幅度地提高。但是由于各地区在经济发展基础、资源条件、区位优势以及发展模式等方面存在很大的差别，区域经济发展不平衡问题还比较突出。实际中，居民消费价格、实际收入在地区间的差距究竟有多大，是社会各界普遍关注的问题，也是当前经济理论界和实际工作者需要研究解决的重大课题。计算地区间居民消费差价指数（即空间消费价格指数），正确比较和评价不同地区之间居民实际收入的差距，对于制定区域经济发展战略、确定地区工资标准、准确把握区域经济发展战略方向和政策力度，具有十分重要的现实意义。由于种种原因，目前理论研究单位和实际部门尚没有全面、系统地开展这方面的测算研究工作。本章试图利用现有公布的统计数据，测算我国 31 个省（区、市）城镇居民消费差价指数，并在扣除地区间价格因素的基础上，进行城镇居民人均实际收入的地区比较，便于人们更好地了解城镇居民消费价格和实际收入在不同地区的实际差距。

一、地区间居民消费差价指数的测算方法和资料来源

地区间居民消费差价指数，是两个或两个以上地区居民消费价格水平的比较，与居民消费价格指数（CPI）不同，它是地区之间的价格比较，两种价格指数的计算方法基本相同。地区间居民消费差价指数是以不同地区的居民消费支出为权数，对具体商品和服务在地区间的比价进行加权平均计算而来的。

地区居民消费差价指数测算的方法步骤：

（1）计算每一具体规格品价格在不同地区的比值，即 P_j/P_B，其中 P_B 为基准地区即北京规格品价格，P_j 为对比地区规格品价格。

（2）计算每一项支出分类中不同代表规格品在地区间的比价，通常采用几何平均方法，即

$$S_{ij} = \left[(P_{1j}/P_{B1})(P_{2j}/P_{B2}) \cdots (P_{nj}/P_{Bn}) \right]^{1/n} \qquad (12-1)$$

公式（12-1）中，S_{ij} 表示第 j 个地区第 i 项支出分类的地区居民消费差价指数，$j = 1, 2, \cdots, R$（R 表示参加比较的地区个数），n 表示第 i 项支出分类所选择的代表规格品数目。P_{j1} 表示第 j 个地区第 i 项支出分类中第 1 个代表规格品的价格，P_{B1} 表示基准地区（如北京）第 i 项支出分类中第 1 个代表规格品价格，依次类推。

（3）计算支出分类以上一级地区居民消费差价指数，通常采用加权平均方法，即

$$S_j = \sum_{i=1}^{n} S_{ij} \cdot W_{ij} \qquad (12-2)$$

其中：

$$W_{ij} = \frac{q_{ij}}{\sum q_{ij}} \qquad (12-3)$$

公式 (12-2)、(12-3) 中 S_j 表示第 j 个地区居民消费差价指数，W_{ij} 表示第 j 个地区第 i 项消费支出占总支出的比重。

计算地区居民消费差价指数需要各地区居民消费支出分类资料和相应的代表规格品价格资料。为保证地区居民消费差价指数的准确性，要求所选择的规格品对不同地区既有代表性，又具可比性。为此，我们利用国家统计局、国家发展改革委和各省 (区、市) 价格信息中心公布的现有资料，收集、整理了我国 31 个省 (区、市) 7 大类、20 项小类城镇居民消费支出分类数据以及 74 种既有代表性又有可比性的城镇居民消费品和服务项目的价格数据，以北京为基准，测算我国 31 个省 (市、区) 城镇居民消费差价指数。

二、我国各地区城镇居民消费价格总水平差异的比较分析

根据所收集的城镇居民价格和消费支出分类资料，采用上述方法，测算 2004 年我国 31 个省 (区、市) 城镇居民消费差价指数，结果如表 12-1 所示。

表 12-1　2004 年我国 31 个省 (区、市) 地区城镇居民消费差价指数
（北京 =100）

省 (区、市)	居民消费差价总指数	其中							
		食品类	衣着类	耐用消费品类	医疗服务类	交通和通信类	教育服务类	房租类	水电及燃料类
广　东	118.34	114.84	88.48	88.04	102.28	111.60	204.08	126.76	113.81
西　藏	105.51	114.68	96.15	84.13	103.81	109.91	77.73	42.25	77.65
上　海	105.24	109.89	84.79	79.63	169.79	89.39	106.27	98.59	81.04
海　南	103.03	113.47	78.85	80.91	98.73	100.89	82.17	92.96	87.97
福　建	100.08	101.39	80.90	87.78	79.88	99.52	136.00	94.08	105.24
重　庆	100.04	105.40	81.11	94.06	94.96	94.47	128.69	87.04	82.79
北　京	100.00	100.00	100.00	100.00	100.00	100.00	100.00	100.00	100.00
浙　江	97.60	109.74	85.80	89.18	73.06	93.51	110.33	58.87	96.77
江　苏	95.93	100.53	79.67	96.38	80.06	103.60	121.05	60.11	87.22
广　西	93.41	97.84	80.19	86.96	61.56	98.40	114.18	70.42	93.02

续表

省（区、市）	居民消费差价总指数	其中							
		食品类	衣着类	耐用消费品类	医疗服务类	交通和通信类	教育服务类	房租类	水电及燃料类
四　川	93.24	93.83	83.60	79.64	78.45	88.51	125.50	61.36	73.66
山　东	92.17	88.73	82.05	89.69	82.48	95.69	128.35	63.52	100.38
湖　南	90.43	93.52	79.83	78.81	75.30	93.31	114.85	72.39	79.01
安　徽	90.27	92.82	82.96	84.97	68.28	100.95	110.97	55.40	88.72
辽　宁	89.79	90.24	81.09	88.84	88.67	87.22	112.96	63.57	86.59
贵　州	88.97	99.88	82.79	80.67	74.54	85.36	79.73	57.75	68.64
吉　林	88.73	93.42	83.80	94.67	72.89	91.61	92.63	64.79	93.08
天　津	88.72	94.10	68.72	88.33	80.26	108.99	80.33	65.07	95.51
江　西	88.28	92.81	72.05	83.92	91.53	94.81	94.08	64.79	74.58
湖　北	86.16	92.12	78.75	79.13	71.21	83.55	104.78	61.97	71.93
云　南	86.09	91.04	79.73	76.90	81.09	90.21	89.47	48.17	78.32
黑龙江	85.64	86.74	85.86	79.30	80.88	100.66	86.22	48.73	82.51
河　北	85.42	88.73	79.51	87.40	73.68	78.43	106.87	69.01	89.49
宁　夏	84.46	87.23	78.27	83.82	64.94	104.41	107.22	63.38	62.82
山　西	83.88	91.75	71.40	85.92	63.20	90.06	99.77	50.70	76.39
内蒙古	82.97	89.08	65.17	80.59	76.59	94.94	97.21	60.56	73.78
陕　西	82.62	91.73	84.09	76.93	72.19	65.22	83.71	55.77	85.61
新　疆	82.42	86.42	78.65	82.06	87.70	81.84	77.24	80.28	72.63
河　南	81.71	87.26	73.76	84.27	58.48	98.97	74.23	51.50	87.85
青　海	81.45	89.14	82.80	81.16	86.42	75.59	64.22	64.51	69.18
甘　肃	78.91	86.28	84.15	82.55	82.73	75.00	62.40	46.34	61.46

　　测算结果表明，2004 年在我国 31 个省（区、市）中，城镇居民消费价格总水平最高的是广东，其次是西藏、上海、海南，福建、重庆、北京分列第 5～7 位，消费价格总水平最低的是河南、青海和甘肃。最高地区和最低地区城镇居民消费价格相差 50%。我们按城镇居民消费总价格水平的高低，将全国 31 省（区、市）划分为 4 个层次：

　　消费价格总水平处于高位的地区（即城镇居民消费差价指数相当于北京

100%及以上的）有：广东省、西藏、上海、海南、北京、福建省、重庆。

消费价格总水平相对较高的地区（即城镇居民消费差价指数相当于北京100%以下90%以上的）有：浙江、江苏、广西、四川、山东、湖南、安徽、辽宁。

消费价格总水平相对较低的地区（即城镇居民消费差价指数相当于北京90%以下85%以上的）有：贵州、吉林、天津、江西、湖北、云南、黑龙江、河北。

消费价格总水平处于低位的地区（即城镇居民消费差价指数相当于北京85%以下的）有：宁夏、山西、内蒙古、陕西、新疆、河南、青海、甘肃。

总的来说，我国东部沿海地区城镇居民消费价格要高于中、西部地区（西藏、重庆除外）。从图12－1可以看出，城镇居民消费差价指数与人均可支配收入的变动趋势大体相符合，两者之间存在着一定的正相关关系，其相关系数为0.67。这说明经济发达的地区，价格水平相对较高；经济欠发达地区，价格水平相对较低。

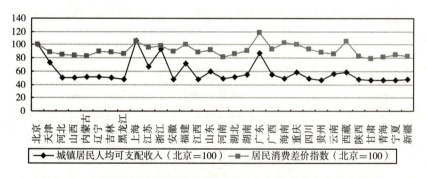

图12－1　各地区城镇居民人均可支配收入和居民消费差价指数的关系

三、我国各地区城镇居民消费分类商品和
服务价格差异的比较分析

从地区城镇居民消费差价分类指数看，不同类型的商品和服务项目价格在地区之间差异较大。地区差价最大的是教育服务项目，最高地区的教育服

务费用相当于最低地区的 3.27 倍；其次是房租和医疗服务价格，最高地区相当于最低地的比例分别为 3 倍和 2.9 倍。地区差价最小的是耐用消费品，最高地区的耐用消费品价格相当于最低地区的 1.3 倍；其次是食品类，最高地区相当于最低地区的 1.33 倍。其中：

（1）在食品方面，价格较高的地区有：广东、西藏、海南、上海和浙江，价格较低的地区有：河南、黑龙江、新疆和甘肃。食品类价格最高地区相当于最低地区的 1.33 倍。从食品细分项看，粮食价格最高的是广东，最低的是辽宁，相差 45%；干豆及豆制品类、水产品类、调味品、奶及奶制品价格西藏在全国最高，分别相当于最低地区——云南的 1.56 倍，江西的 1.58 倍，青海的 1.88 倍和 2.77 倍；油脂类价格最高的是甘肃，最低的是辽宁，相差 38%；肉类和蛋类价格最高的是海南，最低的是黑龙江，分别相差 59% 和 47%；蔬菜类价格最高的是浙江，最低的地区是云南，相差 95%；糖类价格最高的是甘肃，最低的是云南，相差 68%；烟草类价格最高的是贵州，最低的是上海，相差 25%；酒和饮料类价格最高的是海南，最低的是青海，相差 75%；干鲜瓜果类价格最高的是重庆，最低的是江西，相差 67%。见表 12-2。

表 12-2　　2004 年食品细分项价格最高和最低的地区及其差价指数
（北京＝100）

项　目	价格最高地区		价格最低地区		最高相当于最低的倍数
	省份	差价指数	省份	差价指数	
食品	广东	114.84	甘肃	86.28	1.33
粮　食	广东	122.92	辽宁	84.84	1.45
干豆类及豆制品	西藏	116.71	云南	74.86	1.56
油脂类	甘肃	103.39	辽宁	74.79	1.38
肉禽及制品	海南	129.36	黑龙江	81.13	1.59
蛋　类	海南	129.03	黑龙江	88.06	1.47
水产品类	西藏	125.29	江西	79.24	1.58
蔬菜类	浙江	144.05	云南	73.97	1.95
调味品	西藏	133.93	青海	71.43	1.88
糖　类	甘肃	139.52	云南	83.14	1.68

续表

项 目	价格最高地区		价格最低地区		最高相当于最低的倍数
	省份	差价指数	省份	差价指数	
烟草类	贵州	105.26	上海	84.21	1.25
酒和饮料	海南	119.39	青海	68.41	1.75
干鲜瓜果类	重庆	103.94	江西	62.39	1.67
奶及奶制品	西藏	150.00	青海	66.00	2.27

（2）在衣着方面，价格较高的地区有：北京、西藏、广东、黑龙江和浙江，价格较低的地区有：河南、江西、山西、天津和内蒙古。该类最高地区价格相当于最低地区的1.53倍。

（3）在耐用消费品方面，价格较高的地区有：北京、江苏、吉林、重庆和山东，价格较低的地区有：黑龙江、湖北、湖南、陕西和云南。最高地区价格相当于最低地区的1.3倍，其中北京电视和洗衣机价格全国最高，分别相当于宁夏的1.46倍，云南的1.57倍，河南冰箱价格最高，相当于西藏的2.08倍，甘肃空调价格最高，相当于海南的1.8倍。见表12-3。

表12-3 2004年耐用消费品细分项价格最高和最低的地区及其差价指数

（北京=100）

项 目	价格最高地区		价格最低地区		最高相当于最低的倍数
	省份	差价指数	省份	差价指数	
耐用消费品类	北京	100.00	云南	76.90	1.30
电视类	北京	100.00	宁夏	68.55	1.46
冰箱类	河南	113.66	西藏	54.64	2.08
洗衣机类	北京	100.00	云南	63.64	1.57
空调类	甘肃	141.20	海南	78.31	1.80

（4）在医疗服务方面，价格较高的地区是上海、西藏、广东和北京，价格较低的地区是安徽、宁夏、山西、广西和河南。最高地区的价格相当于最低地区的2.9倍。上海的医院普通门诊挂号费、诊疗费、普通病房住院费和常规检查费用均要高于其他地区，西藏CT头颅检查费在全国最高，相当于北京的3.9倍。

（5）在交通和通信服务方面，价格较高的地区是广东、西藏、天津、宁夏和江苏，价格较低的地区是新疆、河北、青海、甘肃和陕西。该类服务综合价格最高的地区相当于最低地区的1.75倍，其中交通服务价格最高的是广西，相当于最低地区陕西的1.82倍；通信服务价格最高的是北京，相当于甘肃的1.83倍。见表12－4。

表12－4　　　2004年交通和通信价格最高和最低的地区及其差价指数

（北京＝100）

项　　目	价格最高地区		价格最低地区		最高相当于最低的倍数
	省份	差价指数	省份	差价指数	
交通通信类	广东	108.05	陕西	61.67	1.75
交通类	广西	124.56	陕西	68.52	1.82
通信类	北京	100.00	甘肃	54.60	1.83

（6）在教育服务方面，价格较高的地区是广东、福建、重庆、山东和四川，价格较低的地区是西藏、新疆、河南、青海和甘肃。最高地区的教育服务费用相当于最低地区的3.34倍，其中上海大学学费全国最高，相当于最低地区贵州的5倍；广东普通高中、初中、小学学费全国最高，分别相当于黑龙江的6.15倍，甘肃的5.28倍和云南的5.15倍。见表12－5。

表12－5　　　2004年教育服务价格最高和最低的地区及其差价指数

（北京＝100）

项　　目	价格最高地区		价格最低地区		最高相当于最低的倍数
	省份	差价指数	省份	差价指数	
教育服务类	广东	204.08	甘肃	61.17	3.34
普通综合性大学学费	上海	119.05	贵州	23.81	5.00
普通高中学费	广东	263.57	黑龙江	42.86	6.15
普通初等中学杂费	广东	235.38	甘肃	44.62	5.28
普通小学杂费	广东	257.50	云南	50.00	5.15

（7）在房租方面，价格较高的地区是广东、北京、上海、福建和海南，价格较低的地区是山西、黑龙江、云南、甘肃和西藏。最高地区的房租相当

于最低地区的 3 倍。

（8）在水电及燃料方面，价格较高的地区是广东、福建、北京、浙江和天津，价格较低的地区是新疆、湖北、青海、宁夏和甘肃。最高地区水电燃料类价格相当于最低地的 1.85 倍，其中北京水电价格全国最高，西藏最低，相差 1.43 倍；广东燃料价格全国最高，宁夏最低，相差 1.63 倍。见表 12-6。

表 12-6　　2004 年水电及燃料价格最高和最低的地区及其差价指数

（北京＝100）

项　　目	价格最高地区		价格最低地区		最高相当于最低的倍数
	省份	差价指数	省份	差价指数	
水电及燃料类	广东	113.81	甘肃	61.46	1.85
水电类	北京	100.00	西藏	41.19	2.43
燃料类	广东	158.02	宁夏	60.02	2.63

四、地区间城镇居民人均实际收入差距的比较分析

我们利用上述测算的城镇居民消费差价指数，对 2004 年各地区城镇居民人均可支配收入进行缩减，消除地区间价格因素的影响，进行人均实际收入的地区比较，比较结果见表 12-7。

表 12-7　　　2004 年各省（区、市）城镇居民人均可支配收入

省（区、市）	城镇居民人均名义可支配收入		城镇居民人均实际可支配收入		人均实际收入比名义增减（元）
	绝对值（元）	相对值（北京＝100）	绝对值（元）	相对值（北京＝100）	
上　海	16682.82	106.68	15851.80	101.37	-831.02
北　京	15637.84	100.00	15637.84	100.00	0.00
浙　江	14546.38	93.02	14903.50	95.30	357.12

续表

省（区、市）	城镇居民人均名义可支配收入		城镇居民人均实际可支配收入		人均实际收入比名义增减（元）
	绝对值（元）	相对值（北京＝100）	绝对值（元）	相对值（北京＝100）	
天　津	11467.16	73.33	12924.66	82.65	1457.50
广　东	13627.65	87.15	11515.57	73.64	−2112.08
福　建	11175.37	71.46	11166.91	71.41	−8.46
江　苏	10481.93	67.03	10927.20	69.88	445.27
云　南	8870.88	56.73	10303.86	65.89	1432.98
山　东	9437.80	60.35	10240.10	65.48	802.30
内蒙古	8122.99	51.94	9790.43	62.61	1667.44
湖　南	8617.48	55.11	9529.21	60.94	911.73
河　南	7704.90	49.27	9429.82	60.30	1724.92
山　西	7902.86	50.54	9421.45	60.25	1518.59
甘　肃	7376.74	47.17	9348.64	59.78	1971.90
湖　北	8022.75	51.30	9311.13	59.54	1288.38
河　北	7951.31	50.85	9308.79	59.53	1357.48
广　西	8689.99	55.57	9302.75	59.49	612.76
重　庆	9220.96	58.97	9216.92	58.94	−4.04
新　疆	7503.42	47.98	9104.31	58.22	1600.89
陕　西	7492.47	47.91	9068.49	57.99	1576.02
青　海	7319.67	46.81	8986.91	57.47	1667.24
辽　宁	8007.56	51.21	8917.71	57.03	910.15
吉　林	7840.61	50.14	8836.63	56.51	996.02
黑龙江	7470.71	47.77	8723.46	55.78	1252.75
西　藏	9106.07	58.23	8630.73	55.19	−475.34
江　西	7559.64	48.34	8562.90	54.76	1003.26
宁　夏	7217.87	46.16	8546.03	54.65	1328.16
安　徽	7511.43	48.03	8320.94	53.21	809.51
四　川	7709.87	49.30	8269.04	52.88	559.17
贵　州	7322.05	46.82	8230.18	52.63	908.13
海　南	7735.78	49.47	7508.55	48.02	−227.23

结果表明，我国城镇居民人均实际收入与名义收入有一定的差异。2004年城镇居民人均名义可支配收入最高的地区是上海、北京、浙江、广东和天津，较低的地区是黑龙江、甘肃、贵州、青海和宁夏。如果扣除地区间价格因素的影响，城镇居民人均实际可支配收入较高的地区是上海、北京、浙江、天津和广东，较低的地区是宁夏、安徽、四川、贵州和海南。

在我国31个省（区、市）中，有24个省（区、市）城镇居民人均实际收入要高于人均名义收入，其中甘肃、河南、内蒙古、青海、新疆5个省（区）城镇居民人均实际收入提高幅度最大，分别为1972元、1725元、1667元、1667元和1601元，城镇居民人均实际收入比人均名义收入高出1000元以上的地区还有陕西、山西、天津、云南、河北、宁夏、湖北、黑龙江、江西等9个省份，吉林、辽宁、贵州、湖南、安徽、山东等省城镇居民人均实际收入也有较大幅度的提高。但有6个省（区、市）城镇居民人均实际收入要低于人均名义收入，其中广东、上海城镇居民人均实际收入比人均名义收入分别减少2112元、831元，西藏、海南减少了475元和227元，福建、重庆城镇居民人均实际收入大体与人均名义收入相同，只减少8元和4元。

五、城镇居民收入地区差距程度分析

我们分别计算最高地区与最低地区城镇居民人均收入的倍数、变异系数、基尼系数和泰尔系数等4个指标，来反映人均收入的地区差距程度（见表12-8）。近10年来，我国城镇居民人均收入的地区差距不断缩小，最高地区人均收入相当于最低地区的比例从1995年的2.6倍，缩小到2004年的2.3倍；地区间的基尼系数从0.135降至0.102。

表12-8　　　　　　　我国地区间城镇居民人均收入差异程度

	按人均名义收计算			按人均实际收入计算
	1995年	2000年	2004年	2004年
最高地区人均收入与最低地区的倍数	2.598	2.480	2.311	1.855
变异系数（%）		28.070	27.691	20.860

续表

	按人均名义收计算			按人均实际收入计算
	1995 年	2000 年	2004 年	2004 年
基尼系数	0.135	0.120	0.102	0.056
泰尔系数		0.154	0.145	0.138

同时，城镇居民人均实际可支配收入的地区差距程度要小于名义上的差距。按人均实际收入计算，上海市城镇居民人均收入相当于海南的 1.85 倍，要低于人均名义收入的差距；人均实际收入在地区间的变异系数、基尼系数、泰尔系数分别为21%、0.06、0.14，均要低于按名义计算的结果。无论是名义的，还是实际的，目前我国城镇居民人均可支配收入在地区间的差距还是比较平均，处于合理区间内。

六、结论和值得注意的问题

本章对我国地区间城镇居民消费差价指数和城镇居民实际收入的地区差距进行了试验性实证分析，探索地区居民消费差价指数编制方法，研究居民实际收入的地区差距。通过测算比较，可以得出以下几点结论：

（1）我国31 个省（区、市）城镇居民消费价格总水平高低不等，相应地，各地区城镇居民货币收入的实际购买力也不尽相同。

（2）不同类型的城镇居民消费商品和服务价格在地区间存在一定的差异，其中，教育服务费用、房租在地区间的差价较大，耐用消费和食品价格在地区间的差异相对较小。

（3）如果扣除地区间价格因素的影响，大部分地区城镇居民人均实际收入要高于人均名义收入。

（4）近 10 年来，我国城镇居民人均收入的地区差距逐渐缩小，而且人均实际可支配收入的地区差距明显要小于名义上的差距。

由于在研究过程存在一些的问题和困难，上述研究测算的我国 31 个省（区、市）城镇居民消费价格水平和人均实际收入高低的排序结果，难免会有误差。因此，该研究结果只是初步的，仅供参考。在地区间价格和实际收入比较研究中遇到的主要问题有：

一是所选择规格品的代表性和可比性难以协调。通常情况下，对于一个地区而言，同一类商品中代表性强的规格品价格相对要低，而可比性强的规格品价格相对要高。而代表性强的规格品，其可比性相对较差。从理论上讲，在选择规格品时应该同时兼顾代表性和可比性。由于我国各地区经济发展水平、消费习俗、地理位置和环境差别很大，在实际比较过程中，要做到这一点十分困难。在规格品的代表性和可比性之间若有一些偏向，会直接影响比较的结果。我们在测算地区城镇居民消费差价指数时，通过选择本地区的替代品，来解决同一规格品在不同地区之间代表性不同的问题，以尽量保证用于对比的商品和服务在不同地区同质可比。尽管如此，这种矛盾和问题仍然存在，并或多或少地影响测算结果。这在任何地区间价格和收入比较研究中都是难以避免的。例如，西藏城镇居民消费价格总水平居全国第二位，在很大程度上是由于许多商品偏重于可比性，对西藏的代表性相对较差。海南城镇居民消费价格总水平在全国也是较高的，一方面由于海南属于旅游地区，与其他地区相比，价格水平偏高；另一方面，海南特殊的地理、气候环境，造成许多商品在其他地区有代表性，而对海南来说代表性较差。类似情况在其他地区也不同程度地存在着，测算的地区城镇居民消费差价指数可能存在一定的系统性偏差，特别是对那些与全国大部分地区消费习俗、社会生活环境差别较大的地区（如西藏、海南等）来说，价格可能被高估、而实际收入则被低估。

二是本书主要是在现有公布的统计数据基础上进行的，受资料来源的限制以及实际收集数据的困难，所收集的代表规格品数目和城镇居民消费支出类别相对较少，样本量不够充分，统计数据不够全面。一些居民消费支出项目所涵盖的规格品样本量太少，教育、医疗等项目只包括服务性项目，而没有考虑教育用品和药品价格在地区间的差异。这在一定程度上也影响着测算结果的准确性。

三是测算的范围仅包括各地区城镇居民，没有考虑农村地区。研究的结果反映各地区城镇居民消费价格总水平的差异及其人均实际收入的差距，不反映整个地区全部居民消费价格和收入的差异。相对于城镇居民来说，农村居民消费价格水平低，消费结构也有所不同。对于农村人口所占比重较大的地区来说，居民消费价格总水平可能要低于城镇居民消费价格水平。

　　鉴于居民消费价格和实际收入在地区间比较的重要性，建议有关统计部门建立相应的统计制度，开展常规性的统计调查、研究和实际测算工作，以取得更为全面的统计数据、更为准确的比较结果。

本章参考文献

　　［1］中国统计年鉴：1995 –2005，历年［M］．中国统计出版社．

　　［2］中国城市统计年鉴：1995 –2005，历年［M］．中国统计出版社．

　　［3］我国城镇居民收入差距现状及成因实证分析［J］．国家统计局《研究参考资料》，2005．

　　［4］余芳东．地区差价指数的基本要求及编制方法［J］．统计研究，1997（3）．

　　［5］林毅夫，刘培林．中国经济发展战略与地区收入差距［J］．经济研究，2003（3）．

　　［6］王小鲁，樊纲．中国地区差距的变动趋势和影响因素［J］．经济研究，2004（1）．

　　［7］鲁凤，徐建华．中国区域经济差异：来自 Gini 系数和 Theil 系数的实证［J］．中国东西部合作研究，2004（1）

　　［8］Doerick. Contradictory trends in global income inequality：a tale of two biases, Review of Income and Wealth, 2005, 51（6）．

| 第十三章 |

城市间主要食品价格水平差异研究

本章利用国家统计局发布的 50 个城市主要食品价格监测旬报数据，采用多边比较方法，对调查的数据质量进行验证，并测算城市间主要食品价格水平差异指数。

食品消费支出占居民消费总支出的比重较大，食品价格对居民生活消费的影响相应也较大。研究食品价格变动，比较城市间食品价格差异，对于监测地区市场一体化趋势、分析地区价格收敛趋势、帮助理解市场运行状况以及研究地区间居民实际生活成本差异具有重要的现实意义。我们在国家统计局发布的 50 个城市主要食品价格监测旬报数据基础上，利用多边比较方法，对调查的数据质量进行验证，并测算城市间食品价格水平差异指数。验证表明，该项调查数据比较完整，数据质量较高，同质可比性较强。测算结果显示，近五年来，城市主要食品价格呈上升趋势，但各城市价格涨幅不同；城市间价格水平有一定差异，但并未出现明显扩大或缩小变动趋势。

一、基础数据验证和测算方法

研究的价格数据来源于国家统计局发布的 2011 ~ 2015 年 50 个城市主要食品价格监测旬报数据，包括与居民生活密切相关的粮食、食用油、肉、蛋、水产、蔬菜和水果等 27 种农副食品，每年有 1350 个样本数据。数据矩阵可

表示为

$$X_{ij} = \begin{Bmatrix} x_{11} & x_{12} & x_{13} & \cdots & x_{1j} \\ x_{21} & x_{22} & x_{23} & \cdots & x_{2j} \\ x_{31} & x_{32} & x_{33} & \cdots & x_{3j} \\ \cdots & \cdots & \cdots & \cdots & \cdots \\ x_{i1} & x_{i2} & x_{i3} & \cdots & x_{ij} \end{Bmatrix}_{50 \times 27}$$

在这些数据基础上，引用世界银行国际比较项目中的多边比较方法——国家产品虚拟法（Country-Product-Dummy Method，CPD 法），测算城市间食品价格水平差异指数，即城市购买力平价（PPP）。CPD 法基于城市之间和产品之间价格内在相关关系，构建以下回归模型：

$$\ln P_{ij} = \lambda_i A_{ij} + \delta_j X_{ij} + \varepsilon_{ij} \qquad (13-1)$$

式（13-1）中，P_{ij} 为第 i 个城市第 j 种食品价格。其中，$i = 1$，2，$\cdots$，50；$j = 1$，2，$\cdots$，27。A_{ij} 和 X_{ij} 为哑变量，取值为 0 或 1。λ_i 为第 i 个城市回归系数，即对比城市与基准城市间价格之差值，其反对数为第 i 个城市食品类的购买力平价；δ_j 为第 j 种商品回归系数，其反对数即第 j 种食品的平均价格。CPD 法以基准城市为期望值，用最小二乘法或多元回归方法，估算式（13-1）中 75 个解释变量的参数值。

与其他多边比较方法相比，CPD 法不仅能保持 PPP 结果的基准地区不变性、可传递性和无偏性等特征，而且它有两大好处：一是它有效地解决城市食品价格数据的缺失问题。通过城市间和产品间价格的内在相关关系，对缺失的城市价格数据进行插补，从而把不完整的价格矩阵转换成完整的价格矩阵。通常，每个城市只调查基本分类下 2~3 种食品价格即可，不要求调查所有规格品价格，从而解决了在部分城市某些食品价格数据收集难的问题。二是它提供了估算城市间价格水平差异指数的标准残差估计，据此可以甄别异常数据，有针对性地进行数据审核和验证，以便改善数据质量。

数据验证表明，50 个城市主要食品价格监测数据比较完整，只有少数城市的个别食品价格数据有缺失问题，总体数据质量较高，城市间规格品同质可比性较强，奇异数据较少。经比对，27 种主要食品价格变动趋势与 CPI 相应类别价格的变动趋势基本一致。我们将 1350 个样本数据的标准残差值设定为4倍,4倍以下者为正常值,4倍以上者为奇异值,重点加以审核。经回归分析,各个年份标准残差值在4倍以上的个体样本数据不到35个,而且近两年奇异数据明显减少。审核发现,出现奇异数据的主要原因是计量单位有误、规格品质量不一致、采价点不可比等。为此,对一些规格品价格数据进行了纠正,无法判别的则作删除处理。最后进入测算城市间价格差异指数的全部规格品价格数据标准残差均在4倍以下,从而确保了同一规格品在不同城市之间的同质可比。见表13-1。

表13-1 数据质量验证结果

年份	相关系数 R	标准残差		奇异值样本个数
		最小值	最大值	
2011	0.980	-3.799	3.609	26
2012	0.981	-3.553	3.764	29
2013	0.983	-3.701	3.453	34
2014	0.983	-2.770	3.887	15
2015	0.980	-2.990	3.927	13

二、城市主要食品价格水平的基本特征

根据50个城市主要食品价格监测数据以及城市间价格水平差异指数的测算结果分析,城市主要食品价格水平呈现以下特征:

1. 近五年50个城市主要食品价格呈上涨趋势,但涨幅逐年回落。

2015年50个城市主要食品价格比2010年上涨了29.7%,年均上涨5.3%。2011~2015年,城市主要食品价格涨幅逐年回落,从11.5%回落到1.6%。从类别看,肉禽类价格年均上涨6.8%,水产类价格年均上涨6.7%,水果类、粮食类和蔬菜类价格年均分别上涨5.8%、5.6%和5.3%,食用油和蛋类价格涨幅相对较小,分别为1.6%和0.7%。在27种具体食品中,牛羊鸡肉、带鱼价格年均涨幅在10%以上,而花生油、大豆油、菜籽油、鸭肉、鸡蛋、土豆价格年均涨幅不到3%。见表13-2。

表 13 – 2 城市主要食品价格年上涨率

	2011 年	2012 年	2013 年	2014 年	2015 年	五年平均
粮食类	10.6	3.1	5.2	4.6	4.8	5.6
食用油	9.1	4.5	– 0.1	– 3.2	– 1.9	1.6
肉禽类	19.9	7.1	5.4	1.6	1.1	6.8
鸡蛋类	2.9	– 4.1	5.4	13.2	– 12.1	0.7
水产类	19.8	9.2	1.0	3.1	1.7	6.7
蔬菜类	2.6	11.9	10.0	– 5.4	8.2	5.3
水果类	13.3	– 1.2	4.9	28.5	– 12.0	5.8
平均	11.5	6.6	5.4	2.0	1.6	5.3

注：根据 50 个城市主要食品价格监测旬报数据整理。

2. 近五年在 50 个城市中主要食品涨价区间为 3.2% ~ 8.2%。

2011 ~ 2015 年，在 50 个城市中，主要食品价格上涨幅度最大的是青岛，上涨了 8.2%；之后依次是宜昌、杭州、上海、石家庄，涨幅在 7.3% ~ 7.8%。上涨幅度最小的是西安，上涨了 3.2%；之后依次是银川、大连、长春、合肥，涨幅在 3.7% ~ 3.9%。5 年来，北京主要食品价格上涨 5.1%，居第 35 位。影响城市主要食品价格上涨的因素很多，如地方政府控制物价上涨的政策力度、生产和消费条件、当地气候变化等。见表 13 – 3。

表 13 – 3 2011 ~ 2015 年主要食品价格年均涨幅最大和最小的城市

价格涨幅最大的 10 个城市	年均涨幅（%）	价格涨幅最小的 10 个城市	年均涨幅（%）
青岛	8.20	沈阳	4.58
宜昌	7.81	深圳	4.52
杭州	7.42	福州	4.35
上海	7.32	贵阳	4.19
石家庄	7.31	广州	4.06
济南	7.15	银川	3.92
南宁	6.74	大连	3.88
赣州	6.65	长春	3.73
南昌	6.57	合肥	3.70
大理	6.46	西安	3.20

注：根据 50 个城市主要食品价格监测旬报数据整理。

3. 主要食品价格水平最高的城市相当于价格水平最低城市的 1.55 倍。

2015 年，主要食品价格水平最高的城市是上海，比 50 个城市的平均价格水平高 32.2%；之后依次是深圳、广州、海口、杭州。价格水平最低的城市是合肥，比 50 个城市平均价格水平低 14.7%；之后依次是吉林、南昌、蚌埠、大庆。上海价格水平相当于合肥价格水平的 1.55 倍。北京主要食品价格水平比城市平均高 3.5%，居第 14 位。总体上看，东南沿海城市食品价格水平要高于东北、西北和中部城市。城市价格水平的高低与其经济发展水平、收入生活水平具有一定的正相关关系。见表 13－4。

表 13－4　　　　　　　　2015 年主要食品价格水平最高和最低的城市

价格水平最高的 10 个城市	比价（城市平均 = 1）	价格水平最低的 10 个城市	比价（城市平均 = 1）
上海	1.32	沈阳	0.90
深圳	1.18	呼和浩特	0.90
广州	1.18	大同	0.90
海口	1.14	石家庄	0.90
杭州	1.14	乌鲁木齐	0.90
厦门	1.14	大庆	0.89
宁波	1.11	蚌埠	0.88
福州	1.10	南昌	0.88
宜昌	1.07	吉林市	0.86
成都	1.05	合肥	0.85

4. 近五年来 50 个城市食品价格水平差异较小，没有出现明显的扩大或缩小趋势。

2010～2015 年，城市间价格水平差异的离散系数平均为 9.5%。各年呈波浪式变化，2012 年城市间价格水平差异有所扩大，2013 年差异缩小，到 2015 年差异又有所扩大。总体上看，我国城市间主要食品价格水平差异较小。见表 13－5。

表 13－5   50 个城市主要食品价格水平差异分析（城市平均 =1）

	2011 年	2012 年	2013 年	2014 年	2015 年	五年平均
最大值	1.242	1.258	1.199	1.254	1.322	1.250
最小值	0.835	0.826	0.837	0.854	0.853	0.842
平均值	0.985	0.986	0.989	0.988	0.989	0.987
标准差	0.093	0.097	0.087	0.093	0.097	0.093
离散系数	0.095	0.098	0.087	0.094	0.098	0.095
最大/最小	1.488	1.523	1.432	1.468	1.549	1.484

三、问题和建议

关于地区间价格水平差异的比较研究对于制定政策、企业投资和公众生活选择都非常有用而且很有意义。相对于消费者价格指数而言，调查地区间同质可比的商品和服务价格数据难度大，数据质量的把握性较差，影响比较结果的准确性。上述 50 个城市间主要食品价格数据在代表性、可比性、质量方面或多或少存在一些问题，比较结果只是初步和粗略的，应谨慎解读。

目前，美国、加拿大等许多发达国家已经把测算地区间价格水平指数作为官方日常统计项目，每年公布比较结果。欧盟统计局从 2008 年开始，在 21 个成员国开展详细平均价格（DAP）调查项目活动，收集各国覆盖按用途划分的居民消费分类（COICOP）12 大类 192 种商品和服务平均价格数据，为研究和监测欧盟单一市场进程、市场运行和作用以及市场行为、制定欧盟市场一体化政策提供统计依据。我国只收集和公布了 50 个城市 27 种主要食品平均价格数据，尚未包括全部类别的居民消费商品和服务，不能满足监测全国消费市场一体化进程、比较地区间居民生活成本的需要。为此建议，加强地区间价格水平差异的比较研究，收集地区间可比的居民消费商品和服务价格数据，定期测算和比较地区间价格水平差异指数，在条件成熟时将其纳入官方日常统计工作之中。

|第十四章|
国外编制地区价格差异指数的方法和实践

　　本章介绍了美国、英国、加拿大、澳大利亚、意大利等国家统计部门编制地区价差指数的方法研究和实践探索，以及国际组织和专家对印度、巴西、菲律宾等一些发展中国家地区价差指数的研究成果。

　　根据"一价定律"，在一个完全市场竞争的经济体中，不同地区之间价格差异在长期上是趋小、趋同的。但是，各地区在经济技术水平、资源禀赋、区位条件、消费习俗等方面存在诸多的现实差异，加上地方保护和垄断政策、信息不对称等因素，不同地区之间价格水平有所不同。编制地区价差指数的目的就是衡量因上述诸多经济因素造成的地区价格水平差异程度，及其对不同地区居民收入和生活消费水平的影响，反映相同商品和服务在不同地区的购买能力。近年来，美国、英国、澳大利亚、加拿大等国家统计部门已相继尝试编制地区间价格差异指数，探索挖掘和利用现有基础数据的可行性，研究各种方法应用的合理性，以便取得更符合实际、更准确的测算结果。一些国际组织和专家也致力于测算发展中大国地区之间、城乡价格差异程度，用于贫困问题研究。地区间价格差异指数在编制内容和方法上与消费者价格指数（CPI）和购买力平价（PPP）有很多相似之处，它随着消费者价格指数理论和实践的不断成熟而建立起来，随着国际较项目（ICP）在全球范围内的推广和应用而发展起来。本章将介绍世界主要国家编制地区间价差指数的数据来源、方法和实践，以便为我国研究地区价差指数提供有益的经验和启迪。

一、美国地区价格平价指数

美国经济分析局（BEA）和劳工统计局（BLS）在消费者价格指数调查数据共享协议基础上开展了一项合作研究项目，测算各州、各大都市以及不同消费支出类别的地区价格平价指数（Regional Price Parities，RPP）。该项目每年更新测算结果，并在《当代商业调查》（Survey of Current Business）上定期发表研究报告。

1. 数据来源和处理。

编制地区价格平价指数所需的基础数据包括两部分：各地区商品和服务的价格数据和居民消费支出权数。它们主要来源于劳工统计局调查的消费价格指数调查和每 5 年一次的住户消费支出调查数据。根据地区比较的需要，对调查的原始数据进行再加工和再利用，取得分地区不同商品和服务的价格数据和支出分类数据，不作重新调查。

（1）居民消费支出权数。数据来源于劳工统计局（BLS）住户消费支出调查数据，包括 200 多个细项居民消费支出基本分类，作为测算地区价格平价指数的权重。

（2）居民消费价格数据。美国消费价格指数（CPI）月度调查的样本范围覆盖人口的 87%，从中选择每一州 200 多个支出分类 500 多种商品和服务近 100 万笔商品和服务数据。

（3）质量特征调整。商品和服务在地区间的质量特征差异较大，为保证地区间同质可比，需要进行地区间质量特征调整。对消费支出比重在 2% 以上的类别如新型汽车、房租等，采用特征回归（Hedonic Regression）方法对不同地区的商品价格进行质量特征调整。特征回归法是以价格的自然对数为因变量，以地理区域、采价点类型和产品特征（如品牌、包装、规格等）等因素为自变量，以加权的最小二乘法进行回归，计算不同地区之间每一种商品价格的质量调整系数。其回归方程式为：

$$\ln P_{ij} = \alpha_i A_{ij} + \beta_j^n Z_{ij}^n + \varepsilon_{ij} \tag{14-1}$$

公式（14-1）中，P_{ij} 为第 i 个地区、第 j 种商品价格；A_{ij} 和 Z_{ij}^n 分别为地

区和商品的两个哑变量，取值分别为 0 或 1；i 为地区数量（$i = 1, 2, \cdots,$ m）；j 为产品数量（$j = 1, 2, \cdots, k$）；n 为产品的特征数量。对消费支出比重不到 2% 的类别，不作质量特征调整。

2. 测算步骤。

（1）计算 200 多项支出分类以下每一种商品的价格比率。经特征回归方程（Hedonic Regression Model）计算的回归系数调整后，以全国平均价格为基准，对每一地区每一种商品价格进行比较，测算商品的价格比率。

（2）采用国家产品虚拟法（CPD）法计算地区价格平价指数。其公式为

$$\ln P_{ij} = \lambda_i A_{ij} + \delta_j X_{ij} + \varepsilon_{ij} \qquad (14 - 2)$$

公式（14 - 2）中，A_{ij} 和 X_{ij} 分别地区和商品的哑变量，取值为 0 或 1；i 为地区数（$i = 1, 2, \cdots, m$），j 为商品数（$j = 1, 2, \cdots, k$）。回归系数 λ_i 和 δ_j 的反对数分别为不同地区价格平价指数和不同产品类别的全国平均价格。

利用 CPD 法的好处在于，它不要求所有地区采集所有商品和服务的价格数据，每一规格品至少在两个地区采集到价格数据即可，对不完整的价格数据，利用地区之间和商品之间内在的价格相互关系，对某些地区缺失的价格数据进行插补。这样既解决了同一规格品在一些地区采集不到价格的实际困难，也满足地区价差指数的需要。

3. 研究结果。

2012 年 8 月美国《当代商业调查》公布了 2006 ~ 2010 年各州和大都市地区价格平价指数的研究报告，其主要研究结果如下：

（1）各地区之间存在较大的价格差异，但呈缩小趋势。在 51 个州和特区中，最高和最低地区居民消费价格水平差异从 2005 年的 34.7 个百分点缩小到 2006 年的 28.9 个百分点。其中，2006 年价格最高的州是夏威夷、华盛顿特区、纽约、新泽西州、加利福尼亚州、康涅狄格州和马里兰州，比全国平均价格要高 10% ~ 16%；价格最低的州是南达科他州、北达科他州、密苏里州、西弗吉尼亚州、密西西比州、阿肯色州、爱荷华州、肯塔基州，比全国平均价格要低 10% ~ 13%。

（2）服务类在地区间的价格差异要大于商品类差异。地区价格差异最大的是房租，最高地区夏威夷房租比全国平均高出 51%，最低地区西弗吉尼亚

州房租比全国平均低34%，相差85个百分点；教育服务价格相差55个百分点；交通服务价格相关41个百分点。而交通工具价格只相差8.8个百分点，文化娱乐产品价格相差19个百分点，衣着类价格相差22个百分点。

（3）地区价格水平的高低与其人均收入水平存在正相关关系。根据美国51个州地区价格平价指数和人均收入指标计算，两者的相关系数为75%。人均收入水平较高的地区，价格水平相对较高；反之，人均收入水平较低的地区，价格水平相对较低。即所谓的"宾大效应"。

（4）各州之间人均实际收入的差异要小于名义收入差异。经地区价格平价指数调整，剔除价格差异因素，2010年最高与最低地区的人均收入差距从39600美元缩小到27300美元。人均名义收入最高的州是内布拉斯加州、爱荷华州、新墨西哥州、宾夕法尼亚州、蒙大拿州和内华达州，比全国平均39900美元高20%～77%；最低的州是怀俄明州、俄克拉荷马州、纽约、北卡罗来纳州、特拉华州和马里兰州，比全国平均低18%～23%。经地区价格差异调整，人均实际收入最高的州是内布拉斯加州、爱荷华州、罗得岛州、新墨西哥州，比全国平均高20%～54%；最低的州是密苏里州、俄克拉荷马州和马里兰州，比全国平均低13%～15%。

经过几年的研究试算之后，自2014年4月开始，美国经济分析局在其网站上发布了2008～2012年地区价格平价指数（RPP）数据，以及据此缩减的实际个人收入数据，将其正式纳入官方统计数据中。数据包括按州、大都市和非都市划分的地区价格平价总指数、地区房租平价指数、地区其他服务类价格平价指数。见表14－1。

表14－1　美国5个最高和5个最低州的价格差异指数及人均收入差距
（2006～2010年）

	地区价格平价指数 （全国平均＝100）	人均名义收入 （千美元）	人均实际收入 （千美元）
价格水平最高的5个州			
夏威夷州	116.1	41.6	35.9
哥伦比亚特区	115.5	70.7	61.4
纽约州	114.1	48.6	42.7
新泽西州	111.5	51.1	46.0

续表

	地区价格平价指数 （全国平均＝100）	人均名义收入 （千美元）	人均实际收入 （千美元）
加州	110.7	42.5	38.5
价格水平最低的 5 个州			
密西西比州	88.9	31.1	35.0
密苏里州	88.7	36.8	41.6
西弗吉尼亚州	88.7	32.0	36.2
北达科他州	88.2	42.9	48.7
南达科他州	87.2	39.5	45.4
全国平均	100	39.9	39.9
最大值	116.1	70.7	61.4
最小值	87.2	31.1	34.1
最大与最小之差	28.9	39.6	27.3

二、英国地区消费价格相对水平指数

英国统计局为满足欧盟统计局购买力平价项目的需要而研究和编制地区消费价格差异指数。购买力平价项目作为欧盟统计局的常规性统计工作，要求其成员国每年收集统一目录的规格品价格数据。为节省调查成本，各成员国只调查首都地区价格，并且每隔 6 年进行一次地区价格差异调查，计算空间调整因子（Spatial Adjustment Factor，SAF），以便把首都地区价格调整为全国平均价格。因此，欧盟成员国调查和测算的地区价差指数只是其购买力平价项目的副产品，它们在满足欧盟统计局数据需要的同时，满足国内研究分析和政策制定的需要。英国自 2003 年以来将此项工作拓展为一项名为地区消费价格相对水平（Relative Regional Consumer Price Levels，RRCPL）调查项目，测算伦敦、英格兰、苏格兰、威尔士、北爱尔兰 5 个地区的价格差异指数，现已公布了 2004 年和 2010 年的结果。

1. 数据来源。

英国国家统计局利用现有调查数据和补充调查相结合的办法，收集 5 个地区消费价格和消费支出基本分类的基础数据。

（1）消费支出权数。数据来源于英国国家统计局生活成本和食品的年度调查资料，提供 5 个地区近 70 多项消费支出基本分类数据。为减少消费支出结构的波动性，以近 3 年的平均值作为测算地区消费价格相对水平指数的权数。

（2）消费价格数据。共选择了大约 500 种商品和服务，用于编制地区消费价格相对水平指数。价格数据分别来源于以下三个部分：

一是现有 CPI 月度调查数据。从 CPI 调查数据中鉴别、筛选出 5 个地区可比的规格品，约有 200 多种，占目录总数的 42%，主要是食品、饮料和烟草。从中取得 5 个地区 41.5 万笔价格观测值，用来计算每一地区每一规格品的全年平均价格。

二是地区价格调查。这是为满足测算地区消费价格相对水平指数需要而专门设计的价格调查。大约有 160 多种规格品，占目录总数的 1/3，主要包括与现有 CPI 目录中规格异差较大的服装和鞋类、家具和家居用品类。根据支出和人口规模，在威尔士、苏格兰、北爱尔兰和伦敦 4 个地区分别抽选 3 个调查样本，在英格兰抽选 9 个调查样本，共 21 个调查地区样本。采价点的抽样方法与 CPI 相同，利用零售商店中就业人数为概率进行抽样，以保证调查的价格调查对地区具有代表性。国家统计局委托调查公司在调查年的秋天进行价格调查，在 21 个调查地区采集 1.2 万笔价格观测值，各采价点价格的简单平均值为地区平均价格。

三是全国统一收集的价格数据。主要针对在全国实行统一价格的商品和服务项目，如交通、通信、电视、电脑、报刊和居民公用事业等，大约 100 多种，占目录总数的 25%。国家统计局主要通过电话和互联网的方式调查价格数据。这部分商品和服务价格在 5 个地区基本相同。

2. 特殊项目处理办法。

在测算地区消费价格相对水平指数时，对一些难以比较的商品和服务进行以下特殊处理：

（1）医疗和教育服务。在英国，医疗和教育服务是由政府统一提供给居民的公共服务消费，不存在地区价格差异。地区消费价格相对水平指数主要关注居民个人消费支出的商品和服务价格水平差异。在价差指数中不包括地区间医疗和教育等公共服务价格的差异。

（2）汽车。考虑到调查汽车的实际交易价格难度很大，统一规定收集汽车的标价数据。而实际中，汽车标价在各地区几乎没有差异。

（3）自有住房成本。与CPI处理方法一样，地区价格差异指数不包括自有住房的折旧、购房支付的按揭利息等。

（4）房租。调查不同地区住房属性完全相同可比的房租几乎是不可能的，地区价格水平指数不包括房租的地区差异，假设地区之间房租无差异。

3. 测算方法。

英国国家统计局借用欧盟统计局计算购买力平价（PPP）的方法，采用多边的EKS法，来测算地区消费价格相对水平指数。它是两两地区间直接费暄指数和间接费暄指数的几何平均。分为两个步骤：一是基本分类一级采用不加权的地区价格平价。二是基本分类以上采用加权的综合地区价格平价。基本公式为

$$EKS_{jk} = \left(F_{jk}^{\ 2} \cdot \prod_{i=1}^{n} F_{ji}/F_{ki} \right)^{1/n} \qquad (14-3)$$

公式（14-3）中，F_{jk}为比较地区j和基准地区k之间的直接费暄指数，F_{ji}/F_{ki}是以地区i为桥梁的间接费暄指数。EKS法是OECD-欧盟购买力平价项目首选的汇总方法。

4. 测算结果。

英国国家统计局公布的数据显示，2010年伦敦居民消费价格水平最高，相当于全国平均的106.7%；依次是英格兰（99.8%），苏格兰（99%），威尔士（97.6%）和北爱尔兰（97.1%）。分商品和服务类别看，交通、通信、酒和烟草类在地区间价格差异较小，而餐馆和旅馆、娱乐和文化类在地区间价格差异较大，伦敦这两类价格要比全国平均分别高出13%和11%；家具和家居产品、居住服务价格比全国平均分别高出9%和7%。通信类价格在5个地区没有差异。见表14-2。

表 14 – 2　　　　英国地区价格相对水平指数（全国 = 100）

	伦敦	英格兰	苏格兰	威尔士	北爱尔兰
合计	106.7	99.8	99.0	97.6	97.1
食品和非酒精饮料	105.7	99.4	99.5	98.5	97.0
酒精饮料和烟草	101.3	100.5	100.9	98.3	99.0
衣着	105.7	100.3	97.8	99.0	97.5
居住（不包括房租和自有住房）	107.4	101.4	94.1	99.9	97.6
家具和居家用品	109.1	101.5	101.3	91.3	97.6
交通	102.8	99.7	98.8	98.0	100.6
通信	100	100	100	100	100
娱乐和文化	111.0	101.3	103.3	95.4	90.3
餐馆和旅馆	112.8	96.3	96.5	99.9	95.5
其他杂项	111.2	102.5	103.8	90.2	93.7

　　2004 年测算结果与 2010 年在排名上有所不同，伦敦相当于全国平均的107.6%；依次是北苏格兰和爱尔兰（均为 95.7%）、威尔士（93.7%）。在时间变化上，地区价差呈现缩小趋势，最高和最低地区的价格水平差异从2004 年的 13.9 个百分点，缩小到 2010 年的 9.6 个百分点。值得注意的是，两个年份地区价格相对水平指数在调查的商品和服务目录、测算方法上有较大的不同，结果不完全可比。

三、加拿大城市间零售价格差异指数

　　加拿大统计局每年测算并正式公布 11 个大城市间（首都和 10 个省首府城市）零售价格差异指数（Inter-City Indexes of Retail Price Differentials），作为确定和调整地区间低收入标准和贫困界线、比较城市间生活费用的依据之一。基础资料来源于全国 CPI 调查的 600 多种商品和服务价格数据以及 170多项居民消费支出调查资料，以 11 个城市的平均价格为基准，采用费暄指数公式进行加权，计算各城市价格差异指数。由于各城市的住房呈现多样化的特征，难以进行准确比较。为简便起见，采用房租等价方法直接比较市场房

租，作为城市间自有住房的租金比率。因此，该房租比率不反映居民的实际
住房消费支出，也不反映消费者用于住房的实际购买力。

除了加拿大统计局测算并公布全国 11 个城市零售价格差异指数以外，加
拿大阿尔伯省自 2001 年开始定期开展空间价格调查，测算本省 34 个社区的
空间价格差异指数。已完成的历次调查期有：2001 年 4 月、2003 年 6 月、
2005 年 4 月、2007 年 9 月和 2010 年 6 月。包括 17 类消费支出和 293 种消费
商品和服务价格数据。其中，食品有 8 类 109 种，非食品 9 类 184 种。由调
查员专门到采价点收集 4.5 万笔价格数据。

根据加拿大统计局每年公布的数据，2011 年在 11 个城市中，价格水平
最高的是多伦多，比城市平均高出 7%；渥太华和温哥华分别比平均高出 5%
和 2%。蒙特利尔、卡尔加里和温尼辟市价格水平最低，均比平均低 7%。在
分类项目上，价格差异最大的是房租，最高与最低地区相差 38 个百分点；其
次是文化娱乐和教育，相差 28 个百分点；医疗保健、食品和衣着差价最小，
分别相差 5 个、7 个和 8 个百分点。在时间变化上，11 个城市价格差异呈缩
小趋势，最高与最低的城市价格水平差距从 2000～2003 年平均的 18.5 个百
分点缩小到 2011 年的 14 个百分点。见表 14－3。

表 14－3　加拿大 11 个城市间零售价格差异指数（2011 年，全国平均＝100）

	合计	食品	居住	家具和居家用品	衣着	交通	医疗保健	娱乐文化和教育	酒精饮料和烟草
多伦多	107	100	115	103	100	106	101	111	99
温哥华	105	103	113	108	100	97	101	105	102
渥太华	102	101	106	102	102	98	102	104	99
哈利法克斯	100	102	95	104	103	96	103	99	117
艾德蒙顿	99	98	102	97	95	94	103	104	106
里贾纳	95	98	92	96	99	90	98	103	109
圣约翰	94	101	77	101	101	97	102	102	110
圣约翰斯	94	105	81	101	102	98	100	90	110
蒙特利尔	93	100	83	98	101	101	98	83	94
卡尔加里	93	102	78	104	96	93	100	101	113
温尼伯	93	100	82	97	100	96	98	90	112

四、澳大利亚 8 城市空间价格指数

澳大利亚统计局（ABS）于 2001 年开展了 8 个首府城市（即悉尼、墨尔本、布里斯班、阿德莱德、佩斯、霍巴特、达尔文、堪培拉）空间价格指数（Spatial Price Index，SPI）的试验性编制工作。从消费价格指数（CPI）的季度调查数据中，收集 8 个城市近 10 万笔价格观测值和 70 多项基本分类数据，用来编制空间价格指数。在澳大利亚，不同城市 CPI 调查的商品和服务目录是根据当地市场情况而定，它们在规格、品牌、包装和型号等特征和质量上各不相同。在测算空间价格指数之前，需要对基础价格数据进行筛选、转换和调整。

1. 鉴别和判断不同地区之间商品和服务项目的同质可比。

对 8 个城市 10 万多笔价格数据逐一甄别，筛选出至少在两个城市都有的相同品牌、相同规格的商品和服务价格数据。

2. 进行质量和特征差异调整。

空间价格指数只反映因经济因素（如生产、运输、储存、批发零售成本，市场竞争、税收以及地方行政保护等）而引起的价格差异，应该消除因商品质量和特征差异因素而引起的价格差异。否则，会夸大地区价格差异程度。在测算指数之前，进行商品和服务的质量和特征差异调整。其调整原则：一是商品在品牌、包装、规格上应相同。二是同一品牌产品在包装和规格上差异较大的视为异质品，价格不能直接比较。三是对一些特征差异较小的同等品牌商品，经计量单位转换后，进行价格的直接比较。

3. 对一些项目作特殊处理。

（1）鉴于质量特征调整的困难，对教育和医疗服务价格不进行质量特征调整，假设在 8 个城市提供的服务质量是相同的。

（2）不包括房租因素。澳大利亚 CPI 只计算不包含土地价格的新房购买价格。实际中，土地价格在地区间差异较大，对居民生活成本影响较大，而采集同质同特征的土地价格和房租是十分困难，在空间价格指数时不考虑该因素的差异。

（3）城市间交通工具、交通服务计费方式差异较大，假设消费者的交通偏好相同，统一选择巴士和火车的单张票、日票、周票和月票，进行地区比较。

4. 测算结果。

在取得同质可比的商品和服务价格数据之后，采用 EKS 多边比较方法，以悉尼为基准，测算 8 个城市空间价格指数。其公式与英国地区消费价格相对水平指数相同。研究结果显示，2002 年在 8 个城市中，最高和最低地区价格相差 5 个百分点。其中，消费价格水平最高的是悉尼；其次是霍巴特、阿德莱德、佩斯，比悉尼的低幅不到 2 个百分点；堪培拉低 2.2 个百分点，布里斯班低 2.4 个百分点；达尔文价格最低，比悉尼价格低 5 个百分点。在分类项目上，地区间价格差异最大的是教育服务，最高的达尔文比最低的阿德莱德相差 29 个百分点；其次是食品类，最高的阿德莱德比最低的达尔文低 12 个百分点；医疗服务价格，墨尔本最高，比最低的布尔斯班高出 10 个百分点。剔除价格差异因素后，人均实际消费最高的是堪培拉，最低的是霍巴特。

实际分析表明，澳大利亚统计局试算的结果有些似是而非，有些现象难以解释，它与现实生活、与当地经济发展水平不相符合，与人们感觉不相一致。特别是教育、医疗、交通等服务项目的地区差价太大，超出预期，使得剔除价格差异因素之后的地区人均实际消费水平大幅缩小，与实情有些不相符。研究者认为，数据质量特征的调整、规格品的代表性、比较范围等方面有待进一步改进和审核，测算结果的准确性有待进一步论证和核查。见表 14 - 4。

表 14 - 4　　澳大利亚 8 个城市空间价格指数（2001/2002 年）

	悉尼	墨尔本	布里斯班	阿德莱德	佩斯	霍巴特	达尔文	堪培拉
食品和非酒精饮料	100	99.9	97.9	95.2	99.6	100.8	106.9	100.3
酒精饮料和烟草	100	98.9	98.7	100.7	101.8	102.4	105	96.7
衣着	100	98.1	103.8	99.5	99.4	102.2	92.9	103
家具和居家用品	100	95.5	94.3	95.4	96.8	101.2	92.7	99.8

续表

	悉尼	墨尔本	布里斯班	阿德莱德	佩斯	霍巴特	达尔文	堪培拉
医疗	100	108.9	98.7	103.2	100.3	104.2	99.9	106
交通	100	93.8	91.8	91.6	93.9	91.8	95.3	95.5
通信	100	99.9	99.9	100.1	100	100.4	100.2	100.1
娱乐和文化	100	97.1	97.1	96.8	95.9	94.4	90	97.6
教育	100	99.6	96.7	104.7	98.1	92.1	75.5	82.9

五、意大利国内地区间购买力平价研究

意大利统计局于 2006 年开展了试验性研究项目，在现有统计调查框架下，利用现有的 CPI 调查数据，采用国际比较项目方法即 EKS 法，测算全国 20 个首府城市地区间消费价格平价（Intra-National Consumer Price Parities，CPP）。

1. 数据来源。

作为试验性研究项目，选择食品和非酒精饮料、服装、家具三类消费品价格进行比较和测算。这三类消费支出占居民全部消费支出的35%。食品类价格数据主要来源于现有消费者价格指数（CPI）调查资料，服装和家具价格数据按全国统一品牌、型号进行补充调查。意大利 CPI 包括 500 多项基本分类，每一基本分类包括若干种代表规格品，如蔬菜类有 21 种产品，水果类有 16 种产品，对外公布 205 项 CPI 分类指数。价格调查形式分为两种：一是中央调查，即对政府统一定价的商品和服务产品，如医疗、交通和通信服务价格，由意大利统计局按相同方式调查价格数据。这部分商品占 CPI 全部商品"篮子"的 20%。二是地方调查，即地方统计局严格按照意大利国家统计局的规定和程序调查价格数据。这部商品占 CPI 全部商品"菜篮子"的 80%。采价点样本大小取决于地区人口规模。在全国抽取 4 万个商品销售采价点，用来收集商品价格数据；抽取约 1 万个住户，用来收集房租数据。采价频率根据价格变化情况而定。其中，蔬菜、水果每月采价两次，其他食品和非耐用消费品每月采价一次，服装、家具和其他耐用消费品以及服务项目每季率采价一次。按基本分类计算，有 450 项基本分类为月度调查，61 项为季度调查，22 项为半月度调查。

在计算地区消费价格水平差异指数中，食品的质量特征容易识辨，其价格数据主要取自于 CPI，从中筛选出 1337 种规格品，54 万笔采价数目，每一城市平均 27 多万笔。地方调查的服装和家具在品牌、型号方面缺乏可比性，对这两类商品价格数据进行补充调查，其中服装有 249 种规格品，上半年和下半年分别调查两次，共采集 13 万笔价格数；家具有 151 种规格品，作一次性调查，共采集 7 万笔价格数。

2. 测算结果。

在意大利 20 个城市中，地区价格水平差异最大的是家具，地区最高价相当于最低价的 1.47 倍；其次是食品，为 1.17 倍，服装为 1.15 倍。从商品特性看，未加工食品的地区价格差异要大于加工食品，无品牌服装和家具的地区价格差异要大于品牌性服装和家具。这反映出影响地区价格的不同因素：一是地区性因素，导致生产地和销售地的价格差异，如未加工食品地区价格差异大；二是生产加工因素，缩小了地区价格差异，如带品牌的服装和家具、加工食品地区价格差异小。三是质量特征因素，扩大了地区价格差异，如无品牌服装和家具地区价格差异大。

研究表明，代表性商品和可比性商品对地区价格水平差异的影响很大。在比较测算中，如果按规格品的相似性原则、而非可比性原则，即假设各地区消费偏好相同，直接选用各地区 CPI 商品"菜篮子"价格数据，比较不同城市同类商品的平均价格，测算结果是：食品类地区最高价相当于地区最低价的 1.99 倍，远远高于可比商品价格比较的结果。在地区价格水平比较中，代表性商品和可比性商品的不同选择，对比较结果会产生很大影响。从统计意义上讲，保持地区间规格品的同质可比，剔除地区商品的质量特征差异因素，应该是测算地区价格水平指数的首要因素。否则，比较结果的准确性难以保证，也无法从经济意义上解释比较结果的合理性。地区代表性商品在质量特征方面存在许多不可比因素，不能反映地区间价格水平的实际差异。特别是在比较经济发展水平差异大的地区时，如果以代表性商品为主，会低估低收入地区的实际价格水平。

自 2014 年起，意大利统计局为满足用户需求，填补数据缺口，考虑将地区间价格差异平价正式纳入官方常规统计工作中，并且在多用途消费价格统计框架下，充分应用 IT 工具，增加扫描数据和网络数据的来源，实现价格数据收集现代化。其计划目标是到 2015 年底完成方法测试、解决相关问题，从 2016 年开始定期编制地区间价格差异平价指数，并对外发布数据。见表 14 -5。

表 14 -5　　意大利 20 个首府城市消费价格平价指数（CPPs）
（2006 年）

	食品类	服装类	家具类
都灵	1.034	0.977	1.023
奥斯塔	1.054	0.912	1.102
热那亚	1.054	1.008	1.066
米兰	1.080	0.993	1.206
波森	1.068	1.050	1.051
威尼斯	1.042	1.051	0.960
的里雅斯特	1.069	1.050	1.011
博洛尼亚	1.049	1.007	1.040
安科纳	1.011	1.004	0.931
佛罗伦萨	0.975	1.003	1.049
佩鲁贾	1.011	1.035	0.967
罗马	0.969	0.992	1.114
那不勒斯	0.920	0.955	0.886
拉奎拉	0.985	0.975	0.940
坎波巴索	0.945	0.976	0.823
巴里	0.941	-	-
波坦察	0.953	0.986	1.007
瑞吉欧	0.949	1.052	0.973
巴勒莫	0.952	0.959	0.921
卡利亚里	0.962	1.027	-
最小值	0.920	0.912	0.823
最大值	1.080	1.052	1.206
最大/最小	1.17	1.15	1.47

六、主要发展中国家地区价差指数研究

经验判断，发展中国家在市场化程度、区域平衡发展、区域流动性方面不如发达国家，地方保护和垄断等行政壁垒较多、地区市场一体化程度较低，地区间价格差异应该相对较大。但是在实践中，多数发展中国家统计部门尚未系统开展地区价差指数研究和编制，也没有正式公布相关的官方数据。国际组织和专家学者在研究贫困和收入分配问题时十分关注发展中大国的地区之间和城乡之间价格差异。而且，研究发展中国家地区价差指数的目的、重点与发达国家有所不同，其目的主要是用于贫困测量，侧重于研究城乡之间食品价格差异。而发达国家研究目的是衡量地区差价对居民收入和消费水平的影响，主要侧重于研究房租、交通、教育、医疗等服务项目的价格差异。

1. 国际上对印度、巴西等发展中大国地区和城乡价格差异的研究。

印度计划委员会在 1993 年专家组关于贫困比例和人口估算报告和在 2009 年专家组贫困估算方法审议报告中，曾公布了食品价格在各邦之间、城乡之间的差异程度，作为确定国内贫困线的依据。该报告利用住户收支调查资料，计算单位价值（即家庭对某类商品的购买数量和支出额之比），采用费暄指数公式，来编制印度食品价格在各邦之间、城乡之间的差异指数。以此为基础，印度在官方贫困测算中一直假设城市价格要比农村价格高出 15%。但是，该报告同时指出，这些价格差异指数存在较大的计算误差。利用单位价值替代价格的主要问题在于，它不仅反映食品价格差异因素，同时也包含食品质量差异因素的影响。由于没有进行地区之间、城乡之间食品质量特征差异的调整，指数低估了贫困落后地区食品的实际价格，夸大价格差异程度。通常，城市和高收入地区食品质量明显高于农村和贫困地区。食品单位价值高，其质量相应也高；单位价值低，其质量相应也低。两者在质量上存在较大差异。世界银行专家 Yuri（2010）根据 2005 年 ICP 调查资料研究发现，如果对食品单位价值进行质量和收入效应因素进行调整，印度城乡之间价格差异只为 3.2%，基本上可以忽略。据世界银行测算，基于国际比较项目调查数据，一些发展中大国的地区之间价格差异不到 5%（世界银行，2008）。

有关国际组织和学者在研究贫困问题时十分关注发展中国家地区价格差异的测算。美国普林斯顿大学阿格思·迪顿（Deaton，2011）在《大国空间价格差异》一文中，利用住户收支调查资料，计算单位价值，采用多边比较方法测算印度和巴西两个大国食品类价格在主要地区之间、城乡之间的差异程度。研究结果显示，未经质量调整，印度城市价格要比农村价格高出17.8%，巴西城市比农村要高出4.9%；经质量调整，它们分别为10.3%和2.9%。巴西人均GDP相当于印度的3倍，经济发展程度高，其城乡价格差异显然要小于印度。见表14－6、表14－7。

表14－6　　印度主要各邦之间和城乡之间食品类价格差异（2004年）

	未经质量调整			经质量调整		
	农村	城市	城乡差异率（%）	农村	城市	城乡差异率（%）
查谟喀什米尔邦	1.00	1.09	1.09	1.00	1.05	1.05
喜马偕尔邦	0.99	1.14	1.15	0.99	1.08	1.10
旁遮普邦	0.96	1.08	1.12	0.95	1.03	1.09
北安查尔邦	0.93	1.05	1.13	0.94	1.03	1.09
哈里亚纳邦	0.98	1.08	1.09	0.99	1.04	1.06
新德里		1.19			1.12	
拉贾斯坦	0.94	1.04	1.11	0.95	1.01	1.07
北方邦	0.84	0.99	1.17	0.87	0.98	1.12
比哈尔邦	0.86	0.96	1.12	0.91	0.97	1.06
阿萨姆邦	1.02	1.18	1.16	1.05	1.14	1.08
西孟加拉邦	0.90	1.08	1.20	0.93	1.04	1.11
贾坎德邦	0.87	1.04	1.19	0.93	1.01	1.08
奥里萨邦	0.83	0.95	1.14	0.90	0.95	1.06
恰蒂斯加尔邦	0.85	0.99	1.16	0.91	0.97	1.06
中央邦	0.83	0.98	1.18	0.87	0.97	1.12
古吉拉特邦	1.00	1.17	1.17	1.02	1.13	1.11
马哈拉施特拉邦	0.95	1.18	1.24	0.97	1.14	1.17

续表

	未经质量调整			经质量调整		
	农村	城市	城乡差异率（%）	农村	城市	城乡差异率（%）
安德拉邦	0.91	1.03	1.13	0.93	1.00	1.08
卡纳塔克邦	0.82	1.02	1.24	0.85	1.00	1.18
喀拉拉邦	0.99	1.06	1.06	0.97	1.02	1.05
泰米尔纳德邦	0.92	1.08	1.17	0.94	1.04	1.10

表14 –7　　巴西地区和城乡之间食品价格差异（2002～2003年）

	未经质量调整			经质量调整		
	农村	城市	城乡差异率（%）	农村	城市	城乡差异率（%）
北方地区	1.0000	1.0500	1.0500	1.0000	1.0290	1.029
东北地区	1.0010	1.0240	1.0230	1.0070	1.0080	1.001
东南地区	0.9990	1.0420	1.0420	0.9790	0.9980	1.019
南方地区	0.9260	0.9960	1.0750	0.8980	0.9540	1.062
中西部地区	1.0010	1.0280	1.0270	0.9750	0.9960	1.021

2. 亚行专家对菲律宾地区价格差异的研究。

近年来，在全球国际比较项目活动的推动下，国际上有关专家和学者利用国际比较项目的专业技术资源，研究和测算主要发展中国家国内地区价差指数。在2005年一轮国际比较项目结束之后，世界银行和亚行统计专家在菲律宾CPI调查的价格数据和住户消费支出调查的支出数据基础上，利用CPD法和EKS法，研究和测算2010年菲律宾17个地区价格差异指数。

测算的基础资料有：来源于家庭收入和支出调查的住户消费支出数据，包括食品、饮料、烟草，衣着，房租，燃料和水电，服务，杂项等6大类28个细类，作为测算地区价格差异指数的权数；来源于CPI调查的数据，包括17个地区286～753个之间不等的规格品价格数据。测算的基本方法是：应用不加权的CPD法，计算28个细分类一级的地区价格差异指数；在细分类以上一级应用EKS，计算6大类以及综合的地区价格差异指数。

测算结果显示，菲律宾17个地区居民消费价格差异较大。首都马尼拉地区价格水平最高，比全国平均价格高出 14%，达沃地区最低，比全国平均价格低 14%。在 6 大类居民消费支出中，食品类价格地区差异较小，最高价和最低价差值为 20 个百分点；房租和修理类价格地区差异最大，最高价和最低价相差 1.3 倍。见表 14 - 8。

表 14 - 8 　　　　　　　菲律宾 17 个地区居民消费价格差异

地　　区	地区价格总差异	食品、饮料、烟草	衣着	房租和修理	燃料、水电	服务	杂项
马尼拉大区	114.4	108.2	112.5	166.8	96.7	106.5	101.6
中央吕宋区	101.1	104.1	96.2	74.3	115.2	100.0	105.3
伊罗戈地区	98.8	100.0	92.1	73.2	107.5	96.2	98.8
科迪勒拉行政区	98.0	104.2	97.0	72.7	105.8	100.0	103.3
民马罗巴区	97.1	105.6	101.2	50.9	98.4	110.4	105.3
卡拉巴宋地区	96.5	103.8	100.9	70.8	104.5	100.8	98.3
比科尔地区	95.3	96.8	98.7	67.4	116.9	93.2	104.9
中部地区	94.7	96.3	100.0	80.5	104.6	91.3	97.1
卡拉加区	93.8	97.3	90.8	59.4	80.8	97.9	102.8
西部地区	91.1	92.6	93.1	68.4	97.5	94.9	94.7
苏库萨将大区	90.5	92.6	88.7	56.0	82.7	91.9	94.4
卡加延河谷区	90.0	94.1	86.1	56.7	90.5	90.0	92.7
三宝颜半岛	89.4	89.6	98.4	59.4	100.0	86.5	100.0
东部地区	88.9	88.1	98.1	66.2	101.6	90.9	100.0
棉兰老穆斯林自治区	88.4	92.3	95.7	38.7	91.9	100.0	100.0
北部棉兰老区	87.5	92.7	92.5	47.8	91.1	93.8	100.0
达沃地区	86.5	90.2	93.9	57.4	75.0	91.5	96.8
全国平均	100.0	100.0	100.0	100.0	100.0	100.0	100.0
最大值	114.4	108.2	112.5	166.8	116.9	110.4	105.3
最小值	86.5	88.1	86.1	38.7	75.0	86.5	92.7
差值范围	27.9	20.1	26.4	128.1	41.9	23.9	12.7

在 2011 年一轮国际比较项目之后，亚行专家利用部分国家提供的国际比较项目分地区居民消费价格数据，应用购买力平价汇总方法，测算部分国家地区价差指数。初步结果显示，马来西亚、老挝、缅甸、泰国等地区间价格水平差异很小，最低最高价之比不到 5%，地区间价格基本无差异；印度尼西亚、越南等地区价格水平差异相对要大些，最低最高价之比超过 10%。国际比较项目采价的居民消费规格品倾向于可比性，以此为基础测算的地区间价格水平差异较小；而消费者价格指数（CPI）采价的规格品倾向于代表性，以此为基础测算的地区间价格水平差异较大。以菲律宾为例，基于 CPI 数据测算的地区价格水平差异指数要远大于基于国际比较项目数据结果，前者地区最低最高价之比为 76%，后者为 91%。见表 14 - 9。

表 14 - 9　　基于 2011 年 ICP 数据测算的部分国家地区 PPP

国家	地区数目	地区最低价	地区最高价	最低最高价之比
孟加拉国	7	0.99	1.00	0.99
不丹	22	0.90	1.12	0.81
柬埔寨	18	0.97	1.03	0.93
印度尼西亚	22	0.86	1.03	0.83
老挝	3	0.98	1.00	0.97
马来西亚	15	0.98	1.01	0.97
马尔代夫	5	0.94	1.01	0.93
蒙古国	5	0.93	1.03	0.90
缅甸	17	0.94	1.03	0.97
尼泊尔	3	0.97	1.03	0.95
巴基斯坦	4	0.98	1.01	0.93
菲律宾	17	0.93	1.02	0.91
泰国	5	0.98	1.02	0.97
越南	17	0.92	1.07	0.86

综上所述，美国、英国、加拿大、澳大利亚等国家以及一些国际组织专家编制地区价差指数的基本框架、思路和程序基本相同，只在一些具体操作上有所不同。在资料来源上，它们充分利用现有 CPI 和住户支出调查资料，进行再加工和再利用。必要时，进行少量的补充调查。在测算方法上，借鉴

CPI 的双边指数公式和国际比较项目中购买力平价的多边比较方法。美国采用多边的 CPD 法，英国、澳大利亚、意大利采用多边的 EKS 法，加拿大则采用双边指数公式。在特殊项目处理上，注重地区间商品和服务的同质可比，美国利用质量特征回归对地区价格数据进行调整，许多国家对房租、交通和教育、医疗服务项目的价格比较作质量可比性假设，有的国家则剔除其中难以比较的部分服务项目，一些国家不考虑地区间房租的比较。在指数编制频率上，有的国家以年度数据为主，有的国家以月度数据为主；有的国家每年更新和编制一次，有的国家每隔 2 年或 6 年编制一次。在数据结果使用上，加拿大、美国已将地区价差指数作为国家日常统计任务，每年编制并正式公布官方数据，其他国家均停留在研究和试算阶段，尚未纳入国家日常统计工作中，没有正式对外公布官方数据，也没有用于行政决策之中。各国编制的地区价差指数结果反映了一个共同的趋势，即地区价差在时间变化上呈现缩小趋势。

本章参考文献

［1］Aten B H, Figueroa E B, Martin T M. Research Spotlight Regional Price Parities by Expenditure Class, 2005 – 2009 ［J］. BEA Survey of Current Business, 2011 (5).

［2］Aten B H, Figueroa E B, Martin T M. Regional Price Parities for States and Metropolitan Areas, 2006 – 2010 ［J］. BEA Survey of Current Business, 2012 (8).

［3］UK Relative Regional Consumer Price levels for Goods and Services for 2010 ［R］. Office for National Statistics.

［4］Waschka A, Milne W, Khoo J, Quirey T, Zhao S. Comparing Living Costs in Australian Capital Cities ［R］. 32nd Australian Conference of Economists, 2003.

［5］Deaton A, Dupriez O. Spatial price differences within large countries ［R］.

［6］Yuri D. Income-effect and urban-rural price differentials from the household survey perspective ［R］. ICP Global Office, 2010.

［7］Government of India. Report of the expert group on the on the estimation of proportion and number of poor ［R］. Delhi, Planning Commission, 1993.

［8］Government of India. Report of the expert group to review the methodology for the estimation of poverty ［R］. Planning Commission, 2009.

［9］Rita De Carli. An experiment to calculate PPPs at regional level in Italy: procedures adopted and analyses of the results ［R］. Istat, Italy, 2008.

［10］ World Bank. International Comparison Program final Results. http：// web. worldbank. org/WBSITE/EXTERNAL/DATASTATISTICS/ICP, 2005.

［11］ Dikhanov Y, Palanyandy C, Capilit E. Analysis of Price Levels Across Regions in Philippines：The PPP Approach ［R］. Asian Development Bank, 2011.

［12］ 加拿大统计官方网站，http：//www. statcan. gc. ca.

后　记

　　十年磨一剑。本书是我对近十年来实际工作探索思考的总结、积累和沉淀。空间价格水平的比较不仅是统计调查、方法测算的问题，也是宏观经济研究和政策应用的问题。在多年的工作实践中，力求应用所掌握的统计方法和知识，从调查的海量价格数据中撇去个体的差异，挖掘普遍的共性，透过现象反映事物的本质，以实现统计数据真实可靠之目标。统计工作不仅仅局限于做到数据的准确性，还须探索方法的科学性和结果的合理性。这是我对统计工作理念的一点感悟和理解。因此，本书始终围绕着数据、方法、结果"三位一体"进行探讨和验证，试图从定量分析中发现一些规律性、趋势性的东西，揭示数据之间本质的内在联系，以期为宏观决策、经济管理和政策应用提供参考依据。

　　影响一国价格水平的因素很多，其国际比较和地区比较很复杂，人们对价格水平的感知和认识截然不同。价格水平的比较既可从宏观角度来衡量，也可从微观视角来观察。因观察视角、研究对象、关注重点不同，各个群体和阶层对国家或地区价格水平高低的判断差别很大。可谓"横看成岭侧成峰，远近高低各不同"。在研究分析中，既要有总体的把握，又要有分类的剖析，才能得出全面、客观、准确、有用的结论。因此，开展空间价格水平比较研究将面临许多挑战，需要直面问题，不惧困难，逐步推进解决。故尚且以此为起点，在统计求真、认识求同的探索过程中继续努力。

　　国际和地区间价格水平的比较是开展经济实力比较的前提和基础，在一定程度上涉及国家或地区的利益，这就加大了比较的难度。众口难调，国内外统计界对比较结果的争议也不可避免。在比较框架和方法设计时，既要考虑全局的统一性，又要兼顾具体国家或地区的特殊性。在具体实施过程中具有很强的探索性、挑战性。确保数据准确、方法科学、结果合理应该是开展国际或地区价格水平比较的基本目标。在实际工作中，需要各方坚持开放、合作、包容的原则，本着求同存异的态度，以研究探索的勇气，始终走在改进完善的道路上，力求取得可接受的比较结果，为宏观管理和科学决策提供可用的统计信息。

能在国际比较领域持续深入研究下去，离不开融洽默契、开放包容的工作团队。大家在同一工作平台上深入讨论、广泛交流、激发灵感，相互启发研究思路，取长补短，共同提高。这是我一直坚守和庆幸的地方。在此感谢国家统计局国际统计信息中心和同事们的一贯支持、关心、帮助和鼓励。

本书研究得到了国家社会科学基金项目和国家统计局全国统计科学研究项目的资助。这些课题的立项是我能在该领域持续开展研究的支撑力量，也是不断拓展研究深度和广度的动力源泉，在此深表谢意。

希望出版此书能为业内同行们继续开展此项工作提供可资借鉴的参照，从中获取一些有益的启迪和思路，聊以对此辈统计生涯的交代和慰藉。

受能力水平所限，书中不当之处，敬请批评指正，不吝赐教。

作者

2016 年 9 月于北京